U0626160

金融巩固脱贫攻坚成果与
支持乡村振兴战略研究

张 政 著

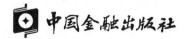

中国金融出版社

责任编辑：刘　钏
责任校对：刘　明
责任印制：丁淮宾

图书在版编目（CIP）数据

金融巩固脱贫攻坚成果与支持乡村振兴战略研究/张政著 . —北京 ：中国
金融出版社，2022. 10
ISBN 978-7-5220-1745-7

Ⅰ. ①金… 　Ⅱ. ①张… 　Ⅲ. ①金融—扶贫—研究—中国②农村金融—金
融支持—研究—中国 　Ⅳ. ①F832. 3

中国版本图书馆 CIP 数据核字（2022）第 172744 号

金融巩固脱贫攻坚成果与支持乡村振兴战略研究
JINRONG GONGGU TUOPIN GONGJIAN CHENGGUO YU ZHICHI XIANGCUN ZHENXING
ZHANLÜE YANJIU

出版
发行　中国金融出版社

社址　北京市丰台区益泽路 2 号
市场开发部　（010）66024766，63805472，63439533（传真）
网 上 书 店　www. cfph. cn
　　　　　　　（010）66024766，63372837（传真）
读者服务部　（010）66070833，62568380
邮编　100071
经销　新华书店
印刷　保利达印务有限公司
尺寸　169 毫米×239 毫米
印张　17
字数　290 千
版次　2022 年 10 月第 1 版
印次　2022 年 10 月第 1 次印刷
定价　69. 00 元
ISBN 978-7-5220-1745-7
如出现印装错误本社负责调换　联系电话(010)63263947

序　言

以习近平精准扶贫思想为指导，
加大金融支持力度，确保五年过渡期向乡村振兴转换任务的完成

2020 年，在党和政府的领导下，在习近平总书记的指引下，全国人民集中力量攻坚克难，实现了我国农村贫困人口全部脱贫、贫困县全部摘帽的目标任务，解决了中国历史上几千年来未解决的一个社会发展中的基本问题。这是全党、全国人民取得的历史性的伟大胜利。但是，脱贫攻坚完成后，下一步该怎么办？这是备受关注的一个大问题。对此，党中央决定，脱贫攻坚目标任务完成后，对摆脱贫困的县，从脱贫之日起设立五年过渡期，过渡期完成后，全面转向乡村振兴。本书针对精准扶贫任务完成后，如何在五年过渡期内加大金融支持力度，完成后扶贫时代向乡村振兴过渡的任务进行探讨研究。

一、五年过渡期的核心任务就是不能出现规模性返贫

五年过渡期任务的核心是什么？习近平总书记在决战决胜脱贫攻坚座谈会上指出："脱贫摘帽不是终点，而是新生活、新奋斗的起点。"虽然我们取得了脱贫攻坚的历史性胜利，但是面对这一重大成果，我们决不能掉以轻心。因为相对贫困还将长期存在，并成为接续减贫的重点，需要各个方面健全返贫动态监测机制和帮扶机制。可以说如何巩固脱贫攻坚成果已经成为五年过渡期反贫困的中心工作。脱贫不是终点，要把防止返贫作为重点工作，脱贫摘帽，不减政策支持力度。五年过渡期任务的核心，就是守住坚决不能出现规模性返贫，这是一个底线目标。我们认为，过渡期内的主要任务是要保持主要帮扶政策总体稳定，对现有帮扶政策逐项分类优化调整，合理把握调整节奏、力度、时限，逐步实现由集中资源支持脱贫攻坚向全面推进乡村振兴平稳过渡。金融作为精准扶贫的主要力量，在后扶贫时代如何充分发挥其积极支持作用是我们每个金融机构必须要思考的

问题。从金融的特性看，其可以支持扶贫精准长效开展，通过金融政策和措施帮助脱贫人口巩固脱贫成果，不再次返贫。特别是在当前，"四期叠加"导致经济发展长期结构性矛盾十分突出，中美贸易冲突导致经济环境变化，新冠肺炎疫情的暴发导致就业市场变化，这些问题给脱贫人口和脱贫家庭带来了很大的不确定性，极易出现已经脱贫的家庭返贫的问题，更应该充分发挥金融体系巩固扶贫成果的作用。

关于过渡期，我们认为，应重点理解好"过渡"一词的含义。这里的过渡，准确地讲，并不是相关政策从有到无的过渡，而是从一种政策到另一种政策的过渡。这种过渡，有以下五层意思。

一是保持原有脱贫政策和措施的延续，即要求过渡期内主要帮扶政策保持总体稳定。比如，对脱贫地区的产业帮扶还要继续，以补上技术、设施、营销等短板，促进产业提档升级；对易返贫致贫的人口的收入水平变化和"两不愁三保障"的巩固情况还要实施常态化及重点监测，以防止返贫；对易地搬迁的要强化后续扶持，加强配套基础设施和公共服务，搞好社会管理，以确保搬迁群众稳得住、有就业、逐步能致富等。

二是对原有脱贫政策和措施进行调整，即政策要由集中资源支持脱贫攻坚向全面推进乡村振兴转变。也就是说，以前一些政策，比如产业扶持补助，只有建档立卡贫困户才能享受到，而未来，则可能是只要有助于乡村振兴，大家都可以享受。这显然是一个很大的变化，许多政策不是退出了，而是变得更加普惠和有竞争性了，同时在政策力度上也会有所调整。这种调整将对此前建档立卡贫困户享受政策的力度带来或多或少的影响，但既然脱贫了，这种影响就应该是可以承受的。同时，中央也要求，对现有帮扶政策逐项分类优化调整，合理把握节奏、力度、时限，以五年的时间，实现平稳过渡。

三是延续与调整相互结合。五年过渡期内的目标是相关政策将在延续中调整，在调整中延续，以此实现和完成从脱贫攻坚到全面推进乡村振兴的历史性转移。脱贫摘帽不是终点，而是新生活、新奋斗的起点。

四是推动后扶贫工作高质量发展。五年过渡期重中之重的工作任务应该放在推动产业高质量发展上。要着力构建高质量发展的现代产业体系，就要在解放思想观念、创新体制机制上发力，推动质量变革、效率变革、动力变革，增强特色优势产业的核心竞争力；同时，对脱贫人口、脱贫县要保持脱贫帮扶政策总体稳定，做好巩固拓展脱贫攻坚成果同乡村振兴有效衔接。

五是完成主要的扶贫政策和措施——金融政策和措施在五年过渡期内

的稳定及向支持乡村振兴转变。五年过渡期内，金融政策和措施支持巩固扶贫成果，不仅关系到有效完成扶贫政策的衔接问题，而且也将为乡村振兴积累重要经验。特别是引导金融资源投向农村，缩小传统农业和现代工业投资回报率差距，加快新农村建设，推进城乡融合发展。所以，金融扶贫政策和措施将面临总的稳定与新的转变，为此要不断进行总结、积累经验，并促进为乡村振兴服务的新的金融模式的出现。

二、五年过渡期金融系统需要完成的几项任务

从过渡期任务的性质看，就是要继续巩固精准扶贫取得的各项成果，特别是保持现有扶贫政策的稳定，保证精确扶贫成果不流失，脱贫户不返贫，并以此为基础，为下一步乡村振兴做好金融支持和提高服务水平的准备。为了完成过渡期任务，巩固扶贫成果，从金融支持的角度看，关键在于金融能否促进农业产业化以及农业经济体系化的发展，促进农村的特色生产力的发展，在保护环境的同时还能够实现经济的持续增长。为了保证五年过渡期平稳向乡村振兴服务的转变，我们认为需要做好以下几项工作。

一是保持已有的金融精准扶贫政策的连续和稳定。在这五年当中，主要是保持已有的金融帮扶政策稳定并不断完善。重点是对现有的金融帮扶政策进行梳理、调整、优化和完善，逐步由集中金融资源支持脱贫攻坚向全面推进乡村振兴平稳过渡，主要工作应该是做好补齐金融政策和制度以及重要信贷措施的短板，开发更加适合过渡期的新政策、新制度和新的信贷及金融服务措施与模式。

二是完善金融支持精准扶贫向支持乡村振兴长效机制的转变。这个长效机制主要是从金融政策上完善防止返贫的帮扶机制。通过金融政策的完善和创新的支持，不断巩固贫困地区乡村金融扶贫机制。通过金融政策和措施以及金融服务手段的创新，保证精准扶贫成果的稳定，通过金融大数据健全农村低收入人口的帮扶机制，保证不出现规模性脱贫人口返贫问题，并且通过不断完善和健全金融扶贫长效机制，在五年过渡期结束后立刻转为为乡村振兴服务的长效机制。

三是现有的金融政策和措施应根据金融业的特点，积极参与土地承包权、经营权以及流转权的改革与探索，减少和化解金融风险，做到可持续发展。积极参与现代农业产业体系、生产体系以及经营体系的构建与完善，不断丰富金融产品和金融服务模式，发展具有中国特色的新型农村金融体系。

四是加快补齐金融政策特别是信贷措施和金融服务方面的短板，有针

对性地做好产业帮扶、就业帮扶，加强基础设施、公共服务建设。金融服务进一步提档升级，通过金融服务"三农"给脱贫户创造更多的就业机会。此外，金融政策和措施要重点做好连片贫困区的稳固扶贫成果的工作，促使刚刚脱贫的人口和地区从脱贫顺利走上乡村全面振兴的道路。

五是在脱贫攻坚工作中，继续压实金融系统的工作责任。在过渡期内，需要金融机构全体动员和一致行动，将五年过渡期作为金融机构的重点任务来抓，一起抓巩固拓展脱贫攻坚成果、全面推进乡村振兴各项工作。

三、五年过渡期中金融需要解决的重点问题

一是重点解决过渡期金融创新力度不足的问题。完成精准扶贫任务后，在这五年过渡期向乡村振兴过渡期间，我们注意到，金融产业对于农业改革发展的支持力度虽然没有减少，但金融支持过渡期创新力度还需要进一步加强。之所以会出现金融创新力度不足的情况，主要就是由于一些金融机构对过渡期重要性的认识不足，没有及时转变自己的经营理念，在精准扶贫任务完成后，对现有的农村金融服务模式没有进行改革与提升，没有与创新性发展相匹配的金融措施。特别是部分农村金融机构为"三农"服务以及支持精准扶贫的金融创新产品开发能力较弱，求稳心理较强，怕担风险，使得金融机构提供金融产品和金融服务有限，没有开发出新的金融产品和提供新的金融服务模式。

二是我国金融机构涉农贷款融资成本与其他行业相比仍然偏高，与城市金融服务相比，提供服务的效率又较低，在一定程度上造成了"三农"融资难、融资贵的问题，增加了脱贫农村居民和脱贫地区农村和农民的负担。如何在过渡期内进一步降低脱贫地区农村和农民融资难、融资贵的问题是一项紧迫的任务。

三是尽快解决过渡期我国农村金融发展配套机制不健全的问题。主要问题是目前金融体系对贫困地区农村的信贷以及金融服务不健全，一些金融基础服务与功能都不完善，比如征信制度、资产登记、评估以及流转等。与金融相关的制度建设进度较为缓慢，导致金融机构介入难度增大，最终会使农村承包土地的经营权、农民住房财产权等资产难以盘活。

四是应该进一步加大政策性金融支持力度。由于农村现有的政策性农业担保以及涉农贷款风险补偿基金等配套措施都比较有限，单靠商业性金融很难做到，必须依靠国家的力量建设具有全国意义的政策性担保机构和保险机构，只有有效的政策性涉农机构的介入和参与才能真正夯实乡村振兴工作的基础。

五是需要大力发展农村资本市场和其他有关金融市场，彻底改变农村融资结构失衡的问题。从目前的情况来看，我国农业金融供给的主要模式还是间接融资的模式，其中涉农信贷资产证券化等新型业务严重缺乏，平台建设发展较为缓慢，"三农"融资仍然以银行贷款为主，出现了严重的融资结构失衡现象。农村金融市场不发达，在一定程度上也导致了农业融资渠道单一的问题。

四、金融如何确保过渡期任务完成并向服务乡村振兴转变

一是进一步完善相关金融政策，加强货币政策与财政政策的配合。在五年过渡期内，建议财政政策应继续加大对脱贫人口和脱贫地区的资金补贴力度，货币政策应进一步强化对巩固扶贫成果的支持，包括扶贫再贷款、扶贫信贷政策以及相关金融服务措施的完善和改进。从供给角度看，货币政策要向农村金融提供资金来源支持，财政政策实行一定的补贴和财政资金兜底，降低金融机构支持乡村振兴的成本，提高金融资源供给效率；从需求角度看，财政政策要结合金融产品设计，对获取金融资源的农村产业、农户予以补贴。货币政策要精准支持，继续发挥直达实体经济货币政策工具作用，降低乡村振兴融资成本，刺激和释放农村经济金融资源需求。特别是从货币政策来看，要促使金融体系提供可持续的扶贫领域的金融产品，为金融资源流向扶贫领域提供支持。从过渡期到乡村振兴是一项长期性的新农村建设任务，需要财政政策与货币政策综合发力，只有这样，才能为金融资源持续投入提供足够的激励。

二是鼓励商业性金融机构深入农村，为"三农"服务。目前，我国农村信用社、村镇银行等承担了主要支持农村经济发展的任务，国有大型商业银行、股份制商业银行以及城市商业银行在部分农村设置的分支机构，在扶贫工作中发挥了重要作用。但是由于支农资金回报率较低，风险较大，在一定程度上制约了农村金融的供给。农村金融资源价格一般要高于工业。但农业投资回报率过低抑制了农业融资需求，造成农村金融发展滞后。如果没有相应政策性金融支持，长期来看对过渡期任务的完成以及向乡村振兴的过渡都是不利的。因此，建议对支持过渡期及向乡村振兴转变的金融机构给予政策性支持，在机构设置、法定存款准备金率以及流动性管理方面给予优惠政策，从政策层面支持农村领域的金融机构，为支持"三农"的金融产品给予风险托底，帮助金融机构建成支持乡村振兴的可持续性、长期性良性发展机制。

三是有效解决农业发展中的金融市场相对滞后的问题，通过完善金融

支持农业供给侧结构性体制改革促进农业经济的发展。与城市金融市场相比较，农村金融市场发展相对滞后，乡村振兴必须大力发展农村金融市场，改变农村金融服务单一的现状，特别是要发展农村征信市场、农村资本市场和农村货币市场，通过新型农村金融市场盘活农村资金。引导辖区金融机构满足农业产业的实际发展需求与融资需求，在服务与产品方面应该根据实际的需求情况综合运用不同的贷款以及融资方式支持农业供给侧结构性改革建设，拓宽农业发展的融资渠道，全力支持辖区农业生产结构的调整与改革。

四是进一步推进农村金融机构改革，强化过渡期到乡村振兴的金融供给活力。提高农村金融机构的活力，是增强金融支持过渡期任务完成和向乡村振兴转变力度的关键。近年来，农信社体系改革取得了重大进展，村镇银行快速发展，但农信社管理体系问题、村镇银行稳健性经营问题仍较为突出，主要是农信社等金融机构活力不强，村镇银行支持力度不够，从根本上制约了支持农村经济发展的能力。建议进一步推动农村金融机构改革，按照2021年中央一号文件精神的要求，进一步理顺县域农信社机构与省级联社的关系，保持农信社法人机构性质不变和数量稳定，省级联社仅作为行业服务机构，不对县联社进行行政领导和干预，由省级联社帮助县级联社建立大数据平台，为省辖内县联社提供金融科技服务。对于村镇银行，要进一步完善治理结构，防止出现内部人控制问题。金融扶贫小额信贷、扶贫搬迁贷款、扶贫债券等为金融支持乡村振兴提供了方向。所有农村金融机构应该升级原有扶贫金融产品，或者结合乡村振兴发展目标创新金融产品，引导信贷和金融资源更多流向农村。

五是进一步提高金融系统风险防范水平，为金融机构支持五年过渡期任务的完成及乡村振兴提供制度保障。对农村金融机构的监管也要逐步适应乡村振兴战略要求。监管部门对金融机构将农村金融资源投向城市金融的行为予以一定程度限制。建议监管部门在利润考核和监管方面，要从单纯追求利润增长转向兼顾为乡村振兴提供金融支持；在风险防控方面，要考虑到投向农村信贷与工业信贷风险的差别，实行与股份制商业银行等区别对待政策。此外，建议改革金融扶贫的风险担保模式。在精准扶贫模式下，风险分担机制采取了为贫困户提供担保的方式。在乡村振兴战略中，由于支持对象更为广阔、领域更为广泛，大量产业尚处于萌发或培育阶段，担保对象不明晰，采取精准扶贫风险担保模式可能造成担保的逆向选择和低效率，建议转换成为农村金融机构提供保险，降低金融机构支持乡村振兴的风险，提高金融机构支持乡村振兴的积极性。

六是加快金融科技建设，充分利用大数据、互联网等现代信息技术，有针对性地开发新的金融产品，适应乡村振兴实际需要。首先是产业扶贫与项目扶贫带动向乡村振兴的过渡，这也是真正实现扶贫和向乡村振兴过渡的根本手段。金融机构应积极支持贫困地区的特色农业产业发展，帮助其实现从项目扶贫带动向乡村振兴的过渡。金融支持当地龙头企业的带动作用，支持特色产业的发展，带动贫困人口增收。其次是大力支持农村基础设施建设。脱贫地区都存在一定的基础设施短板，这也是制约贫困地区经济社会发展的重要瓶颈。帮助农民进行生态建设，加强对脱贫地区基础设施建设的投资，不断改善贫困地区的生活条件，促进当地经济的发展。最后是加强推动金融产品创新。以市场需求为导向推动数字金融与乡村振兴需求有机融合。大力开展农村小额信用贷款、保单质押、农机具设施抵押贷款。积极开发专属金融产品支持新型农业经营主体和农村新产业、新业态，构建丰富的线上贷款产品体系。围绕支持农村经济结构调整和农业产业化经营，积极探索开展"银行+政府+农户""银行+担保公司+农户""银行+合作社+农户""银行+信用村镇+农户"等模式，分担贷款资金回流风险，解决融资瓶颈问题。

七是加快推进农村信用体系建设。积极对接服务农村产权流转交易平台，打造多维度农村金融服务体系，为农村承包土地经营权、集体经营性建设用地使用权、林权等农村产权抵押贷款提供鉴证、流转、抵押评估、登记、贷款办理等统一标准的配套服务渠道。配合各地政府全面推进农村集体产权制度改革和"三变"改革工作，积极营销农村集体经济组织账户。加快推进县、乡、村、户四级城乡信用体系建设。建设标准化的统一支付接入平台，扩展现有支付清算服务系统渠道并整合各类支付清算业务系统功能，积极配合农村金融供给侧和需求侧改革，拓宽对各项业务的支持面，加大支付服务的深入延展度，把普惠金融服务送到农村、送进农户，继续提升普惠金融支付清算服务水平。

目　录

第1章　我国脱贫攻坚进入新阶段

1.1　我国脱贫攻坚取得的主要成就、做法、特点和经验

1.1.1　主要成就

新中国成立至今，我国的人民生活得到逐步改善。解放战争结束后，百业凋敝的苦难局面让我们不得不开始寻求好的出路以改善国民生活质量。中国共产党的领导作用在这条路上至关重要。开展全国范围内的土地革命、社会主义建设，大力发展集体经济、大兴农田水利、大办农村教育和合作医疗，建立以集体经济为基础、以"五保"制度和特困群体救济为主题的农村初级社会保障体系，经过长达几十年的努力，我们的生活得到了初步改善，[①]主要体现在以下几个方面。

（一）贫困人口数量大规模减少，2020年贫困县全部摘帽

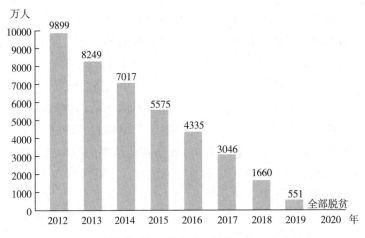

图 1-1　脱贫攻坚战以来中国农村贫困人口变化情况

---

① 中华人民共和国国务院新闻办公室. 人类减贫的中国实践［M］. 北京：人民出版社，2021.

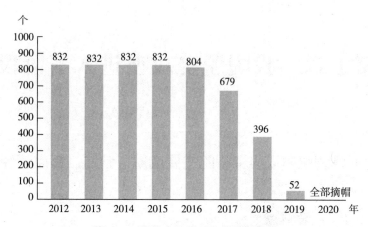

图1-2 脱贫攻坚战以来贫困县数量

(二) 贫困人民生活水平显著提升

经过一系列脱贫攻坚战略，贫困人民生活得到了非常大程度的改善。"两不愁三保障"全面实现。

一方面，贫困人口健康医疗得到保障。以"互联网+健康扶贫"为例，其主导的扶贫功效主要发挥在以下四个方面：基于个体健康信息化建档与电子医保支付体系下的多重医保制度辅助构建，减轻贫困人口的就医负担；基于远程问诊平台和自我健康管理应用的疾病分类救治制度建立与不断拓展，确保贫困患者应治尽治；基于医疗专网、5G架构和信息共享协同机制的医疗信息化建设，提升贫困群众医疗服务可及性；基于疾病大数据分析和在线医疗健康知识教育科普的公共卫生服务体系建设，推送疾病预防关口前移。另一方面，贫困人口的收入水平持续提升。国家统计局数据显示，农村居民人均可支配收入从2013年的9430元增长到2020年的17131元。贫困地区农村居民人均可支配收入从2013年的6079元增长到2020年的12588元，年均增长11.6%，增长持续快于全国农村，增速比全国农村高2.3个百分点。根据调查数据，在多年脱贫攻坚战略的持续进行下，农民的经营收入也不断增多，就业问题不断得到改善，工资性收入占比逐年上升，转移性收入占比逐年下降，自主增收能力逐渐得到加强。

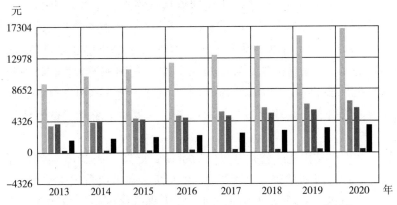

图1-3　农村居民人均收入情况

(资料来源：国家统计局)

(三) 贫困地区由落后地区慢慢转型变好

脱贫攻坚战略的进行，让整个贫困地区落后面貌发生根本性改变。一方面，基础设施建设得到明显改善。截至 2020 年底，全国贫困地区新改建公路110 万千米，新增铁路里程 3.5 万千米，贫困地区具备条件的乡镇和建制村全部通硬化路、通客车、通邮路，交通条件的改善让农村地区与外界的交流得到加强，货物运输、外出就业、教育医疗等生活各方面都因此得到便利。

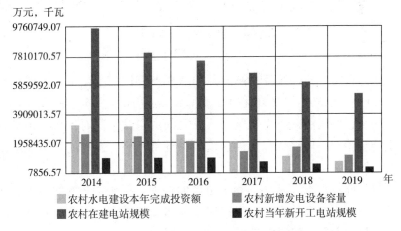

图1-4　农村水电建设投资情况及发电量

(资料来源：国家统计局)

从图 1-4 中可以看出，农村水电建设从未间断，在 2016 年以前，当年水电建设完成投资额都高于 1958435.07 万元，每年都连续不断进行水电建设，而在 2017 年以后相关投资额有减少趋势，说明水电建设已基本覆盖，但是还需要进一步完善提高。自 2016 年以来，贫困地区新增和改善农田有效灌溉面积 8029 万亩，新增供水能力 181 亿立方米，水利支撑贫困地区发展的能力显著增强。基础设施的极大改善，从根本上解决了贫困地区脱贫的难点、痛点。

另一方面，贫困地区公共服务的质量得到提高。从 2013 年到现在，贫困地区义务教育薄弱学校共计改造 10.8 万所，在解决贫困人口温饱问题、克服基础设施建设薄弱等问题的同时，大力提升贫困地区的教育水平，让孩子都有学上、有书读，实现文化服务水平的提高。中西部是扶贫的重点薄弱地域，2020 年底，基层文化中心的建设完成比例高达 99.8%。不仅如此，医疗条件也得到明显改善，这从国家统计局数据也可以看出来。

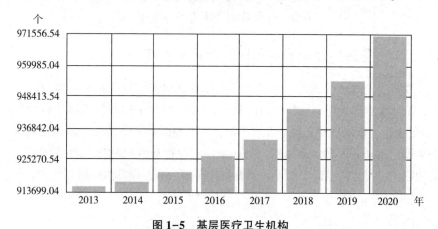

图 1-5　基层医疗卫生机构

（资料来源：国家统计局）

贫困地区医疗条件显著改善，从 2013 年基层医疗卫生机构只有 915368 个，到 2020 年已然达到 971000 个，数量稳步上升。这一进步得益于国家致力于消除乡村两级医疗卫生机构和人员之间的空缺，同时使得贫困县目前基本上能至少有一所二级以上的医院，保证常见病、慢性病基本能够就近得到有效医治。

不仅如此，生态环境也得到了更好的保护。在扶贫开发的路上，我们坚持把扶贫工作与环境保护、生态建设等措施相结合，脱贫攻坚极大改善了广大农村的面貌，使得生态宜居水平不断提高。

脱贫攻坚政策的落实，还使得当地的特色文化得以继承、得到弘扬。使得优秀的文化发展起来，甚至形成产业链带动当地经济发展。国家传统工艺振兴工程的实施，让本地的优秀的传统技艺得以传承弘扬。贫困地区特有的乡土文化、民族文化、文化遗产等都成为盘活贫困地区经济的重点。对于这些优秀文化的保护和继承，不仅在经济收入上让贫困地区的生活得到改善，也在文化传承上使得文脉得以延续，乡愁得以留住。

（四）脱贫群众的精神世界变得更加充实

脱贫攻坚在给贫困地区人民带来更多收入的同时，使得人们的生活得到改善，进一步使得人们对美好生活的追求被唤醒。

一方面，贫困地区群众的独立意识增强，从被动扶贫到主动脱贫，主人翁意识显著提升。扶贫项目不仅仅实施在推动经济发展的项目上，更是在村民对于重大事项决策的参与权上。为了让村民积极主动参加、发挥主观能动性、自主建设家乡、自主推动家乡发展，我们实施了"四议两公开"，推广村民议事会、扶贫理事会等制度，逐步建立健全村务监督机制，让村民能够成为乡村建设发展的决策人，而不仅仅是执行者。这些举措无疑增强了村民依靠自己力量发家致富的信心，也提高了自觉参与集体事务的积极性。

另一方面，在经济发展的基础上，人民生活改善，精神生活也变得丰富起来，对于文明的要求也变得高了起来。争先做"五好家庭"，积极开展移风易俗行动，将红白喜事操办得更加科学、健康、文明，成为我们的新追求。绿色环保、勤俭节约等更好的文明新约，成为我们新时代的乡村文明。

1.1.2　经验

（一）用发展的眼光看问题，以发展的态度消除贫困

自新中国成立以来，我们一直采取积极的措施努力推动经济的发展，从土地改革、建立社会主义制度，到改革开放后实施家庭联产承包责任制，到确立社会主义市场经济体制、全面免除农业税，再到党的十八大以来实施农村承包地所有权、承包权、经营权"三权分置"，不断推动农村地区的发展。不仅如此，在推进扶贫工作的进程中，我们也坚持以发展的眼光看待脱贫攻坚工作，立足于当地特色，发展当地产业，达到"造血"功效，

帮助贫困地区更快脱贫的同时不返贫。

（二）充分发挥贫困群众的主体作用

贫困人口是减贫工作的主体，除了来自国家以及社会各方力量的帮助外，我们还需要聚焦内部力量，让群众自身的力量得以发挥。一方面，坚持人民当家作主的宗旨，让贫困群众参与到发展决策中来；另一方面，加强对贫困群众的正向激励，加强教育培训，提升其发展生产和务工经商的基本技能，使贫困群众能够通过提升自己来实现自我脱贫。

（三）集合多方力量共同参与脱贫攻坚工作

脱贫攻坚不是一项简单的工作，对于教育、医疗、环保等各方面达到全面覆盖的扶贫，需要调动社会各方的力量，做到政府、社会、市场协同推进，只有这样，才能够引导社会各层级人士真正地关爱贫困群众，关注脱贫事业，进而投身到减贫工作中，凝聚成一股力量共同发力，打赢脱贫攻坚战。

1.2 我国脱贫攻坚任务完成后面临的主要问题

习近平总书记在决战决胜脱贫攻坚座谈会上指出："脱贫摘帽不是终点，而是新生活、新奋斗的起点。"现阶段我们的脱贫攻坚工作已经取得了较大的胜利，但是我们仍然不能松懈，需要各个方面健全返贫动态机制和帮扶机制，让脱贫群众不返贫，才是真正意义上的实现脱贫。

1.2.1 脱贫成果巩固的问题

脱贫成果想要获得可持续发展，需要保持主要帮扶政策总体稳定，健全防止返贫动态监测和帮扶机制，巩固"两不愁三保障"成果，做好易地扶贫搬迁后续扶持工作，加强扶贫项目资产管理和监督。

（一）加强领导体系的建设，将组织之间的衔接工作做好

在脱贫攻坚工作向乡村振兴战略衔接的过程中，做好脱贫成果巩固，做到将扶贫工作中的党建扶贫、人才扶贫与乡村振兴工作中的组织与人才振兴衔接起来，关系到减贫工作的领导体系建设，显得尤为重要。

一是要加强农业农村部、扶贫开发部等各部门之间的组织交接，更好地形成协调机制。与此同时，要避免组织涣散现象的出现，不断跟进组织人才晋升机制，聚焦于解决农村基层的组织方面的问题上，杜绝"空心村""空巢村"等情况的出现。

二是对各级驻村扶贫干部进行适当激励，对于表现突出的干部优先考虑提拔使用，从而合理调动人才，优化人员编制，让乡村振兴团队不断优化，切实做到在其位、谋其职，为贫困群众谋福利。

（二）推动由集中资源支持脱贫攻坚向全面推进兴村振兴转变，做好政策上的衔接

如何将原来的建档立卡、精准扶贫等措施下的特惠性、阶段性的扶贫工作转换为具有普惠性、长期性的乡村振兴战略，成为我们在五年过渡期内衔接工作的一大重点。

一方面，2021 年颁布的《中华人民共和国国民经济和社会发展第十四个五年规划和 2035 年远景目标纲要》明确将乡村振兴工作纳入发展规划，这就需要我们对现有政策进行梳理，进一步修改完善扶贫方案，发挥各项政策的叠加效应，将具有针对性的短时间内的扶贫工作转换成更加全面、具有普惠性和持续性的社会保障制度。

另一方面，要盘活当地资源，促进当地特色产业的发展。要加强复合型产业的发展，进一步引入数字经济，将现代科技引入农业，打造智慧农业，提高农业生产效率，给当地带来更多的发展可能。同时，在宣传渠道上，也可以结合新时代特征进行多元化发展，比如可以结合自媒体时代的网红经济的特征，进行直播带货，发展"网红打卡点"等旅游经济。

（三）在政策的延续中推动产业高质量发展，做好要素上的衔接工作

产业高质量发展，是能让贫困地区发挥造血功效的重中之重。这就需要我们在原有政策向普惠性扶贫转型的路上，加强资金投入、人才对接、项目建设等方面的要素衔接。

一是在工程项目方面，脱贫后的地区情况会相应地有所改变，需要我们在结合实际情况的基础上，重新规划，把一些后续的和需要提档升级的任务、工程、项目，如旅游扶贫、生态建设等纳入乡村振兴的发展计划。不仅如此，要注意扶贫人才的培养。对于外出就业的人才、外出就读的高校毕业人才，都需要加大激励力度，引导他们回到农村，进行相应的培养。与此同时，把在乡村振兴中有创新、有想法的人才充分利用起来。只有把人才留住了，脱贫成果的巩固、乡村振兴的衔接工作才能够有更好的统筹。

二是在资金投入方面，在进一步发挥好财政资金作用的同时，引导社会资金向农村流入，保证金融政策和措施在五年过渡期内的稳定及向支持乡村振兴转变。建立和完善涉农资金管理使用工作机制，整合归并包括扶贫专项资金在内的各级各类涉农资金，统筹设立乡村减贫与振兴专项资金，延续扶贫期间惠农金融信贷政策。①

1.2.2 脱贫基础不牢的问题及解决措施

各个贫困地区的贫困程度有所不同，虽然现阶段基本实现脱贫，但是仍然有部分地区脱贫任务艰巨繁重，政府往往聚焦于剩余人口脱贫而忽略防止返贫的工作。脱贫基础不牢，就容易造成二次返贫，返贫的主要原因有脱贫户脱贫意愿不强、脱贫质量不高、脱贫的基础薄弱、帮扶力量不足且后续乏力等。针对这些原因，我们要对症下药，根据可能出现的返贫原因采取有效措施，构建全方位的防贫体制机制，保障防贫工作顺利进行。

(一) 扶贫先扶志，坚持文化扶贫

健全激发内生动力的体制机制解决贫困群众脱贫意愿不强问题。在扶贫工作中，部分困难户对于扶贫政策带来的福利产生依赖心理，以成为贫困户为荣，贪图"不劳而获"之利，不肯发挥主观能动性进行自我"造血"。这一方面阻碍脱贫工作的进行，另一方面与我国以劳动为荣的传统美德相悖，对社会风气造成不良影响。对这一类群体，需要加强宣传教育，通过电视、广播等各种媒介弘扬自给自足的勤劳价值理念，转变观念，改变精神面貌，充分调动乡村文化人才的积极性。同时，对于尚未找到"造血"渠道的贫困户，要帮助他们进行劳动培训和技能培训，杜绝"等、靠、要"的思想，让他们学会用自己的能力去实现自我脱贫。而对于没有能力的贫困户也要合理调配资源，适当地倾斜帮扶。②

---

① 徐持平，徐庆国，陈彦曌. 巩固脱贫成果与乡村振兴有机衔接策略研究 [J]. 中国集体经济，2021 (33)：1-2.

② 孙杨杰. 生态扶贫与乡村振兴有效衔接的福建探索 [J]. 发展研究，2021，38 (9)：70-76.

（二）精准认定返贫范围，精准实施防贫措施，巩固防贫的"保障线"，提高脱贫质量

现实中仍旧存在很多的不确定性。自然灾害、失业风险等都是不确定因素，随时都有可能导致脱贫群众再次返贫，这就需要我们先进一步精准确定可能再次返贫的各类群体，再根据他们的实际情况，增强针对性，合理划分重点帮扶的范围。非高标准脱贫户和非贫低收入户两类群体，返贫的可能性最高。这就需要我们精准对接，确保扶贫工作全面覆盖，真正意义上做到为人民服务。这不仅需要在教育、医疗、就业等基本保障上下功夫，还需要对扶贫政策进一步补充和强化，部分家庭存在着在一般扶贫政策补贴之后仍然无力支付余额的情况，就要对这种家庭实施特别补助，确保兜底，以解决扶贫质量不高的问题。

（三）推动乡村产业发展，健全完善长效机制，保障扶贫工作的延续性

依托于乡村资源，我们可以重点发展乡村特色文创产业、乡村旅游业、当地特色农业产业等，扩大经济总量，带动乡村经济发展。深入推进农村体制机制的改革，不仅要合理利用农村地区的土地资源，更要为农村地区留住人才，改善基础设施建设。此外，还要完善长效机制，保障防贫工作的延续性。随着时代的发展，贫困的标准也在不断转变，这就需要我们持续地对扶贫政策进行完善，将我们现有的经验、对新的不确定因素出现的处理办法等措施整理成完整的制度，给后面一代又一代扶贫工作中的党建人才、扶贫人才留下值得借鉴的经验。同时，针对在扶贫工作中出现的不够用心的、有懈怠思想的干部，也要采取相应的措施强化理念教育，建立完善激励约束机制，从政治上、思想上、工作上给予扶贫干部更多的关注，聚焦于他们的培养，重点提拔在扶贫一线有突出成就或突出能力的人才。

（四）在充分发挥政府脱贫攻坚主导作用的同时，引导社会各界关注脱贫攻坚工作

深入推进"万企帮万村"活动，发挥企业的作用，切实解决脱贫帮扶不足的问题。一直以来，在扶贫工作中扮演主要角色的都是政府机构，没有完全地发动社会各界的力量，可以采用公开、透明的方法，接受来自社会各界的捐助，公开资金和物资的流向，同时，充分发挥网络平台的作用，如众筹，集聚社会爱心，推动贫困地区发展。鼓励企业向贫困地区适当倾

斜，可以通过入股分红、产业合作等方式输入资金，为贫困地区企业发展提供一个更加稳定的环境，有利于解决就业问题。[①]

1.2.3　我国农村地区共同富裕的问题

2020 年，党的十九届五中全会明确提出，要发挥第三次分配的作用，发展慈善事业，改善收入和财富分配格局。第三次分配概念的提出，旨在解决发展不平衡、不充分问题，同时也为了更好地满足人民日益增长的美好生活需要，其最终是要缩小收入差距，推动共同富裕。而基于共同富裕视域下的农村经济的发展，还存在很多诸如观念淡薄、体系不健全、可持续性差、发展不均衡等问题，需要我们采取积极的措施去应对。

（一）做好战略统筹，健全体制机制

长期以来，农村经济组织结构主要包含的主体为村党支部、农村集体组织和村委会，这样三位一体的结构在职能安排上不够分工明确，工作覆盖范围会存在交叉混乱之处，导致农村经济运行在一定程度上受到明显阻碍。新时期的社会环境要求我们以共同富裕为目标，进行整体布局，"多村抱团"，与其他村庄形成合作，共同解决集体经济发展的难题，同时推进农村改造项目，整合农村资源，落实股份经济合作社，让村民享受分红等福利。

（二）从实际出发，创新经营，使贫困人口能够可持续地获得收入

在农村经济发展的过程中，整体发展的持久性和稳定性无法保证。一方面，农村地区的各方面条件都相对较为落后，但是村干部设置比较多；另一方面，在人力资源管理上也没有及时适应新的市场环境需求，资源利用率不够。相关单位需要更新经营模式，对于农村经济的不同形式进行协调，打造新的农村经济产业链，合理调动人力资源，大力发展特色文旅产业、特色农产品产业等经济链。

---

① 左腾飞. 筑牢脱贫攻坚防贫的四道"保障线"［J］. 人民论坛·学术前沿, 2020（8）：128-131.

（三）合理构建扶持机制，完善相关政策，解决集体经济发展水平不均衡的问题

由于地理因素，不同地区的自然资源存在很大的分布偏差，东部地区相对而言更靠近沿海，较之内陆有更大的优势，这样就会造成贫富差距的拉大。这就需要从政策层面，对薄弱地区进行一定的政策倾斜，不断完善扶持政策，完善配套设施，引入优秀的技术人才，走进乡村，盘活乡村，这样才能为缩小贫富差距贡献力量。①

1.2.4　政策的持续性问题

（一）对贫困精准识别模式进行更新，基于大数据的动态识别，实施更为精准的扶贫

一方面，改变从前的贫困申请模式，由从前的不同地区按指标分配，施行"规模数量"的控制，改为贫困户自行申请，经过民主评议、实地考察等措施来进行考察。同时，对扶贫政策信息的宣传渠道要进一步扩大，充分利用好官方网站、电视台、短视频等宣传渠道，也可以进一步深入农村当地进行普及，使得贫困人口尤其是一些不太会使用现代通信设备、与信息时代脱节的群众也能够了解到扶贫政策，感受到其中的优惠，进一步推进我们的扶贫工作。另一方面，要优化培训，打造更好的扶贫队伍，在我们的扶贫工作中涌现出一批又一批的优秀扶贫人员，要进一步鼓励我们的扶贫干部带领我们的扶贫队伍深入基层，了解情况，也可以走访当地的村干部，以更加细致地了解到这些情况。②

（二）进一步引导社会各界力量投入扶贫的民生工作中，倡导多元主体机制

乡镇企业是乡村经济发展的重要推动力，不仅可以激发贫困地区的市场活力，盘活当地经济，还可以吸收就业，解决农村地区人员就业问题。这就需要我们放宽小微企业准入机制，鼓励自主创新，发展副业。

---

① 林晓飞. 基于共同富裕视阈下的农村集体经济发展研究［J］. 经济管理文摘，2021（21）：10-11.

② 郑金杯. 精准扶贫成效可持续研究［J］. 合作经济与科技，2021（19）：177-179.

（三）推进民生工程建设，切实落实教育扶贫、医疗扶贫等民生大事

一方面，对于教育扶贫问题，我们要针对不同的贫困人群，采取针对性的帮扶措施。"乡村振兴，人才先行。"[①] 教育扶贫是一项必须要重视的工程，不仅关乎农村地区儿童的教育，更关乎农村地区人口未来就业。教学设备和师资向农村地区重点倾斜，可以给孩子们营造积极向上的学习氛围，帮助他们将来实现自己的人生价值，同时也为将来农村地区振兴的人才培养奠定基础，也可以在一定程度上解决贫困人口的就业难问题。另一方面，我们需要完善基层的医疗服务建设。农村医疗机构一般只能解决一些基本问题，提供基本医疗服务，但这些是远远不够的，可以采取县级专家定期或轮值到乡镇卫生中心坐诊的措施，保证农村地区人民也能享受到好的医疗服务，不仅如此，也应加强基层医疗设施的建设，适当地进行资金倾斜，引入一些医疗人才，改善当地人民看病难、救治慢的问题。

1.3 五年过渡期的主要任务和要求

2020 年是"决战决胜脱贫攻坚、全面建成小康社会"的收官之年。2021 年是"十四五"开局之年，中央"三农"工作的重心也顺势发生了历史性转移。

1.3.1 五年过渡期的主要任务是什么

脱贫不是重点，我们需要持续地把脱贫攻坚作为工作重点，保证政策的扶持力度。五年过渡期任务的核心，就是守住坚决不能出现规模性返贫，这是我们的底线目标。现有政策要保持稳定，并不断合理改善、优化，逐步实现由集中资源支持脱贫攻坚向全面推进乡村振兴平稳过渡。

（一）建立防止返贫的监测和帮扶长效机制

发挥干部的力量，对各个地方的工作进行定期调查、研究分析、通报情况，同时健全和完善农村低收入人口的监测帮扶机制，分层分类地做好

---

① 王倩，李建辉. 教育扶贫政策的历史演变、经验启示与未来接续 [J]. 教育评论，2021（10）：10-17.

救助工作，切实保障贫困人口的基本生活。原本我们鉴定是否为贫困人口的方式主要是看收入情况，现在在消除绝对贫困的情况下，则需要我们采取更合理、更全面的鉴定方式，实行动态监测，进一步检测"三保障"情况、饮水安全情况，坚守"三早"原则，做到早发现、早干预、早帮扶，确保不遗漏一个有困难的群众。

（二）继续强化帮扶工作

在我们的脱贫攻坚工作上，涌现出一批易地搬迁扶贫户，这部分群众规模较大，在完成易地搬迁之后，如何做好产业帮扶、就业帮扶、教育帮扶等，都是我们需要后续追踪强化的工作。在产业帮扶上，如何补齐技术、设备、资金等方面的短板是我们需要面临的问题。此外，我们也要考虑易地搬迁群众在新的居住场所的就业问题。

（三）保证政策的连续和稳定

中央决定对脱贫县设立五年的过渡期，"过渡"并不是一种从无到有的政策，而是从过去全力脱贫攻坚到现在向全面乡村振兴的政策转变。在这五年中，主要的帮扶政策不能够就此废弃，需要我们"扶上马、送一程"，对现有的帮扶政策进一步梳理、调整、优化、完善，逐步实现由集中资源支持脱贫攻坚向全面推进乡村振兴平稳过渡。

（四）聚集社会各界力量

在脱贫工作中，我们既看到了龙头企业的带动作用，也看到了社会其他力量在"军队帮扶""定点帮扶"等帮扶工作上不可忽视的贡献。不仅如此，我们也不能够忽视人才的作用，可以继续向重点村选派第一书记和帮扶队伍，管理层面的强大可以毫无疑问地带动贫困地区的发展。

（五）对各级党委和政府单位的工作继续做好绩效考核工作

适时组织巩固脱贫攻坚成果的后评估工作，重点评估巩固质量和拓展成效，对表现突出的优秀人才实行激励机制，同时对职责履行懈怠的人员进行一定程度的惩戒，进一步压实各级党委和政府的责任，坚守住不发生规模返贫的底线。

1.3.2　五年过渡期的主要要求

（一）保持原有脱贫政策和措施的延续，保证主要帮扶政策的稳定

对于"一收入""两不愁三保障"的贫困人口识别和退出，要从以户为单位的衡量标准转为常态化监测与跟踪，确保不出现返贫而不知晓的情况；健全防止返贫动态监测和帮扶机制，对脱贫不稳定的贫困人口、边缘易致贫的贫困人口，以及因为突发性因素，如意外事故致贫的贫困人口，要开展定期排查，做到早发现、早干预、早帮扶。不仅如此，也要继续支持脱贫地区特色产业的发展，持续促进脱贫人口稳定就业；做好易地搬迁的后续扶持，帮助搬迁群众融入当地环境，确保生活保障，稳定就业，加强管理。要把扶贫工作融入农业农村"十四五"工作规划、尚未制定乡村振兴战略规划的地区要做好与现行扶贫工作的经验和成果分享。精准编制乡村振兴及巩固脱贫成果实施方案，明确路线图，实现乡村振兴与巩固脱贫成果扶贫工作"同频共振"。做到保持原有脱贫政策和措施的延续，保证主要帮扶政策的稳定。

（二）调整原有脱贫政策和措施，由集中资源支持脱贫攻坚向全面推进乡村振兴转变

原有政策下的脱贫攻坚战，主要是通过精准定位、精准识别、建档立卡来进行有针对性的阶段性的扶贫，而在过渡期内，如何让政策从特惠性转向普惠性才是我们的调整方向，要进一步覆盖所有贫困人口，实现共同富裕。这就需要我们对现有的扶贫工作政策进行全面梳理，有序地对已有方案进行废止、延续、改进。继续落实"四个不摘"要求，在保证政策的连续性和可持续性的同时，发挥好各项政策措施的叠加效应。在对于易地搬迁群众等扶贫人口上，要留出政策的接口和缓冲时间，在已经实现消除绝对贫困的背景下，我们需要把针对原本绝对贫困户的扶贫工作临时性帮扶政策，转化为面向相对贫困户的常规性社会保障制度。

（三）延续和调整相互结合

有些贫困户虽然退户，但是仍然存在大病、自然灾害等不确定因素造成返贫的情况，所以在后续的扶贫工作中，政府仍应该在动态检测的基础上，实时识别返贫人口，原有的扶贫政策仍然不能够丢失。对于已经脱贫，甚至实现自我"造血"的"贫困户"，要实行新的政策，如何进一步加大对乡镇企业的资金投入，引入社会各界的力量也是我们考虑的一大重点。这些就需要我们在政策上，做到延续和调整相互结合，遇到问题及时解决。

（四）推动后扶贫时代工作高质量发展，着力构建高质量发展的现代产业体系

一方面，在教育宣传上，发挥各种媒介如广播、电视、短视频等的作用，帮助贫困地区人民树立脱贫的思想观念，激发内在动力，解放思想观念。也可以举办农村人才论坛，为农村地区人民带来新点子，推动体制机制的创新，推动质量改革，给特色产业、优势产业增加内核。

另一方面，在产业发展方面，要重点照顾县域主导产业和优势产业，加大力度推动农村第一、第二、第三产业融合发展，让农村产业链得以延长，给农村产业带来更多创新，激发农村发展活力，巩固农村发展成果。

（五）完成主要扶贫政策和措施转变

要做到主要扶贫政策和措施——金融政策和措施在五年过渡期内的稳定及向支持乡村振兴转变。农村地区要想发展，融资是个大问题。乡村振兴下金融扶贫存在许多困境：一方面，金融供给不足。我国长期以来的金融市场都是二元金融结构。另一方面，民间金融缺乏正规性。在缺少国家担保、政府支持的背景下，农村民间金融往往存在风险抵御能力差、发展空间小的弊端。此外，农村的金融环境不够稳定，农村并没有完善的金融体系，也不存在健全的失信惩戒制度，再加上信用观念不足等问题，导致乡村金融的发展举步维艰。金融政策和措施支持巩固扶贫成果，不仅关系到有效完成扶贫政策的衔接问题，也为乡村振兴积累重要的经验。金融政策的完善，能够进一步引入金融资源流入农村，加快乡村建设，是脱贫攻坚向乡村振兴过渡的重要一环。这就需要我们在统筹大局的基础上，做好战略性的金融扶贫工作，将中央的专项扶贫计划与政策传导、落实到位。对重大战略性乡村振兴项目要积极提供资金支持，对社会公益资金进行积极引导，聚焦产业扶贫。

1.4　五年过渡期面临的主要问题和难点

"十四五"时期是"两个一百年"奋斗目标的历史交汇期，也是巩固拓

展脱贫攻坚成果、开启乡村振兴的关键时期，在实现第二个百年奋斗目标的新征程上，需要进一步提升乡村振兴战略规划的统筹性和针对性，努力把特惠性扶贫变成普惠性扶贫，实现农业生产方式和农村生活方式向农业现代化、高质量发展方向全面转变，为全面建成社会主义现代化强国助力。

1.4.1 五年过渡期面临的主要问题和原因

在实现第二个百年奋斗目标的新征程上，加快推进乡村全面振兴步伐，做到由脱贫攻坚向全面乡村振兴的路上还有许许多多的重任，这是一项不简单的系统工程，也存在许许多多的问题。

（一）乡村人才振兴存在短板

人才振兴是乡村振兴的关键。只有拥有一支强大的人才队伍，才能够推动乡村高质量的发展。改革开放以来，农村过剩劳动人口成为中国工业化的强大后备军，在向非农产业转移的劳动力中，年龄结构呈现出青壮年为主的特征，农业转移人口中大多都受过中高等教育，并且大专及以上学历农民工占比逐年提高。这表明留守在农村的大多是"老弱病残"人群。[1]而乡村建设所需要的能够掌握现代农业技术、有一定的市场经济知识储备、文化素质较高的人才，与农村所剩下的"老弱病残"人群的特征完全不符，乡村人才结构显著失衡。如何让高质量的劳动力回流到农村市场成为制约农业科技化、现代化发展的瓶颈。农村人才发展的长效机制十分缺乏，过去一直强调要发挥龙头企业的带动作用，通过社会力量来激活农村市场，然而，合作企业、帮扶企业对农民进行培训的内容大多数仅仅局限于传统的农业种植技术的传授或者是与企业本身的业务高度相关，对于公民的技能培养不具有全能性、不够全方位，一旦农民所就职的企业面临经营危机等问题不再经营，农民可能又将面临新的"一无所长"的困境。不仅如此，乡村对人才的吸引力也不足，对于农业技术专家、医学专家等的吸引力不够，对于引入电商入驻合作的吸引力也不够。人才匮乏、人才流失严重让乡村视野难以形成内生增长式振兴，脱贫攻坚与乡村振兴有效衔接的内生动力缺失。[2]

---

① 刘铮，魏传成. 推进乡村全面振兴的重点、难点及对策 [J]. 经济纵横，2021（10）：122-128.

② 李海金，焦方杨. 乡村人才振兴：人力资本、城乡融合与农民主体性的三维分析 [J]. 南京农业大学学报（社会科学版），2021，21（6）：119-127.

（1）人力资本短板影响乡村振兴人才质量。

一方面，乡村人力资本数量的增长缺乏资金的支持，在进行脱贫攻坚的过程中，我们将大量的资金投入改善基础设施，对于人力资本的资金投入相对而言较少，要想提高乡村振兴人才的基数，还要提高对资金投入的重视。另一方面，乡村人力资本质量的提升缺乏系统化的设计，也就是说，当前我们在对涉农人才进行培养的时候，高校培养的很多专业性人才并没有从事涉农工作，而且直接进入农村一线的人才非常少。但同时，农村基层对于人才的培养基本上都是靠"短平快"的培训，技能培训服务范围小，质量没有保证，因此，需要在教育培训的资源上进行进一步整合，以形成完备的体系。不仅如此，乡村的人力资本结构尚未得到很好的整合，在推进乡村人才振兴的过程中，过去我们把重心放在产业类和治理类人才的培养上，而忽略了多元化、综合性的人才队伍的打造，因此，在一些乡村产业、文化、生态、治理等的振兴上，我们缺少结构合理、功能互补的人才库，导致在很多地方的扶贫实践中，在因地制宜的策略实施方面存在人才专业技能不对口的短板。

（2）农民的主观能动性弱让乡村人才作用的发挥受到了一定的影响。

一方面，农民主体性在乡村建设中的作用并没有完全体现，在脱贫攻坚工作中，乡村人才能动性偏弱，大部分都不太愿意从事涉农工作，也不愿意介入乡村的社会关系，同时，农民也没有及时地实现自身的社会化，从主体意识层面就难以主动地去实现农业现代化。另一方面，在乡村建设的过程中，一直以来都是政府作为主体在发挥作用，我们也可以在这个发展过程中看到一些"等、要、靠"的消极怠惰思想的产生，如何改变过去由政府主导来确定乡村发展方向以及建设方案的色彩，让农民更多地参与进来，听到更多来自农民的话语，是我们需要努力的方向。农民参与性不强、话语权不多，直接导致的后果就是在扶贫对接工作中，农民对政府单方面作出决定的工作不积极配合，甚至抵制，而且缺少了农民声音的扶贫工作，很有可能出现政策的制定与农民真实需求脱节的问题，不仅加剧了农民主体性弱这一现象，而且还会对他们的基本权益造成损害，不能合理地利用资源。

（3）城乡差距影响人才流动。

城乡之间存在的差距，不仅体现在基础设施的建设上，更体现在居民精神层面的满足度上，这一差距仍然会在很长一段时间内持续存在，我们必须认识到这一现实，也认识到在人才流动的时候，会存在有些低质量人才流入乡村的情况，会存在乡村资源利用不当的风险。同时，我们也必须看到城乡人才的收入存在着显著的差距，这一差距会直接影响到人才是否愿意继续留在乡村，相关的大学生村干部配套政策优惠虽然对引导大学生回乡就业有一定的作用，但是由于乡村人才并没有长远的在村干部职位的规划，因此导致这种引导作用没有得到明显发挥，没有为乡村真正地留住人才。不仅如此，现有的乡村环境条件和机制难以真正为人才流入提供持续支撑，虽然过去的经验给助推我们形成了一些新兴的推动人才流入乡村的体制机制，但是在建设过程中，在新型人才的定位方面仍然没有形成具有共识性、推广性的普适经验。

（二）资本支持乡村振兴存在短板

"一五"计划以来，我国把重心放在了重工业的发展上，制定了城乡阻隔的户籍制度，在一定程度上决定了农村现代化会出现相对薄弱的现状。而近年来，随着房地产业以及虚拟经济领域等对资金的强大的"虹吸"效应，资本进一步聚集在城镇，给本就不明朗的农村经济形势带来阻碍。不仅如此，乡村产业相对而言整体生产成本较高、价值回报低，生产基础比较弱，农村的消费水平也处于比较低的层次，资本要素作为推动农村产业链发展的重要动力，其投入不足已成为乡村振兴卡脖子的一环。农业农村投资的主要投入来源包括经营主体的自有资金投入、财政资金投入、社会资金投入和金融部门资金投入。近年来财政资金、社会资金、金融部门资金的投入呈现出规模不断增大、形式不断丰富、合作方式不断创新等特点，但是仍然存在不可忽视的缺点。

（1）治理结构不够完善，相关资本投入农村并没有得到很好的治理。

一方面，从政府层面来看，社会资本下乡缺乏系统的政策支持，在农业补贴上，仍然以农户为主，缺乏对社会资本主体的补贴，在实际补贴过程中，有些政策逐渐偏离原本的目标，并不能给乡村的发展带来实际利益。而在农业基础设施建设上的短板使得涉农项目受到严重制约，社会资本难以进入农村农业。此外，对于农村的保险、担保等政策支持体系不够完善，不能充分发挥它们的作用。保险公司的服务能力不强，不能做到精准承保、精准理赔，当农民遇到重大自然灾害时不能提供及时的支持。另一方面，在实际工作过程中，还存在政府越位的问题，这一问题的主要原因是我们虽然出台了许多宏观的帮扶支持的指导性文件，但是在实际操作中，由于缺少细化的政策规则和补贴标准参考，许多地方政府盲目作出决定，导致资本即使流入乡村，也不能得到充分利用。部分政府将流入的社会资本用于发展特定产业，盲目投资，一旦主要领导或政策发生变更，就会带来企业经营风险。这需要我们对投资领域、投资机制设置较高的门槛，进一步优化市场环境。

（2）在资源配置上也存在许多问题。

一方面，农业农村发展的各方面要素供需失衡是社会资本进入时面临的主要问题，农村农业市场长期以来发展滞后，缺乏人才、科技等要素的供给，导致流入农业农村的社会资本在推动乡村振兴的过程中面临较大的困难。不仅如此，进入农村的资本在运营的过程中，普遍面临资金供给、科技和人力资本的制约。在资本要素方面，也面临涉农贷款普遍投资周期长、回报率不高、受自然因素影响明显等问题，难以吸引金融机构进行涉农产业的投资。在农村人力资本要素上，技术人才缺乏、劳动力素质普遍不高，且伴随着农村老龄化、空心化的现象，农业现代化的发展在人才供给上很难满足现代农业科技的人才发展需求。虽然在人才引入上，政府有相关的政策，但是力度还是不够大，缺乏长效激励机制，也对人才的管理缺乏科学完善的体制机制，对社会人才的吸引力不足。另一方面，社会资本参与农村农业项目的投资缺乏规划和布局，政府虽然积极引导，但是没能科学地加以规划引导，很有可能导致资本盲目堆积，并没有实现带动乡村发展的目标，与其他地区的项目投资高度相似，没能体现出当地的产业特色，导致资源错配，社会资本投资效率低下。此外，社会资本的参与也具有很强的不确定性，部分社会资本由于政策引导等原因盲目进入农业领域，造成资源浪费。还有部分社会资本借此机会非法改变农地用途、套取财政补贴，成为社会资本参与农村农业发展的隐忧。[①]

（三）基础设施建设以及农村公共服务存在短板

在基础设施建设上，一方面，网络联通性还存在很大的提升空间，通信网络建设较为落后，随着数字经济时代的到来，信息基础设施成为数据创造数字经济的重要手段，然而农村地区仍然面临着网络尚且没有完全覆盖的问题。滞后的通信设施不仅仅体现在网络通信上，更直接反映在电商发展上，在网红经济如此火爆的背景下，直播带货已然成为新时代不可避

---

① 冯兴元，鲍曙光，孙同全. 社会资本参与乡村振兴与农业农村现代化 [J]. 财经问题研究，2022（1）.

免的销售渠道，然而落后的网络基础设施让这一方式的发展寸步难行。另一方面，交通基础设施建设仍然有很多地方存在联通不畅的现象，"出县像远征，跨省不联通"是与省际接壤地区的边缘贫困村交通出行面临的困境，交通基础设施建设的不足直接阻碍了贫困村与外界的交流，因而在发展农村特色产业的道路上，特色农产品的物流也受到制约。农村电商作为经济发展的重要一环，面临配送成本高、效率低等问题，这就带来了"农产品出村进城、消费品下乡进村"的双向制约。①

在乡村公共服务上，一方面，对教育扶贫领域仍需持续保持关注，应进一步加大力度保证贫困地区孩子教育水平的提高。由于脱贫攻坚工作的进行，我们出现了一大批易地搬迁户，这势必会带来新社区孩子就读问题，这就需要我们对应进行教育资源倾斜帮扶，满足人民群众对优质教育水平日益增长的迫切需求。另一方面，在医疗卫生等公共服务领域，对于突发性的大病、重症，乡村卫生院并不具有相对应的处理能力，只能对一些感冒、慢性病等普通病症进行把控，这就造成了农村地区人民可能存在就医不及时而耽误治疗最佳时机的问题。此外，除医务人员的能力限制外，乡村地区医疗基础设施的欠缺也成为健康乡村建设亟须解决的问题。不仅如此，在政府服务上，乡村地区的信息建设落后，导致部门信息共享和联动机制不健全，对于一些基础数据库，比如返贫检测等事务的数据库方面无法共享，这无疑会给乡村政务服务带来更高的成本，进一步导致返贫复贫监控滞后问题的发生。

（四）土地规模化经营推进速度制约农业现代化发展

为了顺应时代发展的不同需求，每一个不同的时段，我们都会有相对应的土地政策，从初期的土地私有制度，到计划经济时期的土地集体所有制，再到改革开放后的农村家庭联产承包土地制度，以及包产到户基础上的"三权分离"的土地经营承包制度，无一不是为了顺应时代的发展。但是，不同的土地制度改革也会不可避免地带来一些问题，土地家庭承包经营制带来的农村耕地碎片化、小规模生产等问题在一定程度上就限制了农业现代化的发展。农业现代化的发展与农业器械化有着不可分割的联系，农业现代化的高效率必须依托于农业器械化的高程度发展，而农业器械化

---

① 戴晓峰，李晓娟，陈方，等. 精准扶贫以来中国交通扶贫的政策演进与实践经验 [J]. 昆明理工大学学报（社会科学版），2021，21（6）：71-79.

的高效率则与土地规模的经营密切相关。在现行的农业制度下，从第三次农业普查数据中我们可以看到，小农户从业人员占据了农业从业人员的大部分，而小农户经营耕地面积也占据总耕地面积的一半以上。这些都对农业规模和农业生产现代化形成了严重制约。

（五）产业发展动力存在短板

一方面，产业发展的辐射面不够广，产业链较短，产业比较单一，并且发展的规模一般都不大，企业根基的壮大仍然需要时间。对于乡村特色产业群的建设仍需努力，在发展乡村经济的同时，也要注意带动相近相邻产业的集中聚集，推动乡村经济走规模效益聚集。另一方面，在乡村经济发展的质量问题上，也需要我们持续发力，由于地域限制、基础设施薄弱等原因，使得乡村企业的发展整体成本较高，收益率较低，乡村特色产业价值尚未得到充分的挖掘。不仅如此，乡村产业的创新，也是制约乡村经济发展的一大因素。以农村旅游业发展为例，应找准农业和旅游业的结合点，让旅游业和特色产业融合成为创新的突破点。过去采取的在旅游业发展过程中进行的产品推销，力度不够大，未能完全地实现产业宣传目标。如果将特色产品与旅游开发的文化因素相结合，将其打造成相互依托的整体形象的名片进行宣传，就会好很多。但是，由于人才缺失等，乡村产业的发展类目以及经营模式存在大量的相似之处，同时缺乏技术创新，这造成农业现代化水平不高，与第二、第三产业融合发展不足。此外，农村消费水平不高也制约了乡村企业的发展。这些都对农民的产业发展动力造成了一定的打击，难以使农民充分发挥创业的积极性。[1]

1.4.2　五年过渡期面临的最大难点

（一）促进农村脱贫地区可持续发展，保持政策稳定性[2]

2020 年是"十三五"收官之年，我国已经消除了绝对贫困，在由脱贫攻坚向全面乡村振兴转变的路上，保持过去扶贫政策的稳定十分重要，同时发现并解决发展主体所面临的问题。一方面，作为脱贫攻坚工作中主要的参与者的政府部门、社会组织和农村本身面临不同的困境，政府部门作

① 唐任伍，温馨. 有效衔接乡村振兴——短板与举措 [J]. 民生周刊，2021（19）：62-65.
② 王帅，田鹏慧. 农村脱贫地区可持续发展的政策供给框架 [J]. 燕山大学学报（哲学社会科学版），2021，22（5）：10-18.

为主要的主导者和组织人，在资源规划和分配上治理与管理都或多或少有偏差，领导者应灵活调整政策执行规划，做到资源利用效率最大化。而农民作为直接受益者，同时也是直接执行人，在扶贫工作中出现的"等、靠、要"现象也不可忽视，农民自身的可持续发展能力和自我实现脱贫的意愿尚且匮乏，大部分农村青年劳动力都外流，导致农村发展"空壳化"。对于积极参与到扶贫工作中的社会组织，其帮扶过程缺乏一定的正规性和规划性，导致帮扶渠道不畅，引起社会组织的资源浪费。另一方面，农村市场尚未社会化，不能完全、直接地参与社会竞争，大部分还得靠政府等外部力量支持，乡村振兴、生态振兴等政策在过渡期内依旧要稳步推进，此外，也要合理利用市场机制激活产业经济与生态文明结合发展的动力。

（二）促进脱贫地区发展的政策转变与创新①

一是注重县域经济的发展，县域经济的发展是实现乡村振兴的助推剂，然而在实际情况中，即使基础设施的建设已经基本覆盖贫困地区，却仍然存在不足，交通条件仍是限制农村发展的瓶颈，在限制物流运输工作进行的同时，也限制了农村产业链的延伸，当地特色产业与文化特色的结合难免需要交通的便利来提供动力。

二是要注重农村集体经济的力量。由于历史原因我国经济发展一直离不开"集体经济"的作用，通过集体经济这一载体，让民众能够在得到集体收入分红的同时，激发内在的自主发展意识，既能够提升自己的能力，也能够更好地连接龙头企业进一步拉动农村经济的发展。

三是注重党支部的领导作用。为更好地实现互助互利发展，要完善支部领导的治理结构，加强党支部对发展集体经济的领导，同时，由于各地实际情况不一样，需要党支部因地制宜地制定更好的政策去执行，通过系统化措施的实施，让脱贫地区得到普惠性支持，同时，这也是创新发展的重要举措。

---

① 郑有贵. 脱贫地区创新发展路径研究——以 5 年过渡期支持政策为重点 [J]. 人民论坛·学术前沿, 2021 (13)：77-83.

1.5　我国脱贫攻坚五年过渡期应采取的战略

1.5.1　五年过渡期战略目标和步骤

（一）过渡期战略目标

根据《中共中央　国务院关于实现巩固拓展脱贫攻坚成果同乡村振兴有效衔接的意见》（以下简称《意见》），为实现巩固拓展脱贫攻坚成果协同乡村全面振兴，我们的目标任务就是：到 2025 年，脱贫攻坚成果巩固拓展，乡村振兴全面推进，脱贫地区经济活力和发展后劲明显增强，乡村产业质量效益和竞争力进一步提高，农村基础设施和基本公共服务水平进一步提升，生态环境持续改善，美丽宜居乡村建设扎实推进，乡村文明建设取得显著进展，农村基层组织建设不断加强，农村低收入人口分类帮扶长效机制逐步完善，脱贫地区农民收入增速高于全国农民平均水平。

（二）过渡期战略实施步骤

一是建立健全巩固拓展脱贫攻坚成果长效机制。保持主要帮扶政策总体稳定，严格落实"四个不摘"要求；健全防止返贫动态监测和帮扶机制，建立健全易返贫人口快速发现和响应机制，分层分类及时纳入帮扶政策范围，实行动态清零；巩固"两不愁三保障"成果；做好易地搬迁后续扶持工作，从就业需要、产业发展和后续配置设施建设提升完善等方面加大扶持力度；加大扶贫项目资产管理和监督，分类摸清各类扶贫项目形成的资产底数。

二是聚力做好脱贫地区巩固拓展脱贫攻坚成果同乡村振兴有效衔接重点工作。支持脱贫地区乡村特色产业发展壮大，注重产业后续长期培育，尊重市场规律和产业发展规律，提高产业市场竞争力和抗风险能力；促进脱贫人口稳定就业，搭建用工信息平台，培育区域劳务品牌，加大脱贫人口有组织劳务输出力度；持续改善脱贫地区基础设施条件；进一步提升脱贫地区公共服务水平，继续改善义务教育办学条件，加强乡村寄宿制学校和乡村小规模学校建设，保持现有健康帮扶政策基本稳定，逐步建立农村低收入人口住房安全保障长效机制。

三是着力提升脱贫地区整体发展水平。在西部地区脱贫县中集中支持一批乡村振兴重点帮扶县，建立跟踪监测机制，对乡村振兴重点帮扶县进行定期监测评估；坚持和完善东西部协作与对口支援、社会力量参与帮扶机制。

1.5.2 保持扶贫政策和措施的稳定

五年过渡期内的核心目标就是守住底线不返贫，实现由脱贫攻坚向全面乡村振兴的转变。在《"十三五"脱贫攻坚规划》中，按照精准扶贫精准脱贫的基本方略要求，因地制宜，分类施策，在产业发展脱贫、转移就业脱贫、易地搬迁脱贫、教育扶贫、健康扶贫、生态保护扶贫、兜底保障、社会扶贫等多个方面进行细化，采取了相关措施进行扶贫保障。我们以交通扶贫和生态保护扶贫为例。

（一）继续发挥交通扶贫的作用，保证乡村基础建设和公共服务质量稳步提高

一直以来，我国贫困地区由于地理位置偏远、基础设施水平落后、投资不足等问题，极大程度上限制了地区的发展，交通运输作为打通贫困地区和外界的重要一环，是破解贫困地区社会发展瓶颈的关键。交通扶贫政策工具主要分为供给型、环境型、需求型三类，针对不同的贫困问题采用了不同的政策工具，三种政策合力协作，显著提升交通扶贫成效。在过去的扶贫工作中，我们始终把交通基础设施建设放在优先发展的地位，加快农村干线公路与农村公路的建设，实现外通内联、通村畅乡的目标。在完善农村交通基础设施的同时，也不忘提升交通运输服务水平，采纳积极的政策支持贫困地区的交通建设，让城乡公交线路向重点乡村覆盖；注重构建县、乡、村三级农村物流节点，加快推进快递服务进村的工程建设，让各地特色产业在物流上得到保障，实现邮政快递融合推动农村地区物流的高质量发展的目标。此外，我们还应继续注重创新，推进特色扶贫，激发农村市场活力。交通与产业深度融合发展是交通扶贫在脱贫攻坚工作中不可忽视的一大方向，现阶段我们进行试点或者已经有显著效果的"交通+文化+旅游""交通+就业+公益岗""交通+特色农业+电商"等综合性扶贫模式，是我们对于创新型扶贫模式的探索，也是特色扶贫实现资源充分利用的绝佳途径。在五年过渡期内，一方面要对传统的扶持政策合理延续，继续保持对"四好公路"等基础设施的建设资金投入、确保交通公共服务质量的稳步提升；另一方面要多路径、多渠道地进行创新型交通扶贫，给更

多乡村产业、乡村就业带来新的机遇。

（二）继续发挥生态保护扶贫的作用，推进农业绿色发展

习近平总书记指出："环境就是民生，青山就是美丽，蓝天也是幸福。"生态环境在民生发展中有着极其重要的地位，也是建设新时代中国特色社会主义生态文明的重要理论指南。一方面，保持原有的农业生态稳定，打好发展基础。在耕地保护上，守住耕地红线，杜绝非法占用耕地的现象、禁止毁林毁草开垦耕地；在农业用水保护上，由于我国幅员辽阔，各个地区的降水量参差不一，对于旱作农业地区，如果强行地输送水资源，成本过高且不符合旱作农业发展特点，因此如何合理地发展旱作农业显得十分重要，对于一些水资源匮乏的地区则要加快继承推广节水技术，同时提高水资源的利用率；在环境治理上，加强农业面源污染防治，过去为了增量增产，滥用化肥的现象比比皆是，带来的土地质量恶化等问题反而与农业发展的目标背道而驰，在生态扶贫的路上需要我们采取推进化肥减量增效、推进农药减量增效、合理利用畜禽粪污和秸秆资源化利用等措施来缓解过去污染带来的影响、推进可持续发展。另一方面，打造绿色生态的农村产业，提高农村产业的质量和可持续发展竞争力，在产品生产和设计上，尽可能实现绿色消费，健全绿色农产品标准体系，提高绿色农产品在消费者心中的地位；在硬件设施上，实现绿色科技创新，加强对绿色农业技术的研发，推进技术集成创新，同时，在农业农机的装备选择方面，也要尽可能使用耗能低、安全性能高的农机器械，切实落实生态扶贫的绿色发展需求；在产业发展形式上，引入企业开发旅游项目与生态产业，持续提高旅游基础设施的质量，同时注重对当地文化特色的保护，不能盲目追求商业利益而丧失文化底蕴。①

1.5.3　保持财政政策和措施的稳定

（一）逐步完善财政扶贫资金预算绩效管理制度

建立绩效考评公开制度，把绩效考评纳入部门预算管理。我国财政专项扶贫资金主要来源于中央政府发放的政府财政扶贫专项资金，以及省级以下地方政府的配套资金和财政扶贫专项资金。随着我国大量扶贫资金的

---

① 农业农村部等6部门联合印发"十四五"全国农业绿色发展规划［J］.农业机械，2021（10）：51.

投入，扶贫人口也大幅减少，贫困地区基础设施也得到了改善，在多年的扶贫工作上，我们的扶贫模式也得到了创新，诸如"互联网+金融扶贫"等新模式，都为扶贫工作注入新活力。但是，在发放扶贫资金的时候，我们也需要注意到财政扶贫资金绩效考评存在的缺失。一方面，绩效评价标准需要做到因地制宜而不是较为粗放地制作完全普适性的标准，这样在针对不同的县域绩效考评时可以做到更加公正，同时也更利于政策因地发力；另一方面，绩效考核的评价主体主要是政府本身，并不一定能够真实而客观地反映扶贫资金的绩效，在政府作为一个考评主体的时候我们也不能忽视政府本身同时又是扶贫资金的管理者，二者合为一体，难免有失公允。此外，我国的财政扶贫绩效的法律保障工作也需要做好，考虑到地方政府会存在不积极、怠惰等问题，法律的强制性和规范性则可以对此进行一定的制约。

（二）财政扶贫专项资金制度持续完善，做好政府直接转移资金对接工作

我国的财政专项扶贫资金一般是以拨款的形式下达给地方贫困地区。一部分拨款由地方财政部门管理，另一部分拨款由地方扶贫办等机构管理，这样的多方管理就给地方拨款资金带来多头管理的问题，难以对资金的使用去向进行全程把控，需要加强中央对地方的转移支付，在确定好政府的支出责任的基础上，妥善地对财政专项资金进行安排，慢慢增强中央对地方贫困地区的财力支持力度。除了中央对地方的纵向直接拨款援助扶贫外，还要考虑到不同地方之间的贫富差异，适当地将发展相对较好地区的部分财力转移到贫困地区，做到横向扶贫资金的转移支付，实现共同富裕。[①]

（三）进一步了解和细化公共服务政策，对统筹使用好各项扶贫资金提出新要求，不仅要求加快均等化，也要保证可持续发展

在加强财政转移支付支持力度的基础上，如何使用好这些资金也是我们不可忽视的一个方面。一方面，在公共产品上，要加强贫困地区基础设施的建立，注重公共服务质量的提高，做好不同地区之间相对财力的转移，实现均等化发展；另一方面，在扶贫工作中，为实现可持续发展，我们也提出了绿色扶贫等新的扶贫方式，但是在落实生态建设等政策决定时，也

① 财政部农业司扶贫处 . 三十年财政扶贫政策回顾与展望［J］. 预算管理与会计，2008（7）：16-18，25.

要将保护贫困人口的利益放在重点考虑范围内，不能为了落实政策而忘记了提高人民权益的根本。[①]

（四）加大税收优惠支持力度

对于贫困地区的企业的税收力度要有所加大，不仅如此，对于与精准脱贫工作有关的企业相关业务往来也可以进行一定的税收优惠，比如，对于为贫困地区生态扶贫提供技术支持的企业、为贫困地区交通扶贫提供基础设施支持的企业等，都可以且有必要进行一定的财政政策倾斜和税收优惠。

1.5.4　保持金融政策的稳定

要实现金融扶贫政策同乡村振兴的有效衔接，就要保证财政政策的稳定。

（一）保持已有的金融精准扶贫政策的连续和稳定

一是扶贫再贷款制度要继续发挥作用，通过优惠的利率起到的杠杆作用来达到降低贫困地区贷款利率的目的，进一步引导资金流向贫困地区，使得融资成本得以下降，解决融资难、融资贵等问题。再贷款得到的资金流流入贫困地区的特色产业，同时也在一定程度上解决了贫困地区人口就业问题。进入五年过渡期之后，扶贫再贷款政策要继续发挥作用，在关于再贷款资金的用途、利率等的规定上，要在原本的基础上进一步完善适应新的发展，确保再贷款政策整体走向不变更。二是对于小额信贷的体制机制的巩固与发展，针对贫困人口贷款小额、无担保抵押等特点，我们采取了小额贷款的金融支持政策，过去在我们探索的路上已经有许多的成果，如何进一步规范和完善这些成果，是我们进一步落实小额信贷政策的基础。[②]

① 张迪. 我国财政扶贫资金绩效研究 [J]. 湖南财政经济学院学报，2017，33（6）：50-58.
② 陈莉. 金融扶贫的逻辑机理、历史演化及后扶贫时代的政策取向 [J]. 上海商学院学报，2021，22（5）：27-37.

（二）完善金融支持精准扶贫向新乡村建设服务长效机制的转变，保持现有金融扶贫政策渠道创新发展并加以拓宽，让扶贫模式多样化

在过去的扶贫工作中，政府除转移支付的直接扶贫职能外，也参与到了金融扶贫政策中。"政银保"模式就是典型的以政府为主导的金融扶贫模式，在与银行共担风险的同时，与保险公司合作共同保险。而金融机构主导的金融扶贫则在不断地在创新机制过程中得以发展，主要的扶贫渠道有两种：一种是银行扶贫，通过银行的精准扶贫贷款来进行扶贫；另一种是证券扶贫，主要通过债券融资来为贫困地区融资，帮助贫困地区企业发展。不仅如此，除了"输血"式扶贫外，我们也力图打造"造血"式扶贫模式，在当地积极通过信贷等多种多样的金融手段给贫困地区的特色产业融资，推动当地企业的发展，发展特色产业给当地经济带来强有力的推动。在"造血"式扶贫模式的创新下，还要结合新时代的商务特色，积极发展电子商务，发挥现代化元素的作用，通过与一些农产品网站、网购 App 的合作，最大限度地提高农村经济活力。在一系列的模式创新下，不断地健全农村低收入人口的帮扶机制，保证不出现规模性脱贫人口返贫问题。[①]

（三）现有的金融政策和措施应该立足于金融业的特点

应积极参与到土地承包权、经营权以及流转权的改革与探索中，参与到现代农业生产体系以及经营体系的构建与完善中，做到可持续发展。

1.5.5 保持其他宏观政策的稳定

（一）做好土地支持政策衔接

《意见》指出："坚持最严格耕地保护制度，强化耕地保护主体责任，严格控制非农建设占用耕地，坚决守住18亿亩耕地红线。以国土空间规划为依据，按照应保尽保原则，新增建设用地计划指标优先保障巩固拓展脱贫攻坚成果和乡村振兴用地需要，过渡期内专项安排脱贫县年度新增建设用地计划指标，专项指标不得挪用；原深度贫困地区计划指标不足的，由所在省份协调解决。过渡期内，对脱贫地区继续实施城乡建设用地增减挂

---

① 周才云、李其蓝、刘芳妤. 改革开放以来我国金融扶贫的政策演进、特色模式与成效 [J]. 征信，2021，39（4）：74-79.

钩节余指标省内交易政策；在东西部协作和对口支援框架下，对现行政策进行调整完善，继续开展增减挂钩节余指标跨省域调剂。"

（二）继续实施人才振兴战略

引导各界人才积极踊跃地投入乡村建设，建立健全引导各类人才服务乡村振兴的长效机制，对于乡村教育的人才培训计划要继续实施，同时在国家乡村振兴重点帮扶县对农业科技推广人员探索实施"县管乡用，下沉到村"的新机制。

（三）适当运用货币政策工具，带动县域经济发展

一方面，确保扶贫再贷款定向支持贫困县域稳步进行，扶贫再贷款是专门针对扶贫攻坚设计的再贷款，由于存在再贷款的利率优惠，一定程度上能够促进贫困农户的发展。同时，应利用再贴现来支持小微企业的发展，通过再贴现利率的优惠，让小微企业和民营企业得到资金支持，这也在一定程度上在商业银行降低小微企业和民营企业的贴现利率方面起到了引导作用。另一方面，通过定向降准来增大市场货币供应量，在定向降准的货币政策下，要求金融机构所释放的资金量必须要用在小微企业和民营企业等最需要资金流入的地方，精准地给小微企业和民营企业解决融资难问题。

（四）加强信贷政策引导，提高经济金融服务的水准

应利用网点柜台、网络媒体等宣传渠道，对货币信贷政策进行广泛的宣传，让公众了解到金融产品和服务，了解有关的金融知识。同时，加大有效信贷的投入，结合当地的实际情况制定贴合当地发展需求的信贷措施，逐步建立当地的担保公司、贷款银行以及一些地方财政部门的风险分担机制和补偿机制，从而达到缓解贷款担保难的目的。此外，要注意做好后期的评估评价工作，以便于更好地进行金融管理，建立合理的约束激励机制。通过对一些利率政策等的效果进行评估，并结合到现有的货币政策工具的运用和政策支持，我们可以建立适当的约束激励机制，待逐步完善后，加强对"三农"、小微企业、精准扶贫等领域的金融服务质量管理。[①]

---

① 张兴中. 发挥货币政策作用 助推县域经济发展［J］. 时代金融，2020（9）：20-21.

1.5.6 创新五年过渡期政策和措施向新农村建设转变

过去行之有效的政策需要我们整合、总结、优化，同时也需要进行一定的创新，这样才能保质保量地建设好新农村，在财政政策、金融政策等多个方面持续发力。我们以政府经济管理职能、农业经济管理措施、基础设施管理方式的转变与创新为例加以说明。

（一）过渡期内政府经济管理职能的转变与创新

乡镇政府履行其职能时要能够结合农村经济发展的需求并做好公共服务的建设，不仅如此，还要积极采纳民众的建议以完善自我。一是要强调政府提供公共服务的职责，充分建设好基础设施，提供好基础设备，完善健全公共服务体系，采取恰当的社会管理措施，采取形式多样的惠民政策，引导民众积极参与到政策中，听到群众的反响。二是要加强政府内外的联系。乡镇政府作为最先接触农村群众的政府主体，应该及时把有关情况处理好、整理好，积极汇报给上级政府，反映相关情况，乡镇人大以及上级单位也应该积极地与乡镇政府进行交流，切实促进政府经济管理职能向好的方面转变。三是要加快社会服务管理体系的改革。政府在向新农村建设转变的过程中需要明确规定和划分事业单位的职能，确定其性质为技术型还是服务型，以便于划分事权，同时，完善公共服务体系，构建政府服务管理体系，引导经济建设，要善于听取民众关于政治建设需求的声音，使得政府经济管理职能能够有所改善，为农村经济发展作出贡献。①

（二）过渡期内农业经济管理措施的转变与创新

一是对农业经济发展机制提出更高的要求。要想更好地开展农业经济管理的相关工作，就必须建立一个完善的农业经济发展机制，而这就要求我们对于农业经济管理的每一个方面、每一个环节都进行严格把控，整理出适合其运转的机制机理，形成最后的农业经济发展机制。二是乡村振兴发展过程中必不可少的是资金支持，而如何发展好普惠金融则成为不可忽视的一环，应将重点放在小微企业、个体工商户和个体农户上，关注到农业经营主体需要的融资规模不大但是次数多且期限较短的特点，在产品设

① 刘东梅．新农村建设背景下政府经济管理职能转变与创新的研究［J］．今日财富，2018（6）：64-65．

计的时候就要切合所服务对象的实际情况，有效解决农业经营者的需求，使得普惠金融能够真正地带动农村地区经济的发展。三是推进财政政策的转变与创新。之前有过的税收优惠政策体系尚未完善，在建设新农村经济、向现代农业发展的过程中，要尽可能地实现覆盖整个农业生产链的税收优惠政策。在引导各个环节进行税收优惠时，其带来的产业发展也可缓解农村人口就业难的问题。[1]

（三）过渡期内新农村建设中基础设施管理方式的转变与创新

一方面，要发挥村民在基础设施管理中的主人翁意识，让村民主动参与进来，同时要注重市场化主体的作用，由于乡村建设的市场引入，许多设施比如体育类、娱乐类都是较为现代化的，市场化管理主体适当参与可以提高管理效率。另一方面，对于基础设施的资金管理也要引起重视，要整合资金，掌握资金来源的各个渠道，提高资金的利用效率，对于需要使用资金的项目的资金数额、使用去向以及相关要求都要保持跟踪。针对资金的使用进行严格的监管，强化资金使用的审计工作。此外，对于基础设施的管理方式也要加强制度建设。这就要求我们在进行建设之前有相关明确而合理的规定，从而保证真正起到发挥公共服务给民众带来福利的作用。同时，也要学会合理利用信息时代的新工具，农村在物联网的使用方面，建设利用还不够，可以通过大数据分析等技术对基础建设进行进一步的监管和效果反馈，让我们的新农村建设变得更好。[2]

1.6　完成五年过渡期任务，以乡村振兴推动共同富裕

乡村振兴是新时代实现共同富裕的必然选择。农村地区是我国全面建设社会主义现代化强国的短板，但也是最具潜力和后劲的地区，是推动高质量发展的动力支撑。而乡村振兴是促进全体农民共同富裕的战略支持，是实现农业高质高效、乡村宜居宜业、农民富裕富足的必经之路。

---

①　杨艺贞. 新农村建设背景下农业经济管理措施探讨 [J]. 质量与市场，2022（1）：154-156.

②　卞海红. 新农村建设中基础设施的管理探索 [J]. 山西农经，2021（23）：172-173，176.

1.6.1 乡村振兴和共同富裕的科学内涵

一是解决好"三农"问题始终是全党工作的重中之重。党的十八大以来，我国实现了现行标准下1亿人农村贫困人口全部脱贫和832个贫困县全部摘帽，提前十年完成了联合国减贫目标。站在两个百年奋斗目标的交汇点上，作为衔接脱贫攻坚的"三农"发展战略，党的十九大作出了实施乡村振兴的重要战略部署，瞄准缓解和消除相对贫困问题，将战略对象从农村贫困人口延伸到全部农村人口，将战略范围从农村贫困地区延伸到全部农村地区，通过实施乡村产业、人才、文化、生态、组织"五个振兴"，建设产业兴旺、生态宜居、乡风文明、治理有效、生活富裕的美丽乡村。实施乡村振兴是新时代农业农村发展的客观要求，是推动农业供给侧结构性改革、构建农业现代化体系、实现农业农村现代化、促进城乡一体化发展并最终实现共同富裕的必然选择。

二是共同富裕是社会主义的本质要求，是中国式现代化的重要特征，是中国特色社会主义理论体系的重要基石。邓小平指出："社会主义的本质是，解放生产力，发展生产力，消灭剥削，消除两极分化，最终达到共同富裕。"共同富裕是社会主义的基本原则，我国实施改革开放的最终目的是实现共同富裕，如果经济发展起来了，贫富差距却越拉越大，就违背了中国特色社会主义的本质，违背了全体人民的意志，所以要坚决防止两极分化并促进共同富裕，实现社会和谐安定。

三是共同富裕深刻贯彻了新发展理念的共享发展内涵，并体现在以乡村振兴促进共同富裕之中。第一，共同富裕是全民富裕。共同富裕不是少数人、少数区域的富裕，而是包括农民在内的全体人民共同富裕，迈向共同富裕的道路上不能落下农民农村，消除城乡分配不公、两极分化和贫富差距任重道远。第二，共同富裕是全面富裕。共同富裕具有全面丰富的内涵，农民农村不仅要实现物质生活富裕，还要实现精神生活富裕，要注重物质文明、精神文明、生态文明的有机统一。第三，共同富裕是共建富裕。共同富裕要靠勤劳智慧来创造，以全民共建实现全民富裕，离不开农民作为农村产业发展的主体力量。第四，共同富裕是渐进富裕。共同富裕不是同等富裕、同时富裕，不同区域、不同个体实现共同富裕的道路都是逐步推进的。共同富裕是一个从低级到高级、从不均衡到均衡的螺旋式上升过程，要坚持先富带后富，让一部分地区和人民先富起来，不断缩小区域和城乡之间的收入等方面的差距，最终实现共同富裕。同时，共同富裕不是整齐划一的绝对平均主义，城乡富裕程度在一段时间内存在适度差距是被允许的，但该差距一定要符合逐步缩小的趋势，直到居民收入和实际消费水平差距缩小到合理区间。

1.6.2　乡村振兴和共同富裕的基本关系

乡村振兴和共同富裕是辩证统一关系，两者虽然内涵机理有差别，但都是社会主义现代化的目标，是我国贯彻落实以人民为中心发展思想的重要体现。

一是乡村振兴和共同富裕统一于以人民为中心的发展思想。乡村振兴和共同富裕统一于我党的人民性宗旨，统一于新时代促进人的全面发展的要求。中国共产党人始终坚持初心和使命，秉承全心全意为人民服务的宗旨，一切从人民的利益出发，提高农民收入、促进农民共同富裕是贯穿我国"三农"发展的根本宗旨。广大农民是乡村振兴的主体，以农民利益为根本利益，促进全体农民全面发展，符合中国共产党的人民观要求。乡村振兴以维护农民群众根本利益、促进农民共同富裕作为出发点和落脚点，在持续提升农民收入的同时完善农村基础设施和公共服务建设，在实现农民物质富裕的同时实现其精神富裕，切实提高农民的获得感、幸福感、安全感。

二是乡村振兴和共同富裕统一于建设社会主义现代化强国的百年奋斗目标。我国的现代化是实现共同富裕的现代化。我国要实现共同富裕，关键是要建成社会主义现代化强国。为顺利实现第二个百年奋斗目标，党的十九大报告对共同富裕的阶段作出了规划：到 2035 年，"全体人民共同富裕迈出坚实步伐"；到 2050 年，"全体人民共同富裕基本实现"。国家现代化离不开农业农村现代化，通过实现农业农村现代化推进共同富裕，是以乡村振兴促进共同富裕的主线。然而，农业农村现代化所要企及的最终目标也是共同富裕（王春光，2021）。我国农业农村现代化与共同富裕目标统筹规划，同步推进，到 2035 年，"乡村振兴取得决定性进展，农业农村现代化基本实现"；到 2050 年，"乡村全面振兴，农业强、农村美、农民富全面实现"。"十四五"规划则进一步明确了 2035 年要实现"全体人民共同富裕取得更为明显的实质性进展""脱贫攻坚成果巩固拓展，乡村振兴战略全面推进，全体人民共同富裕迈出坚实步伐"。2021 年 12 月，国务院印发的《"十四五"推进农业农村现代化规划》中最新补充了"到 2025 年，农业基础更加稳固，乡村振兴战略全面推进，农业农村现代化取得重要进展，梯次推进有条件的地区率先基本实现农业农村现代化"的目标。新时代加强数字乡村建设，以高质量农产品的需求倒逼农业供给侧结构性改革不断深化，推动农业生产力不断提高，保障了农业基础逐步稳固和高质量农产品持续供给，这是农业农村迈向现代化的新特征。此外，以乡村振兴推进城乡一体化发展，以组织振兴提升乡村治理能力和治理体系现代化水平，也是国家治理能力和治理体系现代化的重要体现。

1.6.3 乡村振兴是扎实推进共同富裕的必经之路

乡村振兴是站在与脱贫攻坚有机衔接的新历史方位上推进共同富裕的重大发展战略，为维护经济社会稳定发展、实现农业农村现代化提供了重要保障，是农民农村实现共同富裕的必要过程。

一是乡村振兴立足"三农"发展的重要历史方位，是扎实推进共同富裕的必由之路。共同富裕是乡村振兴的终极目标，乡村振兴是实现共同富裕的必要历史过程，推动经济社会发展归根结底是要实现全体人民共同富裕。共同富裕是中国共产党百年来的目标追求。我国农业农村对于共同富裕的探索经历了土地革命战争时期的"打土豪分田地"、社会主义革命和建设时期的农业生产合作社、改革开放时期的家庭联产承包责任制、新时代的脱贫攻坚等一系列改革和减贫的发展历程，为新发展阶段实现共同富裕奠定了坚实基础。共同富裕是全体人民的富裕，然而农业农村发展是我国经济社会发展的短板，农民群众在我国低收入群体中占比较大，实现共同富裕最艰巨最繁重的任务在农村。脱贫攻坚和乡村振兴虽然是我国处于不同历史方位上的两个重大战略决策，但目标都是要实现共同富裕。

二是农业农村是我国经济社会发展的稳定器，为扎实推进共同富裕提供了基础保证。共同富裕的逐步实现有赖于经济社会的稳定发展，然而农业农村长期以来都是我国经济社会发展的稳定器。在我国经济下行压力增加、国内外发展形势严峻复杂的情况下，特别是2020年新冠肺炎疫情暴发以来，"三农"的"压舱石"和"稳定器"的作用更加明显。一方面，乡村振兴对于保障粮食安全意义重大。"一个国家只有立足粮食基本自给，才能掌握粮食安全主动权，进而才能掌控经济社会发展这个大局。"粮食安全位于国家安全之首，严守18亿亩耕地红线，加大对粮食主产区的支持，稳住农业基本盘，做好粮食和农副产品的供给保障，并且将农业供给从增量逐步过渡到提质，不仅能够提升农业发展水平，还能够为扎实推进共同富裕创造安全稳定的环境。另一方面，农业农村承接了农村劳动力的回流。

农民的宅基地和承包经营地为返乡农民提供了创收和维持基本生产生活需求的缓冲平台，利用农村集体建设用地等资源发展集体经济也能够为广大农民提供就业和增收保障，对于维护社会经济的稳定发展、保障共同富裕如期实现起到了至关重要的作用。

三是农业农村现代化是现代化强国的重要组成部分，是扎实推进共同富裕的根本支撑。国家现代化是共同富裕的重要特征和表现，实现农民农村共同富裕是推进农业农村现代化的核心目标。乡村振兴的五个"振兴"是走向农业农村现代化的必要途径，与共同富裕的奋斗目标紧密相关。从物质富裕层面来看，乡村振兴有利于加快现代化农业产业体系构建，有利于借助农村党组织领办合作社等平台壮大集体经济，同时提升乡村水、电、气、路、通信等传统基础设施建设水平，并促进乡村 5G 基站建设、大数据、人工智能、数字经济等新型基础设施建设，为缩小城乡居民收入差距和促进城乡居民基本公共服务均等化提供了良好条件。从精神富裕层面来看，在乡村振兴中通过保障农村义务教育和基础教育的提质发展，并加强农民专业技术知识的培训，能够培养高素质人才和高素质农民，进而提升新型农业经营主体的现代化水平。

1.6.4　以乡村振兴促进共同富裕面临的时代挑战

当前我国内外部发展环境形势严峻，城乡二元经济结构矛盾突出，农业农村现代化发展面临挑战，以巩固提升脱贫成效和加快实施乡村振兴扎实推进共同富裕仍然是一项长期而艰巨的任务。

（一）城乡贫富差距依然显著，不平衡不充分问题突出

我国社会的主要矛盾将长期存在于社会主义初级阶段，并带来了新特征新要求；然而城乡发展不平衡、农村地区发展不充分又是其中最突出的问题。消除贫困既是实现共同富裕的手段和方法，也是实现共同富裕的目标。我国城乡二元经济结构长期存在，实现共同富裕，首先要消灭绝对贫困问题，其次要缩小贫富差距。进入新时代，虽然脱贫攻坚战的胜利消除了我国的绝对贫困，但这并不代表贫困问题已经完全解决，2020 年，我国城乡居民收入比值为 2.56 倍，城乡收入分配差距大、分配结构不平衡的问题仍然突显，相对贫困人口规模依然较大，农民收入水平相对较低、产业发展基础不稳固等问题以及返贫风险的存在仍然阻碍着农业农村的发展，大部分农村地区的基础设施和公共服务体系仍不健全，扎实推动共同富裕

仍然存在障碍，"解决发展不平衡不充分问题、缩小城乡区域发展差距，实现人的全面发展和全体人民共同富裕，仍然任重道远"。在新型城镇化建设过程中，城市的"虹吸效应"又加重了乡村的"空心化"，资本、人才、技术等生产要素不断向城市集聚，发达地区和高收入群体更容易获得发展机会。此外，乡村地区技术水平较低，捕获技术红利的能力欠缺，加大了城乡收入不平等和基本公共服务资源不均衡现象，城乡之间"数字鸿沟"短期难以消弭。2020年全面建成小康社会只是中国整体迈向全面小康社会的起点，当前农村地区实现的全面小康水平仍然较低（魏后凯，2021）。因此，解决好城乡发展"一条腿长、一条腿短"的问题是推动共同富裕的核心问题所在。

（二）农业现代化发展水平低，基础设施建设发展不足

农业是立国之本，是强国之基。城乡发展不平衡、不充分的问题归根结底是生产力发展不充分。我国大部分地区农民多采取传统的农业生产方式，农业现代化发展水平较低问题突出表现为农业生产力水平较低、农业机械化率和科技化率水平较低以及高标准农田规模不足，进而导致了高质量农产品供给不足，农业产业发展难以适应快速变化的市场需求。在经济发展由要素驱动型转为创新驱动型的经济环境中，借助新一轮科技革命推动生产力发展尤为重要。同时，我国农村的交通、通信、水利、电力等基础设施建设随着脱贫攻坚的开展获得了明显提升和完善，但仍存在发展不足的问题（陈宗胜、朱琳，2021），尤其是农业基础设施的建设水平不高限制了农业现代化发展水平的提升，影响了社会生产力发展水平。因此，传统基础设施建设在乡村振兴战略的推进中依然占有十分重要的地位，在此基础上还要注重以数字经济为主要特征的新基建，以缩小城乡"数字鸿沟"，提高农村基建水平。

（三）外部发展环境极不稳定，推进共同富裕面临冲击

当前我国经济发展仍处于"三期叠加"阶段，经济增长进入了新常态，同时面临着需求收缩、供给冲击、预期转弱的"三重压力"。然而我国在新发展阶段面临着多重挑战，世界发展进程正在经历百年未有之大变局，逆全球化思潮涌现，单边主义、保护主义开始抬头，霸权主义、强权政治愈演愈烈，同时新冠肺炎疫情的冲击加剧了全球经济的不稳定性。对此，我国提出了构建双循环新发展格局，着力促进内需潜力的释放，以出口转内

需保证经济发展。宏观发展环境的不稳定性同样也对国内农业农村发展造成了冲击。我国农产品的进出口活动不仅关乎着经济发展，更关乎国家粮食安全。当前我国主要农产品进口依赖度及对外依存度仍然较高，在外部宏观条件不稳定的背景下，粮食安全问题或将面临冲击，为推进共同富裕增加了不稳定性因素。

1.6.5　以乡村振兴促进共同富裕的路径抉择

（一）坚持中国共产党的领导，以组织振兴促进共同富裕

坚持中国共产党的领导是实现共同富裕的根本保证，坚持中国特色社会主义制度是扎实推进共同富裕的制度保障。中国共产党是领导农村工作的关键力量，"我们最大的优势是我国社会主义制度能够集中力量办大事"。以乡村振兴扎实推进共同富裕要发挥中国共产党集中统一领导的优势，发挥中国特色社会主义制度的政治优势。要强化"五级书记抓乡村振兴"的工作领导体制。要充分发挥各级党委农村工作领导小组总览全局、协调各方的领导核心和统筹协调作用，加强党委农村工作机构建设。要加强农村基层党组织建设，选优配强党组织书记，培养政治过硬、本领过硬、作风过硬且全心全意为人民服务的农村基层干部队伍，抓好农村党员作为"领头羊"这一关键群体，激发其责任感、荣誉感和使命感。要加强乡村社会治理，通过健全农村基层党组织领导的自治、法治、德治相结合的乡村治理体系实现乡村组织振兴，进而提升国家治理的整体效能。我国要充分发挥全国一盘棋的制度优势，扎实推进共同富裕。

（二）大力发展乡村产业经济，以产业振兴促进共同富裕

产业振兴是乡村振兴的首要任务，是拉动农村经济增长、促进农民收入提高的重要驱动力。在高质量发展背景下，应实现农业大国向农业强国的转变，加快传统农业向现代化农业转型，提高农业经营集约化、专业化、组织化、社会化水平。要做好乡村产业区域布局规划，通过保护耕地红线、保障粮食安全，同时发挥各地比较优势，打破城乡要素自由流动的壁垒，吸纳资本、人才、技术、数据信息等资源要素向农村地区流动，打造乡村生产、加工、销售、服务等一系列全产业链集群，通过标准化生产提高农产品质量，降低农业生产成本，形成资源集聚、产业集聚优势，优化乡村产业结构，促进乡村产业提档升级。要持续深化农业供给侧结构性改革，

从农业生产端着手，加大农业领域创新力度，加强种业研发培育，增强农业供给体系的适配性，以高质量农副产品激发市场需求，释放农村投资和消费潜力，增强农村经济活力。在此基础上，要注重农业品牌化战略，构建特色农业品牌和现代农业体系，加强和巩固农业产业，增强乡村产业竞争力。要实现小农户和现代农业发展的有机衔接，发展适度规模经营，加快培育家庭农场、农民合作社两类新型农业经营主体，培育新型职业农民，提高农民的生产能力。要以当地资源为依托发展乡村特色产业，开发乡村旅游、农村电商等产业新业态，促成第一、第二、第三产业融合发展，将产业收益让利给农民，以产业振兴促进共同富裕。

（三）正确处理公平和效率的关系，兼顾做大"蛋糕"和分好"蛋糕"

共同富裕既包含对效率具有要求的"富裕"，也包含对公平具有高要求的"共同"。提升效率有利于做大"蛋糕"，提高整个社会的富裕程度；提升公平有利于分好"蛋糕"，实现全体人民的共同富裕。效率和公平是衡量经济社会发展的指标，贯穿于生产与分配全过程，直接影响着共同富裕的实现，必须正确处理好公平和效率的关系。一方面，做大"蛋糕"是分好"蛋糕"的前提和基础。坚持解放和发展生产力是充分实现共同富裕的根本任务（魏礼群，2014）。通过科技和创新的力量提高农业生产力水平是农业生产效率提升的直接表现。另一方面，分好"蛋糕"是公平正义在共同富裕中的集中体现。在以公有制为主的条件下，既要坚持按劳分配为主体，又要发挥按要素分配的激励作用，并提高劳动报酬在初次分配中的比重；同时还要构建科学的公共政策体系，完善对农业和农民的税收政策、财政补贴、转移支付、社会保障等再分配调节机制，优化金融支农政策，促进有效市场和有为政府的结合，平衡好效率和公平的关系，形成人人享有的合理分配格局。在此基础上，要更加重视发展慈善等社会公益事业的第三次分配机制，鼓励企业等微观主体以自愿形式为乡村发展贡献先进的技术要素和生产管理理念及就业岗位。我国要建成"橄榄型"社会分配结构，就要牢牢把握好农民这一群体的发展潜力，保护农民在基本分配制度中的合法经营收入，推动更多农民群体迈入中等收入行列，更加积极有力地促进农民群体共同富裕的实现。

（四）坚持完善基本经济制度，提高农村居民的财产性收入

以乡村振兴促进共同富裕必须充分发挥社会主义基本经济制度优势，

坚持"两个毫不动摇"。公有制经济是实现共同富裕最重要的经济支撑,而农村集体经济是公有制经济的重要组成部分,要充分发挥新型农村集体经济在推进共同富裕中的重要作用。

一方面,发展农村集体经济,使农民充分享受资产收益,是实现共同富裕的重要抓手。党支部领办合作社不仅能够提升农村基层党组织的工作能力,增强组织凝聚力,在领导农村工作中把准政治方向,而且能够发展壮大农村集体经济,盘活农村资源要素,释放农村发展活力,通过入股等方式带领农民增收致富,真正实现资源变资产、资金变股金、农民变股民。此外,建立合作社不仅能够促进供产销一体化发展,还能够借助统一生产经营降低农民生产成本,提高农民收益,增加农产品竞争力,通过集体力量促进农业农村现代化。

另一方面,在以乡村振兴促进共同富裕的过程中,要始终把提高农民收入摆在突出位置。当前,增加农民财产性收入是实现共同富裕的关键途径。农村土地制度改革是推动农民财富变现和增值、提高农村居民财富保有量和财产性收入的关键(刘培林等,2021)。要巩固和完善农村基本经营制度,做好确权登记工作,并保持土地承包关系稳定并长久不变。要深化农村经济体制改革,推进农村集体产权制度改革,完善农村产权制度和要素市场化配置机制,巩固农村承包地"三权分置"制度,加快探索并审慎推进农村宅基地"三权分置",完善农村土地制度改革,盘活农村闲置资产,赋予农民更多财产权利,激发农村资源要素活力,提高农民的财产性收入。高素质劳动者是推进高质量发展的主体,在推进共同富裕进程中提高农民收入、提升人力资本,能够提高农业全要素生产率,夯实高质量发展的动力基础。

(五)巩固拓展脱贫攻坚成果,促进农村全面实现共同富裕

我国贫困地区刚刚脱贫,发展能力和基础较为薄弱,要确保在中央设置的五年过渡期内保障政策的实施。

首先,要加强对易返贫致贫人口的动态监测和帮扶,及早干预杜绝规模性返贫和新的致贫,通过持续解决相对贫困问题为共同富裕夯实基础。要强化农村基础设施和公共服务体系建设,进一步缩小城乡居民生活水平和保障待遇差距,补齐农业农村发展短板,巩固脱贫攻坚成效。人才振兴是乡村振兴的关键基础,要高度重视乡村教育的作用,提高精神文明富裕程度。

其次，在我国不断推进以人为核心的新型城镇化背景下，要促进城乡要素自由流动，引导农村劳动力实现工农之间的自主选择、自由转换和双向流动，形成"亦工亦农、亦城亦乡"的新发展形态，推动农民职业化发展。通过加强职业技能培训提高农民工竞争力，扩宽农民就业渠道，深化户籍制度改革，解决好农业转移人口随迁子女教育等问题，持续提高农民工的工资性收入。

再次，实现乡村文化振兴和生态振兴也是农民农村迈向共同富裕不可或缺的部分。要传承好中华传统的农耕文明，鼓励农村居民勤劳致富，激发人口内生动力，发扬文明乡风、良好家风、淳朴民风，以乡风文明引领精神文明。同时，共同富裕与人的全面发展高度统一，要以社会主义核心价值观为引领，完善公共文化服务体系，建立乡镇综合文化站、村级综合性文化服务中心，提高农村公共产品和公共服务的可及性，满足农村居民多层次、高质量的精神文化需求。

最后，要牢牢把握生态文明建设这一根本大计，贯彻"绿水青山就是金山银山"的思想。建设好山水田园、湖泊林草，是农业农村实现绿色、和谐、可持续发展的前提条件，是实现共同富裕必不可少的部分。在乡村振兴中要让绿色成为普遍形态，发展绿色农业，持续改善农村人居环境，健全生态补偿机制，构建人与自然和谐共生的良好生态环境，致力于农业农村碳达峰与碳中和的实现。

■ 本章参考文献

[1] 中华人民共和国国务院新闻办公室．人类减贫的中国实践，[M]．北京：人民出版社，2021．

[2] 徐持平，徐庆国，陈彦墅．巩固脱贫成果与乡村振兴有机衔接策略研究 [J]．中国集体经济，2021（33）：1-2．

[3] 孙杨杰．生态扶贫与乡村振兴有效衔接的福建探索 [J]．发展研究，2021，38（9）：70-76．

[4] 左腾飞．筑牢脱贫攻坚防贫的四道"保障线" [J]．人民论坛·学术前沿，2020（8）：128-131．

[5] 林晓飞．基于共同富裕视阈下的农村集体经济发展研究 [J]．经济管理文摘，2021（21）：10-11．

[6] 郑金杯．精准扶贫成效可持续研究 [J]．合作经济与科技，2021

（19）：177-179.

　　［7］王倩，李建辉．教育扶贫政策的历史演变、经验启示与未来接续［J］．教育评论，2021（10）：10-17.

　　［8］刘铮，魏传成．推进乡村全面振兴的重点、难点及对策［J］．经济纵横，2021（10）：122-128.

　　［9］李海金，焦方杨．乡村人才振兴：人力资本、城乡融合与农民主体性的三维分析［J］．南京农业大学学报（社会科学版），2021，21（6）：119-127.

　　［10］冯兴元，鲍曙光，孙同全．社会资本参与乡村振兴与农业农村现代化——基于扩展的威廉姆森治理框架［J］．财经问题研究，2022（8）.

　　［11］戢晓峰，李晓娟，陈方，等．精准扶贫以来中国交通扶贫的政策演进与实践经验［J］．昆明理工大学学报（社会科学版），2021，21（6）：71-79.

　　［12］唐任伍，温馨．有效衔接乡村振兴——短板与举措［J］．民生周刊，2021（19）：62-65.

　　［13］王帅，田鹏慧．农村脱贫地区可持续发展的政策供给框架［J］．燕山大学学报（哲学社会科学版），2021，22（5）：10-18.

　　［14］郑有贵．脱贫地区创新发展路径研究——以 5 年过渡期支持政策为重点［J］．人民论坛·学术前沿，2021（13）：77-83.

　　［15］中共中央　国务院关于实现巩固拓展脱贫攻坚成果同乡村振兴有效衔接的意见［J］．广西农业机械化，2021（4）：3-7，9.

　　［16］农业农村部等 6 部门联合印发“十四五”全国农业绿色发展规划［J］．农业机械，2021（10）：51.

　　［17］三十年财政扶贫政策回顾与展望［J］．预算管理与会计，2008（7）：16-18，25.

　　［18］张迪．我国财政扶贫资金绩效研究［J］．湖南财政经济学院学报，2017，33（6）：50-58.

　　［19］陈莉．金融扶贫的逻辑机理、历史演化及后扶贫时代的政策取向［J］．上海商学院学报，2021，22（5）：27-37.

　　［20］周才云，李其蓝，刘芳妤．改革开放以来我国金融扶贫的政策演进、特色模式与成效［J］．征信，2021，39（4）：74-79.

　　［21］张兴中．发挥货币政策作用　助推县域经济发展［J］．时代金融，2020（9）：20-21.

［22］刘东梅. 新农村建设背景下政府经济管理职能转变与创新的研究［J］. 今日财富，2018（6）：64-65.

［23］杨艺贞. 新农村建设背景下农业经济管理措施探讨［J］. 质量与市场，2022（1）：154-156.

［24］卞海红. 新农村建设中基础设施的管理探索［J］. 山西农经，2021（23）：172-173，176.

第2章 我国脱贫成果巩固五年过渡期的金融支持制度安排

2.1 构建完善的五年过渡期巩固扶贫成果金融支持体系

2.1.1 金融扶贫的理论基础

(一) 农村金融理论

贫困人口大多集中在偏远农村地区，因此，要建立巩固扶贫成果的金融支持体系，就需要重点研究金融在农村地区的理论和实践。农村金融理论是金融理论的重要组成部分，农村金融理论的诞生和发展随着人类社会的发展而不断变迁。

金融理论通常假定金融市场是完善的，然而这一点在发展中国家并不能完全适用：由于工业体系不够健全、经济处于较低发展水平，发展中国家的农业经济占整体经济的比重相对较高，而发展中国家普遍缺乏发达的金融市场，并且金融管制较为严格，利率市场化程度较低，这就导致农村人口通过正规渠道获取生产资金的过程受阻，从而使民间借贷等非正规融资方式在农村地区盛行，这会阻碍金融在农村地区的发展，降低了资金在农村地区的配置效率，产生了发展中国家金融抑制的问题。

农业信贷理论便是在金融抑制理论的基础上提出的。农业信贷理论主要针对的是发展中国家普遍存在的农村金融抑制的问题，该理论主张农业信贷应以满足农村人口的实际信贷需求为主要目的，指出行政手段在支持农村金融发展中发挥的重要作用。该理论鼓励政府通过建立专门金融机构，引进外部资金，着力解决农村地区信贷供给不足的问题，政府通过定向扶持政策，降低农业资金的使用成本，增强农业信贷的担保力度，扩大金融机构在农村地区的分布，从而促进农村地区信贷的正规化，解决市场失灵对农村金融发展的抑制作用。

农村金融市场理论不同于农业信贷理论，这一理论是在金融深化理论的基础上提出的，主张减少金融管制，建设多层次的金融市场体系，特别是在农村地区建立市场化的利率形成机制，让资金价格能够反映出实际的货币需求，从而推动农村金融市场的资金调配能力。该理论反对通过行政手段干预农村金融市场，认为过多的政策性资金会导致资金的整体回收率下降，变相提高了金融机构在农村地区放贷的机会成本，主张通过市场的作用来调节资金的价格和供给。

农村金融市场往往不够健全，普遍存在信息不对称的问题。从这一角度出发，以新凯恩斯学派为代表的经济学家提出了基于市场信息不对称的不完全竞争市场理论。根据不完全竞争市场理论，农村地区的金融机构在充分了解贷款人的资质和信用状况方面往往存在一定的困难，这就可能导致农村金融市场出现失灵，不利于农村金融的发展。因此，该理论主张在农村金融市场尚未达到成熟之前，政府应进行适当引导，逐步地、有计划地推进农村金融的市场化，同时也要为金融机构留有足够的利润空间，调动金融机构的积极性，避免过度干预农村金融市场的发展。

(二) 金融发展对贫困的影响机制

金融发展对贫困的影响可以从直接和间接两个方面产生作用。金融扶贫的直接方面主要是指向贫困地区或人口直接提供金融服务，比如信贷和保险服务等；而间接方面主要是指通过向部分产业或企业提供相应的金融服务，来促进贫困地区的经济增长和产业发展，从而帮助贫困地区或人口摆脱贫困。

（1）直接方面。

金融体系的完善程度和金融中介的成熟程度是影响贫困人口收入的重要因素。金融体系不完善、金融中介的功能不够成熟，会增加贫困人口通过金融支持实现自我发展的成本，成本过高会导致贫困人口难以承受，金融就不再能支持贫困人口的生活改善，与此同时，富人却可以通过金融服务满足自身发展的需求。从这个意义上来说，金融的发展确实可以减小贫富差距以及减少贫困。

贫困人口有更多机会参与金融活动，可以使贫困人口通过金融工具来管理资产，降低资产的风险，享受金融发展的红利，实现资产的保值或增值，从而带来长期的收入增长和积累，使贫困人口逐步摆脱贫困。另外，借助金融支持，贫困人口可以扩大生产，改进生产技术，从而提高劳动生产率和收入水平，降低贫困的发生率。

（2）间接方面。

金融扶贫的最佳方式并不是直接给贫困人口发放贷款，而是通过金融发展改善贫困地区或相关产业的运行，创造更多投资和就业机会，提高整体的收入和福利水平，贫困人口可以通过进入当地的工业部门，分享工业化和经济发展带来的红利，从而摆脱贫困。通常来说，金融发展对脱贫影响的间接作用要高于直接作用。金融发展要能够对贫困人口产生间接作用，需要确保社会分配的公平公正。如果社会分配不公，特别是贫困人口存在较大的信用障碍，那么贫困人口将失去通过金融支持实现自身发展的机会，导致贫困差距不断扩大，金融发展将不会对贫困人口产生积极影响。

2.1.2　发挥金融在巩固扶贫成果中的重要作用

要巩固扶贫成果，就要保证贫困地区人口脱贫的可持续性。早期人们普遍认为贫困即为物资匮乏，而后来人们逐渐认识到，贫困是一种复杂的社会现象，贫困的本质不仅仅是缺少物质资源，更确切的本质应当是缺少抵御风险和获取发展机会的能力。由此可见，要确保脱贫人口长久脱离贫困，巩固扶贫成果，就应当从多个维度来提高脱贫人口的能力。

通过金融手段巩固扶贫成果，不仅能够提高脱贫人口的收入水平，还能够从提升脱贫人口的金融素质以及创造更多的个人发展机会等方面来实现脱贫的可持续性。首先，金融发展可以增加脱贫人口对金融服务的可获得性，从而提供更多的信贷供给和储蓄能力。同时，随着金融支持贫困地区的经济发展，经济增长通过"涓滴效应"可以增加当地人口的收入，有利于脱贫人口的资本积累以及减少收入差距。其次，随着脱贫人口的资本积累不断增加，金融可以提供多种投资和保险服务，帮助脱贫人口突破投资门槛、分散风险、降低交易成本等，减少脱贫人口的脆弱性，有利于脱贫成果的长期可持续。最后，随着信息技术的发展，基于大数据的小额信用贷款以及互联网金融等新的金融手段可以更好地服务于巩固扶贫成果。金融机构通过大数据建立用户画像，可以更好地为信誉良好的贫困人口提供金融支持，降低小额贷款的交易成本，小额消费贷款可以平滑消费，减少穷人的收入波动，小额教育贷款可以支持脱贫地区孩童的教育，帮助其摆脱教育的贫困陷阱。同时，建立在信息技术基础上的互联网金融可以通过技术手段降低交易成本和信息不对称，缓解金融排斥，还能有助于在广度和深度上推动金融的普及，提高脱贫地区的经济运行效率。

2.1.3 建立市场化东西部协作机制

东西部协作是推动东西部协同发展、巩固扶贫攻坚胜利成果、实现西部地区乡村振兴的重要途径。2021 年 4 月，习近平总书记就加强东西部协作机制作出了重要指示，明确了巩固脱贫攻坚成果、全面推进乡村振兴的目标，强调了东西部协作和定点帮扶工作的重要性。随着我国进入新的发展阶段，面对新的国内外形势，东西部协作同样需要不断创新，来更好地为巩固脱贫成果和推动乡村振兴服务。目前，我国东西部协作模式依然为政府主导模式，地方政府在推动东西部资金投入方面发挥了主导作用，取得了积极成效。但与此同时，以行政计划为主导的模式难以避免灵活度不足、市场化程度不够、经济驱动力不显著等弊端，在新形势下不利于乡村振兴工作的长期开展。

在大力推动乡村振兴的新阶段，东西部协作应积极引入市场力量，重点推动产业协作，加快推进要素市场化配置改革，建设全国统一市场，推动东西部地区的协作共赢。通过建立市场化的东西部协作机制，优化资金配置方式，拓宽西部地区在信贷、担保、保险等方面的渠道，引导更多市场主体参与西部地区的产业开发。倡导政府引导、市场主导的协作模式，通过市场资金发现和撬动西部优势资源，引导东部地区的技术、市场和管理等力量协助西部地区发展主导产业，实现利益联结、优势互补，构建东西部协作的长效机制。持续优化西部地区的营商环境，兑现土地、税收、金融等优惠政策，激发东部地区主体参与的积极性，推动东部产业向西部梯度转移。

在新的国内外形势下，我国正加快建设以国内大循环为主体、国内国际双循环相互促进的新发展格局，东西部协作也要时刻把握住内循环这一战略基点。通过建立健全市场化的东西部协作机制，把东部地区的资金、技术、市场与西部地区的资源、生态、人口优势结合，增强东西部地区优势的兼容性和互联互通，优化东西部地区之间的资源配置，不断推动西部地区人口收入的稳定增长，释放内需潜力，形成国内市场整体的畅通循环。

2.1.4 进一步完善乡村金融支持体系

突破产权局限，盘活土地资产。农村地区现行的土地流转体系一定程度上制约了农村产业的发展，目前我国农地权属界定模糊，赋权赋能不足，严重降低了经济效率，不利于市场经济在农村地区的发展。农村地区的"三权分置"改革仍处于起步阶段，"三块地"试点改革尚未推广，具体的实施细则尚未出台，改革落地的具体效果也会对土地流转市场产生很大影响。此外，目前我国的农地流转市场缺乏统一的指导，未能实现完全整合，同时产权交易中心不具备造血能力，缺乏后续发展的积极性。种种因素都导致了农地供给不能很好地适应市场发展的需求。与此同时，农地产权不清晰、流转困难，导致农地抵押融资困难，农村产业融资成本高于其他产业，使得农业经营者不得不放弃通过融资方式扩大规模。在推动农村产业健康发展的背景下，应加快农村土地产权相关法律法规的落实，推进"三权分置"改革的落地，对相关法律加以修订，保障农地经营、抵押等基本权利，畅通产权交易渠道，盘活农村土地资产，降低农村产业的交易成本，减少农业融资障碍，更好地支持农村产业的开发经营。①

探索新型金融支持模式。建立和创新可持续的金融支持机制是顺利完成我国脱贫攻坚五年巩固期的重要保证，也是推动乡村振兴战略的重要路径。在建立新型农业生产体系方面，美国、德国、日本等国长期探索农民合作社的建设，农业合作社是贫困地区产业与市场连接的重要载体，同时可以为农民提供多个生产环节的支持，加快改善贫困地区农业生产结构和组织形态，有效防止返贫，是一种可持续的发展模式。在信贷支持方面，孟加拉国的"格莱珉模式"已被全球多个国家采用和推广，该模式结合了心理学、社会学等学科理论，主要针对解决贫困地区人口的信贷问题；欧美国家的社区银行也为解决贫困地区信贷问题提供了一定的经验，通过立法的方式确保社区银行的资金用于社区范围内的发展，增强社区的内生发展动力，同时，社区银行对内部个体和企业降低手续的复杂程度和贷款的门槛，开展针对社区自身情况的不同形式的金融活动，在提高社区银行自身稳健经营水平的同时为社区提供更便利的金融服务。

---

① 邵晓翀，杜尔玢. 金融助力乡村振兴的现实基础、理论逻辑与实践路径——基于新发展格局视角 [J]. 技术经济与管理研究，2021（10）：76-80.

2.2 创新巩固五年过渡期扶贫成果的金融支持政策和产品

2.2.1 创新巩固扶贫成果的金融支持政策

要巩固好扶贫成果,就需要有针对性地提出和创新金融支持政策,来修复和改善脱贫地区的市场功能与资金体系,为实现长期稳定脱贫和脱贫地区的建设发展打下基础。由于脱贫地区农村生产要素市场发展滞后,信息不对称问题较为严重,导致缺乏可持续的自我发展能力,因此要注重推动完善市场和生产的结构体系建设,开拓新型的资金投放渠道和方式,改善脱贫地区的整体经济环境。

构建和发展多元化的生态补偿融资机制。建立多元化的生态补偿融资机制一方面可以调节生态环境保护与农村地区经济建设之间的各方利益关系,另一方面也可以为农村地区拓展融资渠道,通过行政和市场手段,将财政资金与绿色金融相结合,引导企业和市场多方面参与,建立绿色金融体系,更好地支持农村地区的经济建设。目前我国的生态补偿融资体系仍处于发展阶段,资金来源主要依赖财政,同时存在生态产权划分不明确、生态评价指标难以量化、交易标准不确定等问题,导致市场参与度不高,绿色金融的推广受阻。下一步应当出台相关法律法规,规范生态补偿的体系化建设,推动绿色债券、碳交易等市场化融资机制的发展,完善生态指标的评价标准,引导市场力量参与生态资金补偿。

发挥开发性金融巩固中长期脱贫成果的重要作用。开发性金融是政府建立的具备国家信用、能够体现政府意志的金融机构,以中长期投融资为手段,依托国家信用,通过市场化运作,推动制度建设和市场建设,从而实现对特定发展目标的资金支持。发展开发性金融,有助于建立更长效的融资平台,其商业化和信用化的属性可以引导社会资本进入,优化脱贫地区的金融生态,推动地区的资本市场、信用体系的建设和改善。此外,开发性金融机构倚靠政府信用,可以为脱贫地区提供期限更长、成本更低的融资支持,更好地培育当地产业的发展。政府相关部门要在推动开发性金融发展方面积极引导,鼓励国家开发银行、农业发展银行等机构积极参与开发性金融方案的设计,支持有条件的金融机构发展农业创投基金等金融产品,支持开发性金融机构探索信用建设过程中的难点,有针对性地进行产品创新，适应不同脱贫地区的融资需求。

实施差异化的金融支持政策。对于不同的支持对象，可根据其经营性质采取不同的模式，比如对于公益性质或公共基础设施项目，以财政支持为主要方式，对于农村地区特色产业或优势产业，则可以采用对接平台的方式，引入市场资金，同时完善融资、担保、监督链条，规范形成健康有效的融资体系，防范信贷风险。对于不同的脱贫地区，可根据当地财政状况、市场发展情况提供因地制宜的资金支持，比如，拥有优势产业或龙头企业的地区，可以发挥政府在地区发展中的抓手作用，加强与优势产业或龙头企业的资源整合，引导其参与到地区经济建设中，带动区域内协同发展，而产业相对分散、以小企业和分散农户为主的地区，则可以大力发展小额融资平台，提高金融服务的渗透率，减少信息不对称，增加市场化程度，针对不同项目和农户的融资需求，创新金融产品，推动不同模式、不同信贷产品和服务的发展，切实满足各类小企业或分散农户的融资需求。对于脱贫地区的不同发展阶段，金融支持政策也应当动态调整，根据地区经济发展和项目进展情况，出台新的政策，完善制度设计，适当转换金融支持模式。

构建科学的金融创新支持体系。通过设立金融改革试点地区或创建金融创新示范区，打造巩固脱贫攻坚成果、促进农业现代化的金融创新模式。在区域内不断完善金融基础设施，改善金融生态环境，拓展金融产品和金融服务渠道，为当地产业和农户提供信贷、投资、理财、保险等专业金融服务，同时加强顶层设计，促进各项政策协同高效、形成合力，构筑一个科学完善的创新体系。

2.2.2　创新巩固扶贫成果的金融支持产品

创新针对农业产业升级的金融产品。着重培育农村产业新业态，鼓励和引导由增产转为提质导向的新型农业，大力发展特色化的农村产业和特色农村产品品牌，立足乡村资源禀赋，创新农田节水、农村环境治理收益权以及设立碳交易服务平台等，创设生态产业债券等新型工具，同时也要做好对农村社会化生产和文化产业，如农技服务、物流、康养、旅游等产业的帮扶工作。此外，现代农业的资金需求主要集中于农产品收储、加工、运输等环节，可以重点扶持本地农产品加工产业集群以及农产品批发市场、物流骨干网络和冷链物流体系等，形成现代农业产业园区和产业链条，创新贯通全产业链、覆盖全生产要素、服务全生命周期的有效模式，以产业链和价值链相互融合来带动农户分享产业发展的收益，改变农户以往单纯的农产品提供者的角色。

创新针对家庭消费升级的金融产品。一是创新小额消费信贷和助学金贷款，推动消费升级需求，对农户的房屋建设、汽车家电等生活信贷需求开展信贷业务，同时也加强对小额贷款对象的审查，明确资金用途，坚持户借户还，控制和管理好各种风险。二是设计针对农村家庭的理财产品，通过资产组合分散风险，推出面向普通农户的差异化存款产品，兼顾流动性和安全性，对边缘易致贫户可提供收益相对较高的理财产品，增加农村家庭的资本性收益，改善农村家庭收入结构，实现家庭资本的稳定增长。三是创新拓展抵押质押范围，探索将农民住房财产权、农业生产设施、圈舍等纳入抵押质押品范围，推广家畜、农用机具等动产抵押信贷业务，在依法合规的前提下，盘活农村资产，建设多元化农村资产抵押融资模式，丰富农民的融资渠道。四是鼓励资金支持乡村基础设施建设，推动农村人居环境进步，改造农村饮用水、电网、道路、垃圾废水处理、信息通信等基础设施，优化农村教育、医疗等条件，推动农村地区人口的生活质量不断提高。

结合金融科技创新农村金融产品，实现降本增效。通过互联网、大数据等现代信息技术改善落后地区的营商环境，充分挖掘和利用民间资本，建立专业的信息甄别与筛选机制、风控机制等。充分发挥金融科技的特点，突破现有的贷款审批机制，压缩业务流程，降低交易成本，发展小额贷款、联保贷款、存贷结合等小微金融，扩大农村地区金融覆盖广度和深度。此外，积极搭建数字人民币服务体系，创新数字人民币发放惠农补贴的新型渠道，保障补贴资金精准高效地划拨到户，鼓励涉农企业和农户开立数字人民币钱包，完善县镇政务服务、民生消费、教育卫生、公交出行等场景的支付环境。①

2.2.3 增强金融创新巩固扶贫成果的理论水平和专业能力

首先，提升金融巩固扶贫成果的专业能力，依赖脱贫地区各金融机构的创新力度。各金融机构应积极创新拓展自身业务，改变依靠单一产品粗放型扩张获取利润的方式，实行更精细化的产品创新。金融机构在开拓农

---

① 张少宁. 商业银行服务乡村振兴的普惠路径 [J]. 华南农业大学学报（社会科学版），2021，20（5）：70-76.

村市场时，理应把握农村产业风险和收益的特点，提升在金融工具和服务创新方面的研究设计能力，可以针对农业产品分散化、资金需求季节性强等特点，开发合适的金融产品，更好地服务"三农"。此外，除传统银行类金融机构外，保险公司在农业生产中的角色同样至关重要，保险公司应当在农业保险的产品研发中投入更多资金和精力，开发差异化的农产品保险并完善保险服务条款，根据农业产品、经营主体、资源禀赋、种植技术、市场价格波动等多种因素综合确定保险费率和保额，优化农民的赔付流程。金融机构应创新风险分担机制，设立由银行、保险以及担保机构为主体，政府、行业主管部门等相关单位共同信誉担保的风险分担机制，按照贷款种类约定损失分摊比例，降低单一金融机构的风险损失。对于重大涉农项目，采取联合授信、银团贷款等模式，控制和管理好各方面风险敞口，依照合约承担损失风险。

其次，优化顶层设计，可以为金融创新注入适当的灵活性，进而为农村金融的发展保驾护航。根据脱贫地区的发展需要、产业特点、风险水平等条件，制定差异化的规章制度，引导和规范农村金融市场的发展。适度放开农村新型金融机构的准入门槛，限制失信金融机构的农村金融业务规模和类型，调整现有的《农村土地承包法》等法律的相关条款，对农村土地承包经营权、集体经营性建设用地使用权、农民住房财产权和宅基地使用权的抵押情形作出具体规定，明确金融机构在抵押物处置过程中的权责关系以及抵押物转让的范围。① 银保监会以及地方金融监管部门应对农村地区金融机构实行弹性监管举措，对涉农贷款不良率可以有一定的包容度，农村金融机构因支持乡村振兴发展而产生的不良贷款，经认定没有任何收回可能性的情况下，及时予以贷款核销。鼓励金融机构开发本地特色金融业务，对于对农业务考核达到一定层次的金融机构，可以给予相应的奖励和配套政策扶持。此外，人民银行要提高存款准备金、再贷款、再贴现等货币政策的灵活性，在农村地区实行差异化的货币政策，引导金融机构拓展农村业务规模，加强对农村金融机构的业务指导，评选金融巩固扶贫成果的创新样板，形成示范带动效应。同时，要明确非正规金融经营边界和借贷双方权责关系，引导非正规金融规范化、合法化发展。

最后，"没有调查就没有发言权"，金融机构以及主管部门应建立贫困

---

① 吴志强. 乡村振兴背景下农村金融机构协同发展研究 [J/OL]. 四川行政学院学报, 2022 (3).

问题研究与实地调研常态化机制，确保金融创新与实际紧密结合。在建立常态化调研机制的过程中，金融机构以及主管部门应加强目标管理，细化、量化调研工作内容，可以将调研成果纳入考核，创新和执行激励机制，充分调动研究团队实地调研的积极性，更好地将研究理论与实际相结合。同时也要创新调研模式，提高常态化调研效率，借助信息化手段，利用新媒体、新技术改进调研方式，通过大数据等手段对调研成果进行分析研究，通过云技术等方式加强调研计划和方案的制定、执行以及调研结果的反馈等各方面的联动合作，更好地促进调研成果的转化利用。对于通过调研发现的涉农资金渠道不畅、区域性金融脱媒等问题，主管部门应及时研究并推动各金融机构落实，同时将调研发现的问题纳入常态化调研和政策规划的参考范围。

2.3　优化我国脱贫地区五年过渡期的金融生态环境

2.3.1　建立完善的脱贫地区信用体系

强化脱贫地区的信用体系建设，开展评级授信和信用评定，是优化脱贫地区金融生态的重要路径之一。信用体系是一种社会机制，它借助各种与信用相关的社会力量，共同促进信用的完善和发展，制约和惩罚失信行为，防止混乱和任意行为的发生，从而保障社会秩序和市场经济正常地运行和发展。因此，完善的社会信用体系，可以为金融生态环境的健康、平衡发展提供保障。加强脱贫地区信用体系建设，促进信用与信贷联动，是解决脱贫地区信贷困境、推动脱贫地区信贷发展的有效手段。在五年过渡期中，脱贫地区信用体系建设是巩固脱贫攻坚成果、解决好"三农"问题、引导金融资源精准滴灌的重要抓手。

首先，完善的信用体系作为金融生态环境的重要基础设施，有助于相关政策落地、落实，提高政策制定的精准度和政策实施效果。我国于2021年取得了脱贫攻坚战的全面胜利，实现了九千多万个农村贫困人口全面脱贫，完成了消除绝对贫困的艰巨任务。在打赢脱贫攻坚战、全面建成小康社会后，要进一步巩固拓展脱贫攻坚成果，继续推动脱贫地区发展和乡村全面振兴。建设脱贫地区的信用体系，形成农村信用信息网，可为金融决策部门提供数据支持，并及时反映政策的实施效果。

其次，信用体系建设作为现代金融系统发展的基石，关系到脱贫地区金融系统的稳健运行和现代农业以及当地产业的良好发展，有助于促进农民增收和农村经济繁荣。后疫情时代，新型冠状病毒不断出现变异毒株，全球疫情演进存在不确定性，国内经济恢复发展受到一些阶段性、结构性、周期性因素制约，保持经济平稳运行的难度加大。经济形势越是复杂，越要重视农业，稳住农业基本盘。

最后，通过信用体系建设为脱贫人口建立电子信息档案，健全适合脱贫地区经济特点的信用评级体系，从而引导金融资源精准、有效地投放至有需求的脱贫人口。自脱贫攻坚战打响以来，中国人民银行持续加大支农惠农力度，截至 2021 年 7 月，累计发放扶贫小额信贷 7100 多亿元、扶贫再贷款 6688 亿元、金融精准扶贫贷款 9.2 万亿元，着力满足贫困人口的贷款需求，有力支持了脱贫攻坚和农业农村现代化建设。

2.3.2　推动建设现代化的支付体系

支付是金融服务的重要内容，是金融服务的基础之一。金融生态环境建设离不开现代化支付服务体系的有力支撑。因此，要深化支付服务环境建设，提升支付服务水平。加快推进脱贫地区支付服务基础设施建设，逐步扩展和延伸支付清算网络的辐射范围，支持脱贫地区符合条件的农村信用社、村镇银行等银行业金融机构以经济、便捷的方式接入人民银行跨行支付系统，扩充农信银支付系统用户范围，构建城乡一体的支付结算网络。大力推广非现金支付工具，优化银行卡受理环境，提高使用率，稳妥推进网上支付、移动支付、二维码支付等新型电子支付方式。进一步深化银行卡助农取款和农民工银行卡特色服务，切实满足脱贫地区农民各项支农补贴发放、小额取现、转账、余额查询、代理缴费等基本服务需求。支持贫困地区助农取款服务点与农村电商服务点相互依托建设，促进服务点资源高效利用。鼓励金融机构柜面业务合作，促进资源共享，加速城乡资金融通。积极引导金融机构和支付机构参与农村支付服务环境建设，扩大支付服务主体，提升服务水平，推动贫困地区农村支付服务环境改善工作向纵深推进。

2.3.3　放大政策的灵活性

脱贫地区的融资市场与城市金融机构面临的信贷市场不同。在基本业务、管理模式等方面，现行的很多金融机构监管标准不能很好地为在脱贫地区开展金融业务提供保障，如果完全沿用现行金融机构的管理模式，广大脱贫地区的金融机构将难以建立完善的风险监测模型和指标，无法形成自身的风险防控与业务发展模式，无法准确衡量风险发生的可能性和影响。因此，应当从监管目标、监管主体、监管依据和监管规则等方面构建脱贫地区的差异化监管体系，通过优惠政策、资金支持等促使脱贫地区金融机构增强发展能力。另外，在公司治理、监管指标等方面适度放宽，为金融机构的发展营造宽松外部环境，对经营良好、评级优秀的金融机构，适当放开业务限制，如鼓励其积极开展农业票据、农户理财、信用卡、发债等业务，增强其资本筹集和运用能力。同时，金融机构也应当强化支持小微企业以及"三农"的责任意识，围绕巩固脱贫攻坚成果和支持乡村振兴战略，谋求与当地产业结构相结合的发展路径，创新个性化、差异化、定制化的产品和服务，形成中长期稳定的融资需求，特别是对接农业特色产业、核心涉农企业、返乡创业人员需求、涉农个体工商户等，发展有针对性的、差异化的金融服务，培育业务发展新动能。

此外，可以引入多层次的市场主体，加大对脱贫地区的资源投入。市场主体具有资金、技术、人才等要素优势，可以推动机构、人员下沉到更广泛的农村地区。一方面，要加强政府引导，改善市场主体融资机制。监管部门要持续引导各市场主体加大支农力度，注重投资的长期效果，明晰重点扶持的特色产业，选择资质较好、对区域发展影响较大的产业，地方政府向优质产业提供资金支持、政府补助、税收减免、土地优惠等政策，与市场资金发挥好政策合力，创新市场资金流入的方式，因企、因地、因类型施策，先通过有序引导各类资本流入脱贫地区优质产业项目，再通过脱贫地区优质产业让农户成为市场的参与者、市场主体，从而更好地巩固脱贫攻坚成果，并逐步提高农村地区的市场化水平，共同促进脱贫地区产业的持续健康发展。同时，要加强脱贫地区的信用建设，营造良好的信用环境，减少因信息不对称给市场融资主体带来的困难。另一方面，要健全市场化"造血"机制。市场资金通过对脱贫相对优质产业的支持，提升产业效益，带动地区和相关产业的发展，从而持续提升农户的收入水平。因此，市场化"造血"机制的关键是从产业部门出发，扭转落后地区产业落后的管理思路，加强企业管理人才和技术人才的培养，提升企业的公司治理、精细化管理能力，提高企业财务管理的规范性、财务信息的透明度，促使企业有效运用筹集到的资金，提高企业的资金实力和技术水平，促进企业主营业务持续发展，为脱贫地区产业发展注入强劲动力。①

2.3.4　提高脱贫地区的金融服务水平

一方面，要加强对金融消费者的权益保护。金融消费者是金融市场的重要参与者，也是金融生态环境的重要组成部分。而脱贫地区的金融消费者往往知识欠缺，合法权益保护困难，因此，应加强脱贫地区的金融消费者权益保护工作。第一，加大脱贫地区金融知识宣传培训力度。加强对脱贫地区县以下农村信用社、邮储银行、新型农村金融机构及小额信贷组织的信贷业务骨干进行小额信贷业务和技术培训，提升金融服务水平。对脱贫地区基层干部进行农村金融改革、小额信贷、农业保险、资本市场及合作经济等方面的宣传培训，提高运用金融杠杆发展脱贫地区经济的意识和能力。根据脱贫地区金融消费者需求特点，有针对性地设计开展金融消费者教育活动，在脱贫地区深入开展农村金融教育，提高金融消费者的金融知识素养和风险责任意识。第二，加强脱贫地区金融消费权益保护工作。严厉打击金融欺诈、非法集资、制售使用假币等非法金融活动，保障脱贫地区金融消费者的合法权益。加强对金融产品和服务的信息披露与风险提示，依法合规向脱贫地区金融消费者提供服务。公平对待脱贫地区的金融消费者，严格执行国家关于金融服务收费的各项规定，切实提供人性化、便利化的金融服务。畅通消费者投诉的处理渠道，完善多元化纠纷调解机制，优化脱贫地区金融消费者公平、公开共享现代金融服务的环境。

另一方面，要加强金融网点的建设。金融业属于服务业，特别是在脱贫地区，金融机构网点是第一服务窗口。然而，脱贫地区金融网点偏少、金融基础设施薄弱、金融服务严重缺位的问题依然突出，在一定程度上制约了金融支持脱贫地区发展的工作。因此，要加强脱贫地区金融网点建设，提高金融服务覆盖面。积极支持和鼓励银行、证券、保险机构在脱贫地区设立分支机构，进一步向社区、乡镇延伸服务网点。优先办理金融机构在脱贫地区开设分支机构网点的申请。严格控制现有脱贫地区网点撤并，推动金融机构网点服务升级。加大脱贫地区新型农村金融机构组建工作力度，鼓励服务网络的延伸，优化广大脱贫地区的金融环境，最大限度地提升脱贫地区的金融服务水平。

---

① 汪小亚，星焱，俞铁成，等．多层次股权市场服务脱贫攻坚——以陕西盘龙药业上市为例[J]．清华金融评论，2020（7）：41-44.

2.3.5 提高财政资金利用效率

为巩固脱贫攻坚成果，实现从脱贫攻坚向乡村振兴新阶段的平稳过渡，中央设立脱贫攻坚五年过渡期，保持原有政策及资金力度不减，并将中央财政专项扶贫资金更名为"中央财政衔接推进乡村振兴补助资金"。2021年，中央财政预算安排衔接资金 1561 亿元，较 2020 年中央财政专项扶贫资金规模再增加 100 亿元，用于支持巩固脱贫攻坚成果与乡村振兴的有效衔接。由此可见，衔接资金与财政扶贫资金一脉相承，在过渡期之后，此类财政资金还将在乡村振兴阶段持续发挥作用。

在脱贫攻坚阶段，中国财政资金投入使用效率总体较高，为打赢脱贫攻坚战贡献了重要力量，但是部分用途和部分地区的资金使用效率仍存在改进空间。除此之外，还存在着因信息不对称、道德风险引发的挪用、骗取或套取、少拨或滞拨、侵占财政扶贫资金及违规收费等违纪违规行为。要让过渡期的财政资金投入使用成效更大，就要从根本上解决这些问题。因此，构建高效能的监管体系，将财政资金筹集、分配、投入、使用、见效等各个环节都纳入监管体系框架，是实现从脱贫攻坚向乡村振兴新阶段平稳过渡的重要保障。

（一）提高财政资金的使用效果和可持续性

在脱贫攻坚阶段，习近平总书记扶贫论述中"增强贫困地区自我发展的'造血'能力"等内容就体现了财政资金的可持续性监管视角。大规模的财政资金投入使用不仅要保障短期的"脱贫"，更要立足长远的"致富"，支持巩固拓展脱贫攻坚成果，解决相对贫困问题长效机制的建立；不仅要采取单一的"输血"帮扶方式在短期内防止返贫，更要放眼长远实现共同富裕目标。据此，需要以财政资金的可持续性为基础设立监管依据，衡量资金投入及项目选择是否能够有利于增强脱贫地区经济发展的内生动力，是否能够提升脱贫群众自我发展的"造血"能力。

（二）发挥财政资金的引导作用

一方面，可以增加金融资本对巩固脱贫攻坚的投放，吸引社会资金参与脱贫地区产业开发，积极开辟新的资金渠道，多渠道增加产业开发资金；另一方面，要用好扶贫的土地和金融政策，充分发挥财政的间接支持作用，吸引、鼓励金融资本和社会资本投入。在巩固脱贫攻坚成果的过渡阶段，对财政直接支持的需求将越来越少，对财政间接支持的需求将越来越多。而为了拓宽资金渠道、挖掘金融资本和社会资金的潜力，须借助财政之力加快农村金融改革，完善金融资本、社会资本向脱贫地区倾斜的激励机制，进而有效激发市场活力，增强脱贫地区经济发展的内生动力。[①]

2.4　大力发展直接融资模式支持巩固五年过渡期扶贫成果

2.4.1　直接融资巩固脱贫成果的理论基础及优势

随着我国脱贫攻坚战取得全面胜利，将巩固脱贫攻坚成果同乡村振兴有效衔接，努力探索"三农"与金融的融合形式，推动金融服务"三农"发展是金融领域具有深远意义的研究方向。在各类金融服务模式中，直接融资是拓展资金来源的重要渠道，对于构建多层次融资方式具有重要意义。

第一，相比于间接融资，直接融资有利于分散和控制金融风险，提高资源配置效率和项目的经济效益。从融资方式的具体特点来看，直接融资项目透明度较高，从发行、交易到资金的实际使用都在市场上公开，从而便利于投资人、中介机构以及全社会对资金的使用情况进行强有力的监督。落后地区的项目往往具有经营风险大、投后管理难等特点，采用直接融资模式，有利于综合利用市场、法治与社会共同监督的力量控制金融风险，强化对资金使用的外部约束。

第二，直接融资模式对经济政策调整的弹性更强，可促使资源向高质量的企业与项目流动。由于采取完全市场化的风险定价机制以及更灵活的交易架构设计，直接融资渠道根据政策变化而调整客户结构的效率更高。相比于信贷投放的规模效应，直接融资途径在结构调整方面具有优势，通过直接融资贯彻金融扶贫的项目导向要求，可以激发参与主体的积极性，促使市场化配置的资源有效对接落后地区的企业与项目。

第三，直接融资渠道对脱贫地区产业的门槛更低，有助于支持脱贫地区企业降低融资成本。从目前的脱贫地区产业与民生项目来看，多以长期、微利、风险较高为特征，以抵押资产规模与质量为关键衡量因素的间接融资体系并不能很好地支持其融资。门槛与成本更低的直接融资模式，更适

---

① 于树一，黄潇 . 财政资金"双框架"监管体系的构建——基于脱贫攻坚与乡村振兴有效衔接的视角 [J]. 北方论丛，2022（01）：116-126，172.

合为贫困地区产业和项目提供兼具差异化与稳定性的资金来源，同时提升金融机构的财务可持续性。

第四，采用直接融资模式可通过多层次资本市场工具提升资金支持的精准度和经济效益。专项债券等资本市场工具作为规范化与透明化的融资方式，具有筹集资金规模大、发行利率低等特点，可充分对接脱贫地区大中型开发项目的融资需求。短期融资券、中期票据、资产支持票据等工具，可以通过直接融资贯彻金融支持脱贫地区产业发展的需求，可以激发参与主体的积极性，促使市场化配置的资源有效对接脱贫地区的企业和项目，金融市场多样化的债务融资工具能满足脱贫地区不同对象、不同期限开发项目的融资需求，进一步提升资金投放的精准度。因此，利用资本市场的优势有利于在脱贫地区发挥市场作用，促进资本形成，提高资本配置效率，激发脱贫地区企业的内生动力。

2.4.2 拓展直接融资渠道

（一）支持脱贫地区企业利用股权市场融资

一方面，可以利用主板市场帮助脱贫地区企业首次公开发行股票并上市融资。自 2016 年证监会对申请首次公开发行股票并上市的落后地区企业出台"绿色通道"政策以来，截至 2019 年末，已有 14 家落后地区的企业通过绿色通道实现首次公开发行股票，累计融资 79 亿元。落后地区企业通过 IPO 融资上市，能够进一步规范公司治理，拓宽直接融资渠道，带动当地优势资源产业化、规模化发展。[①] 此外，主板市场也帮助脱贫地区企业再融资。脱贫地区上市企业作为当地的明星企业，为当地贡献较高的财政收入，创造了大量的就业机会。股票增发等再融资项目，能够有效降低企业的资产负债率，优化财务结构，提升抗风险能力、经营业绩及整体效益；能够拓宽企业的融资渠道，提升融资效率，满足业务发展的资金需求；也有利于企业持续贡献财政收入和就业机会，进一步带动当地支柱产业发展。

另一方面，可以利用新三板市场帮助脱贫地区企业挂牌融资。新三板挂牌不仅促进企业自身的法人治理和财务规范得到明显改善，经营机制并焕发新的活力，进一步拓宽了融资渠道，还推动了脱贫地区产业发展，带动当地就业，增加当地政府财政收入，对推动脱贫地区产业转型升级具有

---

① 汪小亚，唐诗．资本市场服务脱贫攻坚［J］．中国金融，2020（24）：45-47．

促进作用。此外，也可以通过区域性股权交易市场精准匹配脱贫地区企业融资需求。区域性股权交易市场具有门槛相对较低、服务方式较为灵活等特点，是规范培育企业主体、助力企业融资融智的普惠金融服务平台，能够为脱贫地区中小微企业提供个性化、多样化的资本市场融资服务。

（二）支持脱贫地区企业利用债券市场融资

结合脱贫地区资源禀赋，可以为脱贫地区开发专项债、资产支持证券等金融产品，发挥债券特性和作用，拓宽资金来源，实现融资模式由"输血"向"造血"转变。监管部门要给予债券投资者一定的政策激励，推动投资者对脱贫地区债券产品的积极参与，比如出台政策鼓励投资者持有一定比例的专项债，可以比照国债、政策性金融债和政府支持债券的标准，给予投资者利息所得税减免或减半的税收优惠政策。这样可以提高投资者的认购积极性和实际收益水平；同时，由于有免税或减税带来的效益，投资者在债券的定价上也会更加温和，有利于降低脱贫地区债券发行主体的融资成本，实现投融资主体的双赢。

（三）支持脱贫地区企业利用"保险+期货"模式融资

2022 年 2 月 22 日，中央一号文件发布，提出优化完善"保险+期货"模式。2016 年至今，"保险+期货"连续写入中央一号文件。长期以来，农产品市场"看天吃饭"，价格风险一直缺乏有效对冲手段。"保险+期货"模式，就是融合发挥保险业与期货业各自优势，将期货市场功能发挥和农业风险管理相融合，让涉农企业、农民专业合作社及农民通过金融工具来规避价格风险、保障收益，提升生产积极性，助力产业稳定发展。"保险+期货"模式的成熟非一时一日之功，目前已进入全面推广期，按照中央一号文件的要求，将在总结经验中不断优化完善，以期形成适合中国国情的农业风险管理模式。2021 年，上海期货交易所天然橡胶"保险+期货"及场外期权试点项目总计赔付 1.15 亿元，郑州商品交易所在白糖、苹果、红枣、花生、棉花品种上支持开展项目 21 个，保费总计 2.2 亿元，提供风险保障金额 50.95 亿元，大连商品交易所将"保险+期货"试点纳入"大商所农保计划"，项目个数同比增长 83%，为历年最多。证监会支持符合条件的地区优先开展"保险+期货"试点，对期货经营机构开展"保险+期货"试点项目适当减免手续费。经过不断完善和推广，"保险+期货"试点效果逐步凸显，有效利用了期货市场价格发现和对冲风险机制，完善了传统的再保险机制，在农民最需要稳定收入的时间窗口为其提供保障，成为促进农业发展、农民增收和防灾减损的重要措施。

2.4.3　创新直接融资业务模式和工具

直接融资业务模式的创新能够激发投融资双方市场主体的参与积极性，推广资产证券化、股权融资等资本市场工具能有效降低脱贫地区企业的资金成本，优化脱贫地区产业的融资结构，通过强化市场化的监督约束机制，实现金融风险的有效控制与资金的精准投放。

(一) 鼓励新的直接融资业务模式

应支持金融机构创新适合脱贫地区项目开发的交易架构与产品，在维护投资人财务可持续性的基础上，尽可能满足脱贫地区项目开发的资金需求。同时，创新金融产品也要兼顾经济效益，这就需要金融机构在项目收益来源确认、担保征信措施等微观契约设计方面持续积累经验。

应鼓励证券公司深入脱贫地区辅导企业，地方政府利用自身资源与直接融资工具配合，帮助脱贫地区产业发展和经济增长。脱贫地区与资本市场联系的紧密度往往不高，由于技术与人才的限制，对新兴金融服务的敏感度较低，因此需要由证券公司为脱贫地区提供具体的指导，根据其产业特点与需求给出有针对性的服务措施与建议。

应与银行信贷、农产品期货以及保险相结合，为脱贫地区产业提供涵盖产业链融资、风险管理、咨询等全方位的综合化金融服务。

(二) 推广高效的直接融资工具

第一，推广发行专项债，可以撬动脱贫地区产业的新发展。由于债券发行利率对市场变化与预期反应灵敏，省去了融资中介环节，债券融资成为企业低成本融资的主要形式。因此，应结合不同经济发展阶段各地区的具体需求，开发适合规模化农业经营的覆盖全产业链的服务产品，推进农业保险的产品创新，实现保障对象从自然风险向市场价格风险转变，深化保险与期货相结合新模式的风险管理功能。同时，投资人也应关注项目落实过程中的风险，如利用发行债务融资为前期投放的贷款偿还本金利息，需关注基础信贷资产质量与借款人的经营情况，等等。

第二，利用资产支持证券，可以整合脱贫地区旅游与农业等特色资源。不依赖抵押品的资产支持证券可以有效盘活存量资产，以项目未来收益或者企业应收账款等现金流为基础拓宽融资渠道。从具体的融资功能来看，采用资产证券化模式融资可充分利用项目收益，实现与融资主体的风险隔离；同时，资产证券化模式可以构建信贷的二级流通市场，提升资源的利用效率。近年来，资产支持证券的应用规模不断扩大，2021 年我国资产支持证券发行规模达到 3.1 万亿元，同比增长 8%。

第三，在股权融资方面，设立绿色通道可以吸引优质企业支持脱贫地区的产业发展。绿色通道为企业提供一系列优惠政策，显著提升了重点扶持企业的上市速度，不仅有利于支持脱贫地区优质企业上市融资、利用资本市场的优质资源实现产业优化升级，还有利于吸引外部企业到脱贫地区投资，可以带动当地就业，增加财税收入，挖掘当地资源禀赋优势，带动地方产业链条延伸，从而带动脱贫地区经济整体发展。股权市场在支持脱贫地区产业发展的同时，也要注重构建可持续发展的机制。股权市场融资不能够当作完全的贫困救济项目去做，要在投入大量资金技术后带来一定的收益，开创多方共赢的局面。证券公司通过承销保荐脱贫地区的企业 IPO 和新三板挂牌等项目，获得经济效益和社会效益；脱贫地区的企业上市或融资后，可以利用资金优势进行产业整合，并购当地及周边地区的产业链同行或上下游产业企业，从而成为所在地区的产业领军企业，并带动当地经济发展和人民致富。证券公司、脱贫地区企业只有在发挥好各自专业性优势的前提下，才能获取效益，从而构建可持续发展的长效体系。

2.5　完善以项目为导向的五年过渡期金融资金投向制度

2.5.1　通过开发性金融克服项目融资难题

以项目为导向是开发性金融的重要方法。项目开发和产业发展都不可避免地要借助金融资本工具，尽管国家通过贴息贷款政策，平均每年引导大约 500 亿元的贷款用到落后地区的开发项目上，但对于在脱贫地区的整体开发建设而言，依旧存在巨大的资金缺口，很多脱贫地区的开发项目和产业规划都因资金短缺而处于搁置和推迟状态。因此，以项目为导向的金融制度安排滞后于国家开发式扶贫的发展步伐，需要进一步梳理、设计和完善相关的金融服务制度安排。

采用开发性金融的理念和方法指导项目开发，通过项目设计引导商业性金融机构有序流向落后地区，可以解决落后地区金融运行的"虹吸"现象。商业性金融机构排斥落后地区的项目和产业融资，根本上是由于项目的短板问题没有得到根本解决，导致以项目为导向的金融制度安排在实际运行中捉襟见肘、举步维艰。而开发性金融通过完善的设计和制度安排，克服了落后地区项目融资的内生性弊端，帮助商业性金融机构解决了信贷服务的后顾之忧，从而实现了金融与项目的有效对接。

开发性金融不存在政策性、商业性的机构属性问题，而是一种金融方法。开发性金融以国家信用为基础，以科学论证的项目为主导，以产业为依托，以中长期投融资为目标，在项目和金融机构之间搭建平台，通过市场化的方法，共建信用共同体，把财政性资金转化为信贷资金，间接引导商业性金融机构投资于落后地区的项目建设，从而平抑了由于市场失灵带来的金融缺口问题，起到了优化金融生态的作用。

开发性金融是一种金融方法，那么一定程度上就可以进行复制和推广，这就要求在进行金融开发制度设计和安排时，注重转换思路，独立探索和培育开发性金融实现的载体，创新开发性金融的有效融资模式、合作机制、信用结构以及协同开发方式等。同时，以相对贫困和落后地区为开发重点，通过专项调研、论证等项目立项和评估的手段与方法，科学制定和布局区域主导产业发展规划，有序推进项目的市场化融资渠道和体系建设，从而为包括金融机构在内的各市场主体在落后地区进行项目开发和扶持产业发展提供条件。

2.5.2　发挥政策性金融在民生项目上的优势

尽管开发性金融能够有效解决脱贫地区经济发展所需要的金融资本，但在体现公共品性质的民生项目上，高成本、高投入、低报酬等特点使其显得力不从心，这就需要发挥政策性金融的作用，建立政策性金融瞄准民生项目的机制和特点，通过信贷资金财政化，加强政策引导，着力扭转脱贫地区公共品供给短缺态势，弥补脱贫地区民生项目资金的不足。

推进脱贫地区的民生建设，最为关键的是增加政策性金融的支持力度。建立政策性金融自动瞄准民生项目的开发机制，这需要国家在金融扶贫政策上进一步明确和强化，通过分解任务指标、完善奖惩机制等相关制度安排，将民生信贷业务纳入信贷政策评估和考评体系，引导政策性金融向民生项目倾斜，强化重大民生工程信贷支持的优先序列；同时，也需要地方政府主动推动和积极配合，切实改进脱贫地区发展的考核机制，由主要考核地区的生产总值向主要考核项目开发工作的成效转变，把提高脱贫群众的生活水平作为主要指标，进而形成政策性银行与地方政府上下双向互动，协同推进金融支持脱贫地区的民生项目建设。

2.5.3　丰富金融支持模式

一方面，完善利用市场化经济手段推进项目开发的机制。财政扶贫方式具有政策性、直接性等特点，同时也属于一次性的、无偿的扶贫方式，行业和社会扶贫方式则更多依赖对各行业和机关单位的道德层面约束来开展，一般难以获得可持续性。在进入巩固脱贫攻坚成果的新时期，脱贫地区的金融支持应采取有偿的资金投入方式，通过市场化的手段，使金融机构能够在提高脱贫群众生活水平的同时，也能够追求一定的利润。充分发挥各经济主体的主观能动性，着重提高融资主体的主观能动性，这就需要构建完善的金融支持体系，发挥大型商业金融机构、微型金融、合作性金融和政策性金融各自的比较优势，进行有效协调，开展帮扶工作。此外，脱贫地区的地方政府应该重点加强政策完善，发挥政策的引导和激励作用，要培养脱贫群众的信用意识，转变金融观念，充分发挥金融支持对象的主观能动性，主观上改变过去被施舍的角色定位，任何融资主体都应该是金融机构的客户，通过不断提高自我发展能力实现致富。

另一方面，不断创新金融服务和产品。随着我国全面进入小康社会，脱贫攻坚战取得完全胜利，贫困人口得到消除，对脱贫群众的帮扶目标不再是解决温饱问题，而是要提高脱贫群众的生产生活能力，进一步增加收入，而增加收入就意味着要扩大再生产，需要扩大经营规模，需要技术创新，更需要金融创新的支持。金融机构应更加注重金融业务、金融产品以及金融工作人员选择上的创新。只有不断创新才能够满足脱贫群众日益增长的多样化金融需求。脱贫地区的农户一般无法提供正规金融机构所要求的抵押担保品。因此，金融机构可以在一定程度上扩大抵押担保品范围，如宅基地、土地承包权、林权等，这些都可以作为农户贷款的抵押担保品。同时，也可以结合农村生态资源丰富的特点，创新绿色信贷产品。此外，也要提高金融服务的精准性和差异化，金融机构通过有效的客户定位筛选出帮扶对象，而后按需给予相应的金融服务，针对脱贫地区的经济发展以及脱贫群众金融服务的需求，金融机构在提供简单的存款、汇兑、贷款等基础金融服务外，还要加强服务方式的创新，并且鼓励通过现代科技手段来降低金融业务的成本。

2.5.4 强化金融制度体系建设

一是完善金融支持政策，构建有效的引导和激励机制。广大脱贫地区的金融发展离不开政府的作用，政府需要完善各项政策，引导和激励各项金融扶贫工作的开展。例如，对于在支持脱贫地区发展的工作中有较大贡献并且利润微薄的公益小额贷款机构，给予免除所得税的激励政策；中国农业银行等大型金融机构的贷款应当按照一定比例投向脱贫地区，对于超过该比例的贷款给予相应的奖励等来激励大型商业性金融机构贷款；制定一套科学合理的合作性金融组织绩效考核指标体系，对于在绩效考核中为地区发展作出重要贡献、资金回收率高的合作性金融组织给予财政资金的倾斜，从而形成激励作用。当地政府应当积极鼓励和引导返乡农民工创业，享受创业培训、税费减免、小额担保贷款及贷款贴息以及用地、用电、用水等优惠政策，为金融工作的顺利开展提供坚强的保障。完善脱贫地区的社会保障体系，建立系统化的农业保险体系，设立专门针对相对贫困地区贷款难问题的担保机构。政府要积极引导金融机构增强社会责任，通过宣传、法律等手段规范及提高金融机构的社会责任意识。同时，政府也要在大型商业性金融机构与微型金融机构合作中起到中介作用，为微型金融机构从大型商业性金融机构融资牵线搭桥，鼓励金融机构创新，并且着力提高脱贫群众自主劳动的积极性。

二是完善风险管理制度。金融机构要根据现代金融风险的多样性以及复杂性，着眼于系统风险与非系统风险的统筹管理，积极推进风险管理制度建设。利用现代化技术，如建立客户金融信息管理系统、规范信息处理以及发布制度来缓解信息不对称问题；建立评价考核机制，在金融机构正常运行或者不正常运行中，都要对机构的每个环节进行严格把关以及评价总结；在实践中探索多样化的风险补偿方式。此外，金融机构要定期或不定期地加强机构之间的相互联系，扬长避短，及时进行信息的反馈，分享最优风险控制方法。不断加大金融人才培养力度，要建立适应经济战略发展、年龄合理、层次清晰、有专业素养的农村金融人才队伍。

三是实现金融机构财务绩效与社会绩效协调发展。对脱贫地区的金融支持应该体现以金融机构为主、以政府为辅的模式。在这种模式下，金融机构应同时注重财务绩效和社会绩效。对于任何一个企业而言，利润最大化是企业所追求的，但是一味地追求利润最大化而不顾及社会绩效，将会对企业与社会造成不利影响。而为落后地区提供金融服务本身就是一项注重社会绩效、强调公平发展的工作，因此在这项工作中金融机构应摆正位置，坚持成本控制，加强技术创新，坚持商业运营原则，坚持风险控制原则，尽最大的努力来确保各项金融业务和服务的健康持续科学发展。脱贫地区的金融机构要不断提高自身责任意识，把巩固脱贫攻坚胜利成果作为义不容辞的社会责任。从长远来看，在广大脱贫地区不断扩大服务范围，建立新的客户群，也是金融机构实现可持续发展的有效途径。

四是提高脱贫人口的金融意识。脱贫群众要立足实际，积极改变"金融只为有钱人服务"的传统观念，明确金融是可以为自己与家人服务的。此外，脱贫人口的信用建设对于金融支持和巩固脱贫成果具有重要影响。在确定借款时，农户要对自己的情况如实汇报，要在了解自身需求以及还款能力的层面上来确定借款数目。同时，随着乡村振兴战略的全面推进，金融服务不再是一种救济形式的支持，农户要明确获得的启动资金是必须按时归还的。金融机构和地方政府要通过各种渠道鼓励农户积极发展自身的创造性，将资金与主体能动性有效结合，利用有限的资金积极培养并且拓展特色产业，通过扩大再生产来提高生产规模以及生产水平。

▌本章参考文献

[1] 邵晓翀，杜尔玏．金融助力乡村振兴的现实基础、理论逻辑与实践路径——基于新发展格局视角 [J]．技术经济与管理研究，2021 (10)：76-80.

[2] 张少宁．商业银行服务乡村振兴的普惠路径 [J]．华南农业大学学报（社会科学版），2021，20 (5)：70-76.

[3] 吴志强．乡村振兴背景下农村金融机构协同发展研究 [J/OL]．四川行政学院学报，2022-05-17.

[4] 汪小亚，星焱，俞铁成，等．多层次股权市场服务脱贫攻坚——以陕西盘龙药业上市为例 [J]．清华金融评论，2020 (7)：41-44.

[5] 于树一，黄潇．财政资金"双框架"监管体系的构建——基于脱贫攻坚与乡村振兴有效衔接的视角 [J]．北方论丛，2022 (1)：116-126，172.

[6] 汪小亚，唐诗．资本市场服务脱贫攻坚 [J]．中国金融，2020 (24)：45-47.

第3章 我国巩固精准脱贫成果向乡村振兴转变的金融支持体系

3.1 我国巩固脱贫成果向乡村振兴转变的金融支持政策体系

3.1.1 我国脱贫攻坚战中成熟的实践经验和模式

（一）"政府担保+金融机构+农户"的杠杆模式

该模式是政府将扶贫资金的一部分拿出来，作为扶贫基金，专户转存重点扶持。党中央、国务院于 2011 年颁布实施《中国农村扶贫开发纲要（2011—2020 年）》，对未来我国扶贫开发工作作了规划性指导，其中有两个主要的亮点值得关注：第一，首次提出在我国进行连片特困地区扶贫工作，将全国贫困地区分成 14 个区域，这 14 个区域是扶贫攻坚的主战场，以整区推进的形式进行开发式扶贫。连片特困地区金融扶贫不仅仅是针对贫困户的扶贫，更是通过开发性金融的介入来完善基础设施建设以及提高整个地区的信用意识，从而对整个连片特困地区的发展进行全方位扶持。第二，重点强调了金融扶贫的重要性。金融扶贫以"造血"的形式改变了以往财政扶贫"输血"的形式，体现了"授之以渔"的理念，在指导思想上与当前国家发展普惠金融的主流理念相符合。2013 年党的十八届三中全会提出发展普惠金融，是要让不同阶层人群特别是低收入人群享受平等金融服务，主张人人具有平等的信贷融资权利。发展普惠金融要求金融机构在扶贫的同时追求机构自身的可持续发展，国际经验已经证明，只要机制设计合理，金融业在扶贫开发中大有可为。2019 年政府工作报告提出要创新扶贫开发方式，加快推进整个连片特困地区发展与扶贫攻坚，实行精准扶贫，确保扶贫到村到户。改变我国贫困状况不是一朝一夕的事情，需要持续不断地提供金融服务，必须探索并建立适合我国国情的金融扶贫体系，共同发挥金融机构、政府与被扶贫对象的作用，只有这样才能保证金融扶贫真正取得效果，帮助贫困人口真正实现小康。[①]

（二）发挥大型商业性金融机构的资金优势

因信息不对称等多方面原因，商业银行等大型金融机构直接扶贫发展存在很多障碍，但具有资金充足、技术发达、管理到位等方面的优势。因此，大型金融机构可以采取间接扶贫模式，具体有以下三种模式值得推广。第一，"大型商业性金融机构+龙头企业+贫困户"的扶贫模式。大型商业性金融机构可以利用资金优势，给当地的龙头企业发放贷款。龙头企业是市场与贫困户的纽带，是国家进行产业扶贫的重要载体。拥有资金来源的龙头企业再促进贫困户的发展，带动贫困户增收。龙头企业的发展不仅能带动相关产业的发展，而且能提供更多的就业岗位，对于贫困户的脱贫与农村的发展有着至关重要的作用。特别是在我国连片特困地区培育和支持具有特色优势产业的龙头企业，对于增加农民家庭经营性收入具有重要意义。第二，"大型商业性金融机构+专业合作社+贫困户"的扶贫模式。大型商业性金融机构通过贷款给专业合作社来帮助贫困户，解决专业合作社的贷款难问题，有利于专业合作社将同类农产品的生产经营者或相同的农业生产经营服务提供者有机联合到一起，解决贫困户的切身需求，提供农业生产资料的购买，农产品的加工、销售、运输等服务。第三，"大型商业性金融机构+微型金融机构+贫困户"的扶贫模式。由于大型商业性金融机构与贫困户之间信息不对称、交易成本高等，使得直接扶贫效果并不显著，而缺乏资金来源是微型金融机构难以快速发展的主要原因。因此，大型商业性金融机构与微型金融机构的对接，使得微型金融机构充当大型商业性金融机构的"脚"而走到基层走到每家每户，将资金零售放贷给真正需要支持的贫困户，这样的方式可解决微型金融机构贷款难的问题，也可减少大型商业性金融机构直接发放信贷过程中的信息不对称问题。

（三）发挥微型金融机构的信贷机制优势

目前我国的微型金融机构主要有村镇银行、小额贷款公司以及非政府组织小额信贷机构，微型金融机构以服务"三农"及小微企业为主要目标，对于扶贫工作有着不可忽视的作用，它通过直接贷款的方式来填补大型金

---

① 杜金富，张红地. 我国金融精准扶贫模式与困境突破［J］. 中国农村金融，2019（6）：49-51.

融机构扶贫的空白。微型金融机构的规模虽然不大，资金也没那么富足，但是往往具有独特的优势，其可以深入基层，有效缓解信息不对称，也可以降低交易成本。因此，为了更好地发挥微型金融机构在我国连片特困地区金融扶贫中的作用，除了通过与大型金融机构合作解决资金短缺问题以外，还应该大力发挥微型金融机构的信贷机制优势。一是完善小组联保信贷机制。小组联保模式属于担保创新，社区居民自愿组成联保小组，通过互相承担担保连带责任的方式来解决无抵押物的状况。小组联保贷款的基本原则是"多户联保，总额控制，按期还款"，这样相互制约、相互管制，能够带动成员还款的积极性，也有利于后续贷款工作的有序进行。这种贷款模式的理念认为穷人是讲信用并且有能力的，甚至有时比富人更讲信用。因为他们手中的资源稀缺，所以更加珍惜来之不易的信贷机会。而且任何人都不想在熟人社会失去信誉，而"小组联保贷款"就很好地利用了这一点。二是实施分期还本付息的信贷机制。分期还本付息这种人性化方式可缓解贫困户的还贷压力，有利于贫困户资金的周转，符合贫困户对于流动资金的需求。客户及时还本付息是微型金融机构能够自负盈亏甚至稍有盈利的保障，也是一种监控客户的贷款资金流向、控制信用风险的途径，并且在资金紧张的情况下通过不断回收资金来提高资金使用效率，以一种平等借贷的机制来促进贫困户和微型金融机构和谐发展。

(四) 发挥合作性金融的"互助"优势

我国农村信用社在名义上应该属于合作性金融组织，但农村信用社事实上已经偏离了合作金融的轨道，走上了不可逆转的商业化发展道路，使我国出现了事实上的合作金融组织残缺的问题。众所周知，合作性金融在连片特困地区扶贫乃至全国经济发展过程中有着不可替代的作用。因此，迫切需要重构我国合作金融体系，发挥合作性金融在连片特困地区扶贫中的"互助"优势。当前我国存在农村资金互助社、农民资金互助社和贫困村互助资金三种具有合作性质的组织，它们虽然在发展过程中面临诸如管理人员素质不高、管理手段比较落后、资金周转速度较慢等问题，但拥有"互助扶贫"的基础，政府应该对它们进行有效引导，充分发挥熟人互助扶贫模式。合作性组织成员来自"熟人社会"，对于贷款人的信用和资金使用情况都比较清楚，可省去许多交易费用与交易时间。这种模式可以有效解决贫困户担保缺失的问题，贫困户不再以常规的担保品来贷款，而是通过贫困户之间长期维护的信任来担保。同时，应根据农村贷款资金使用的特点，开展村庄内贷款。由于农业生产、农村市场以及农民生活的原因，贫困户对资金的需求额度小、频率高，"熟人社会"更能满足这种基本需求，人与人之间也更容易产生同情心进而互相帮助。

（五）发挥开发性金融的优势

完善基础设施是连片特困地区经济发展的重要基础，但基础设施的完善需要大量的资金投入，而且资金投资回收期很长。因此，政策性金融在连片特困地区金融扶贫过程中有不可忽视的作用。我国政策性金融机构从其诞生起就担任着财政直接支出和商业性融资之间的"中间角色"，但我国传统的政策性金融只是将财政资金简单信贷化，并没有真正实行市场化运作，因而不能解决数以亿计的贫困人口的生活问题。当前，应该不断深化我国政策性金融改革。一是运用开发性金融理念，实施市场化资金运作方式，实施政策性资金的有偿使用，运用银行信贷"有借有还，到期归还"的经营机制来促进所支持项目的发展，提高政策性资金的使用效率。二是政策性金融机构应该主动寻找市场，改变传统的"政府挖坑，金融种树"的被动模式，把支持基础设施领域的成功经验拓展使用到连片特困地区新的资金需求领域，以寻求政策性金融机构自身新的利润增长点，实现"做大做强"，为连片特困地区扶贫贡献更大的力量。三是政策性金融机构在连片特困地区运用市场化的运营管理模式，为基础设施建设提供中长期资金，在金融扶贫过程中注重培育连片特困地区的市场化作用机制，逐渐增强经济主体参与经济发展的内在动力，构筑连片特困地区政府力量与市场机制之间的有效沟通桥梁，将融资优势与政府组织优势有效融合，高效率地实现政策性资金在连片特困地区扶贫中的作用。

3.1.2　稳定推进和完善金融支农政策

金融是经济发展的"血液"，农村金融服务的滞后成为农村经济发展的"瓶颈"。在全面推进乡村振兴的新时期，应充分认识并发挥金融在农村地区开发中的重大作用。强化金融支农政策在农村地区开发中的地位和作用，使财政支农与金融支农相辅相成。财政支农是国家通过财政直接投资或财政补贴等手段对农业、农村和农民进行扶持，具有无偿性、政策性、直接性和引导性等特点，政府通过加大对农村落后地区的财政投入，包括落后地区基础设施建设、产业资金投入等，来推动农村地区发展。金融支农同样具有不同程度的政策性和公共性特点，同时又由于坚持可持续性和商业化运作，有利于弥补财政投入缺口，克服财政支农规模有限和效率不高等问题，有助于改善农村金融服务，活跃农村经济。

此外，金融支农还不同于金融资源完全市场化自由配置。在现阶段二元经济结构条件下，农村金融市场具有风险高、成本高、利润低的特点，如果任由金融资源完全市场化自由配置，则必然引致农村地区金融机构和资金向城市大量转移，进一步强化城乡二元经济结构，形成农村落后地区发展的恶性循环。因此，金融机构应该在财政支农等政策的引导下，兼顾可持续性和政策性原则开展金融支农工作。健全的农村金融体系是开展金融支农的载体，金融支农的有效开展必须依托农村金融机构。

因此，应进一步完善以政策性、合作性和商业性金融机构为主体的农村金融组织体系。通过财政和政策性银行协调机制，发挥好政策性金融的引导和资源优化配置功能，扩大和增强农业发展银行的职能和业务范围，使其成为真正的农村和农业政策性银行；注意发挥国家开发银行支持"三农"的功能作用；建立以政策性保险为主体的农村保险体系，发展各类农业生产保险，并注意保险与信贷业务的协调配合；借鉴当前主要在城市开展的小额担保贴息贷款工作经验，构建农村信用担保体系；推进农村信用社改革，避免"一刀切"，因地制宜将其办成包括股份制、股份合作制、合作制、社会企业等性质在内的金融机构；加快中国农业银行三农金融事业部制改革，使农业银行发挥更大的金融支农作用；鼓励和支持邮政储蓄银行大力开展小额信贷业务；进一步放宽农村金融市场准入条件，增加农村金融机构存量。

另外，也要处理好政府与金融机构、政策性金融与商业性金融之间的关系。开展金融支农，首先应明确政府与金融机构的角色和定位。在加大财政直接支农力度的同时，政府还应通过政策优惠、完善农村金融基础设施、加快征信体系建设、推进利率市场化等措施引导金融机构进入和参与，避免对金融机构的干预，增强金融机构自主性，鼓励和支持农村金融机构坚持可持续性和政策性的统一，兼顾经济效益和社会效益。促进农村政策性金融机构与商业性金融机构相互协调发展。长期来看，即使在金融市场不发达的农村，商业性金融机构也处于主体地位，而政策性金融机构则起到补充或引导的作用。在相对落后地区，往往政策性金融机构首先进驻，通过发挥引导作用，吸引商业性金融资源进入，在经过金融市场培育，商业性金融运作成熟、实现可持续发展时，政策性金融此时则应该逐渐退出经营性领域。

要促进金融支农参与主体的多元化。支农开发仅仅依赖财政支农投入无异于杯水车薪，也是不可持续的，应适当引入市场竞争机制，鼓励企业、非政府组织以及个人等社会主体共同参与进来。在充分发挥政府财政支农、政策性金融、商业性金融与合作性金融作用的前提下，鼓励民间资本以多种方式参与支农开发，包括农村基础设施建设、新型农村金融机构组建等。国家应适当给予政策优惠，增加基本公共服务供给，加快基础设施建设。当前，应在增加农村基本公共服务供给的同时，重点加快相对落后地区的基础设施建设，促进教育、文化等农村公共事业发展，健全农村社会保障体系，提高农村居民社会保障水平。要进一步加强金融支农的配套政策法规建设，通过税收减免、财政补贴等措施发挥杠杆作用，对金融支农的参与机构形成正向激励，并出台相关政策措施解决农村资金外流以及农村金融资源供给不足等问题。

3.1.3　科学研判和探索新发展路径

2020 年，党的十九届五中全会提出，"十四五"时期要"实现巩固拓展脱贫攻坚成果同乡村振兴有效衔接"。为此，必须积极探索巩固拓展脱贫攻坚成果向乡村振兴转变的有效路径，以全面巩固拓展脱贫成果，高质量推进乡村振兴。

第一，应进一步完善和优化金融支持政策体系，促进相关政策向常规性、普惠性和长效性转变。按照建设社会主义新农村的目标和要求，总结脱贫攻坚战中成熟的实践经验和发展模式，把脱贫攻坚战中成效显著的帮扶举措转化为常态化支持政策。有效对接金融扶贫政策和脱贫地区的社会保障政策，逐步将针对绝对贫困的脱贫攻坚政策调整为针对相对贫困的常规性社会保障措施。加快推进农村土地制度、集体产权制度等改革，克服现有金融制度体系的局限性，盘活农村资源、资产，激发农村发展的内生动力。

第二，完善乡村建设、产业发展、公共服务等规划目标，根据脱贫地区实际情况科学制订短期过渡计划和中长期发展规划，推动巩固脱贫攻坚成果工作向建设社会主义新农村目标平稳过渡。一方面，地区规划要因地制宜，采取差异化举措。针对不同发展水平、不同发展模式、不同类型的乡村，各地方各部门应加强分类指导，梯次推进。另一方面，可通过在部分地区进行试点，逐步推广发展模式。在有条件、基础好、积极性高的区域树立一批率先推进的典型，为其他地区提供可复制、可推广的经验。此外,也要加强经验总结,发掘和总结好经验好做法,完善落实项目统筹机制,科学研判脱贫攻坚项目中需要延续和升级的内容,将其纳入乡村振兴的总体项目规划。

第三,保障和管理好各类涉农资金,确保金融支持工作有序推进。首先,不仅要对现有涉农资金进行精细化管理,而且要对涉农资金在预算编制环节进行源头整合,并且加强涉农资金整合与外部涉农资金统筹的衔接配合。其次,要加强资金分配与项目规划的有效对接,将政策目标、投入方向、扶持环节、管理方式等相近的资金进行归并,确保资金投入与规划目标相统一,实现资金、项目和考核同步批复下达。最后,要发挥财政资金的引导作用,借鉴并创新脱贫攻坚的资金筹措方式,保持现有资金来源,拓宽融资渠道,引导各类资金流入,建立层次资本结构,使社会资本更多地投向乡村振兴事业。

第四,发挥各种资源要素的积极作用,最大限度激发乡村发展的内生动力。一方面,要积极培育新型职业农民,鼓励外出农民工、大中专毕业生、退伍军人等人群返乡创业,吸收优质技术人才参与乡村振兴规划,积极开展农村人才知识和技能培训,培养造就一支热爱农村事业、专业技术过硬的工作队伍。另一方面,要加快制定农村集体经营性建设用地和农村宅基地"三权分置"具体操作细则,盘活农村存量建设用地,赋予农村集体建设用地平等的市场要素地位,发挥农村资产在推动农村金融发展中的重要作用。要发挥财政资金的主导和主体作用、金融资金的引导协同作用以及社会资金的参与补充作用,延续脱贫攻坚期间专项资金转移支付、金融信贷等政策,完善社会主义新农村的信用制度体系,统筹农村产业发展、基础设施建设等。

3.2 我国巩固脱贫成果向乡村振兴转变的金融支持组织体系

3.2.1 充分发挥金融组织体系中每个子体系的优势

要实现金融资源的有效配置,需要充分发挥金融组织体系中每个子体系的优势,根据每个子体系自身的特点来制定支持乡村振兴的具体措施和方案。比如,发挥银行业金融机构在整个金融组织体系中的主体作用,发挥农村小型金融机构网点网络优势和丰富的小额贷款专营经验,等等。将这些子体系的优势整合起来，凝成合力，就会形成金融组织体系整体的优势，点面结合，体现出金融组织体系的系统性和全面性的特征。

加强银行业金融机构的主体作用。银行是我国金融业的主体，是我国资金的主要筹集者、供给者和金融服务的主要提供者。目前，我国银行体系主要由开发性与政策性银行、大型国有商业银行、股份制银行、城市商业银行等组成。在为脱贫地区提供金融支持的工作中，开发性与政策性银行可以在商业性金融机构资源配置失灵的领域提供更多更有效的支持，可以根据国家战略和政府发展目标，集中力量对重点领域和薄弱环节进行扶持，在支持脱贫地区基础设施建设、易地扶贫搬迁、产业项目发展等方面发挥着积极作用；大型国有商业银行可以充分发挥自身信贷资金充足、金融科技先进和管理经验丰富的优势，不断简化业务流程、下沉服务重心、延伸服务半径，大力发展订单、仓单质押等产业链、供应链金融服务，加大对脱贫地区龙头企业、农民专业合作社等经营主体的支持，重点做好脱贫地区特色产业发展和基础设施建设等金融服务工作，推动脱贫地区经济发展和产业结构升级；股份制银行和城市商业银行加强对自身业务优势的挖掘，针对贫困地区实际需求，改进贷款营销模式，通过委托贷款、批发贷款等方式向贫困县（市、区）增加有效信贷投放。

加强农村中小金融机构的主力军作用。农村中小金融机构主要包括农村信用合作社、农村商业银行、农村合作银行和村镇银行等，拥有独立的法人地位，管理半径小、决策路径短、服务效率高，能够将金融资源精准及时地配置给"三农"经济，更好地满足弱势群体差异化、个性化的金融需求，是农业农村金融服务的主力军。在支持脱贫地区发展的工作中，农村信用社、农村商业银行可以依托网点多、覆盖广、业务灵活的优势，扎根广大农村地区，针对产业发展、农民需求特点，发放小额信贷、开展"两权"抵押贷款试点业务，满足脱贫地区产业经营主体生产发展的资金需要；村镇银行不断提高集约化管理和专业化服务水平，积极开展普惠金融业务，填补脱贫地区金融服务的空白，提高脱贫地区金融服务的可获得性。

加强证券业金融机构的补充作用。随着我国脱贫攻坚任务进入五年过渡期新阶段，金融扶贫的政策指引体系与顶层设计机制已趋完善，在此背景下，未来研究要更加注重激活各市场主体的实践和创新潜力。证券业金融机构作为与资本市场衔接的重要窗口，应当积极发挥行业优势，在进一步拓宽脱贫地区融资渠道的同时，发挥资本市场功能，帮助脱贫地区培育内生发展动能。一方面，要加强对脱贫地区企业的上市辅导培育和孵化，根据地方资源优势和产业特色,完善上市企业后备库;支持上市企业对脱贫地区的企业开展并购重组,对符合条件的农业产业化龙头企业的并购重组项目,优先安排加快审核。另一方面,积极支持脱贫地区企业利用多层次资本市场融资,对脱贫地区优质企业或特色产业的上市融资、股份转让、发债等需求,开通绿色通道,采取费用减免、专人对接等政策。此外,证券业金融机构应当与当地政府建立长效的专业帮扶机制,帮助脱贫地区企业规范公司治理,提高脱贫地区利用资本市场促进经济发展的能力。

加强保险业金融机构的保障作用。保险是扶危济贫的行业,在防止脱贫群众因灾因病返贫、优化资源配置、促进脱贫地区产业发展等方面有着独特的优势。在巩固脱贫攻坚成果的过渡阶段,保险机构应进一步发挥对脱贫地区产业发展和脱贫人口生产生活的保障和增信作用,通过发展农业保险、大病保险、民生保险以及创新保险资金运用方式等,推动保险支持脱贫地区的经济发展。保险机构可以针对脱贫地区产业发展特点,开发多样化的农业保险产品,对农户提供一定的普惠、特惠政策;也可以加强保险的覆盖,扩大大病保险覆盖比例和农房保险的覆盖面;发展农业保险保单质押、小额贷款保证保险等,发挥保险的融资增信功能;此外,保险机构还应当创新资金运用方式,比如通过设立保险产业投资基金等方式积极助推脱贫地区产业发展。

3.2.2 完善乡村金融服务系统

首先,要健全农村产权交易市场和制度建设。农村基本经营制度的巩固和完善,特别是农村承包地"三权分置"制度的完善,能够加快农村土地经营权的流转、适度规模经营和新型农业经营主体的发展。另外,与农村土地制度改革紧密相连,"两权"抵押贷款和农村集体经营性建设用地使用权抵押贷款在金融服务乡村振兴中占有重要的地位。为有效支持相关业务的发展,盘活农民土地用益物权的财产属性,推进乡村金融产品和服务方式创新,强化农村金融体系建设,需要进一步完善农村土地产权交易等相关市场和法律法规。应加快推进农村土地确权登记颁证,做好"两权"价值评估,建立完善农村土地产权交易平台,加强"两权"抵押、流转、评估的专业化服务机制,完善抵押物处置机制,允许金融机构在保证农户承包权和基本住房权利的前提下,依法采取多种方式处置抵押物,完善与农村土地制度改革相关的法律法规,加大与农村土地制度改革相关的货币政策、财政政策和监管政策等的协调配合力度。[①]

其次，要完善乡村金融服务的基础条件。一是要营造良好的农村金融信用环境，健全农村信用体系。统一农村信用体系的评价标准和流程，增强评定结果的社会认可度，拓宽农村信用信息覆盖面，探索建立覆盖数据采集、共享和更新等流程的可行的数据应用机制。加大农村信用文化宣传力度，普及农村金融和信用知识，提升农村居民信用理念。支持社会主义新农村信用文化建设，对优质农户发放信用贷款，并根据信用等级在贷款额度和利率方面给予不同程度的优惠。二是要建立完善的农村金融担保机制。加大政策性融资担保投入和财政奖补贴息力度，推广融资担保基金、产业互助基金等信贷增信模式，缓解农村经济发展的融资需求。发挥农业保险作用，引导保险公司扩大农业保险覆盖面，积极开发适应需求的险种，切实降低农业生产中的不确定性风险。三是要加强农村普惠金融服务点的建设，使农村普惠金融服务点基本能做到地域范围全覆盖、业务功能全覆盖、农村服务群体全覆盖。根据多层次的需要，服务点加载金融、电商、物流、民生、政务等满足民生的多样化基础服务功能，推动农村普惠金融服务点向综合化、多元化发展。推进农村普惠金融服务点形成以智能化、便捷化为代表的多层次服务点布局，切实满足农村地区不同主体的金融服务需求。

最后，要在监管环境上加大对乡村金融的支持力度。加大财政政策和货币政策对乡村振兴的支持力度，发挥好差别化存款准备金工具的正向激励作用，加大再贷款、再贴现的支持力度，提高资金使用效率。完善金融服务乡村振兴的监督管理环境，加大对乡村金融服务的支持力度，适度提高涉农贷款不良容忍度。进一步完善考核评估机制，以考核为导向，增加涉农贷款的总量并优化贷款结构，同时要合理控制好资产质量。在贷款结构方面，根据乡村振兴战略的要求，将信贷资源向农村基础设施建设贷款、新型农业经营主体贷款、普惠金融型农户和涉农小微企业贷款、农村承包土地的经营权抵押以及农户信用贷款等方面倾斜，以支持乡村振兴重要领域和重要项目的发展。

3.2.3　发展多元化的金融服务产品体系

金融服务产品主要包括银行信贷产品、保险产品、IPO、风险投资、天

---

① 周林洁，傅帅雄. 新时期金融服务在推进乡村振兴中的作用研究［J］. 金融发展研究，2022（2）：68-73.

使投资、债券产品、期货产品、金融衍生产品等。在推进乡村振兴的新阶段，金融产品服务应该具有针对性、系统性和创新性的特点。针对性是指这些产品和服务应针对的是乡村振兴中所产生的具有特性的需求，能够满足乡村振兴金融需求的特定方面；系统性是指这些金融产品服务所构成的整个金融组织体系，应该以达到满足乡村振兴金融服务整体需求为目标；创新性是指能够有突破和预见性地设计新的产品和服务，优化金融资源配置。

确保金融产品和服务支持乡村振兴重点项目与重点领域的发展。比如，夯实农业生产能力基础和保障国家粮食安全，促进农业转型升级发展，加大基础项目建设，扩大农业对外开放程度，推动农村第一、第二、第三产业融合发展，助力美丽乡村建设，繁荣发展乡村文化，健全乡村治理体系以及保障和改善农村民生，等等。这就需要政策性银行与商业银行、农村中小金融机构等金融组织一起，配置相应的产品和服务，诸如多元化的农产品收储金融服务、基础项目建设贷款、农业项目贷款、国际结算和金融衍生产品等。

形成系统性的产品服务链条。比如，在建立现代农业经营体系方面，银行信贷产品既要能够支持新型农业经营主体壮大，又要能够促进新型农村集体经济发展，还要能够促进小农户生产和现代农业发展的有机衔接。因此，银行信贷产品的设计就需要重点研究现代农业经营体系的整体需求，从而形成能够覆盖需求的系统性产品服务链条。

加大产品和服务的创新力度。比如，积极拓宽质押物范围，推动厂房和大型农机具抵押、动产质押等信贷业务，形成多元化的农村资产抵质押融资模式；优化信贷模型，积极拓展信用贷款，持续增加首贷户，推广随借随还贷款，加强其对乡村振兴的金融服务支持力度。

扩大金融保障的服务领域。发挥金融衍生产品的市场价格发现和风险分散功能，丰富农产品期货的交易品种，完善交易、交割规则，丰富农业产业的金融风险管理方式和手段。积极发挥农业保险的功能和作用，探索开发保险融资功能，推动农业保险与涉农信贷合作，发挥农业保险的融资增信功能。

3.3　我国巩固脱贫成果向乡村振兴转变的金融支持监管体系

3.3.1　完善金融支持新农村建设的工作机制

近年来，按照党中央、国务院的总体部署，金融监管部门陆续出台了一系列有针对性的措施，要求金融机构立足职能定位，持续加大广大农村地区的资金投入，创新金融产品服务，不断完善和优化农村金融工作的监管环境和工作机制，推动金融支农工作有序健康开展，为我国实现脱贫攻坚的胜利，全面进入乡村振兴的新阶段打下坚实基础。

2015 年 12 月，银监会办公厅印发《关于做好 2015 年农村金融服务工作的通知》，在大力发展农村普惠金融、全面提升农村金融服务质效方面，要求银行业金融机构加大信贷投放和工作力度。推进小额信贷健康发展，提高小额信贷覆盖建档立卡农户比例，全面做好支持农村地区的金融服务工作。2016 年 2 月，银监会办公厅印发《关于 2016 年推进普惠金融发展工作的指导意见》，要求各金融机构明确定位，落实责任分工。鼓励银行业金融机构按照"四单"原则，加大对扶贫工作的投入。发挥政策性金融和商业性金融互补作用，以国家开发银行和中国农业发展银行为主渠道，同时通过市场化机制引导商业性银行业金融机构加大信贷投入。国家开发银行、中国农业发展银行设立扶贫金融事业部。其他涉农银行业金融机构要成立扶贫工作专门组织架构。2017 年 4 月，银监会印发《关于提升银行业服务实体经济质效的指导意见》，要求各金融机构进一步完善"四单"等金融扶贫工作机制，落实扶贫小额信贷分片包干责任，继续扩大建档立卡农户的扶贫小额信贷覆盖面。支持银行业金融机构向贫困地区延伸机构和服务，提升金融精准扶贫效率。2018 年 2 月，银监会办公厅印发《关于做好 2018 年银行业三农和扶贫金融服务工作的通知》，要求各银行业金融机构把普惠金融重点放在乡村，以实施乡村振兴战略为"三农"金融服务工作总抓手，聚焦农户、新型农业经营主体、建档立卡贫困户和深度贫困地区充分发挥基层党组织力量，进一步健全农村金融体系，加大金融资源倾斜力度，力争全年涉农贷款持续增长、新型农业经营主体贷款和精准扶贫贷款增速高于各项贷款增速、基础金融服务覆盖面进一步扩大。2020 年 6 月，银保监会发布《关于做好 2020 年银行业保险业服务"三农"领域重点工作的通知》，强调银行保险机构要加强对标政策要求，支持"三农"领域补短板，保障重点农产品有效供给，促进各类农业经营主体发展，强化特殊群体金融服务，做好新冠肺炎疫情防控期间的涉农金融服务。对受疫情影响较大的涉农主体不得盲目抽贷、断贷、压贷，对到期还款困难的适当予以展期、续贷或调整还款付息计划，下调贷款利率，减免手续费及提高不良贷款容忍度等。发挥银行保险机构基层网点信息资源优势，为农业经营主体提供交易信息、创造交易机会，促进银企对接、企企合作，助力涉农主体渡过疫情灾害难关。

随着我国脱贫攻坚工作取得胜利成果，我国进入了推进乡村振兴的过渡阶段，金融监管部门进一步对新时期的规划要求作出研判，出台相关政策举措，确保过渡期金融工作的稳定开展。2021 年 3 月，银保监会发布《关于深入扎实做好过渡期脱贫人口小额信贷工作的通知》，提出扶贫小额信贷政策在过渡期内将继续坚持并进一步优化完善，切实满足脱贫人口小额信贷需求，支持脱贫人口发展生产、稳定脱贫。鼓励银行机构基于脱贫人口生产经营数据，在保障用户隐私和数据安全的前提下，依法合规通过互联网、大数据等金融科技手段开发授信模型，推动开展供应链金融、批量授信、快速审批等信贷新模式。持续开展银行基层机构与基层党组织"双基"联动。完善县乡村三级金融服务体系，提高金融服务脱贫人口能力。用好村两委、驻村第一书记和工作队等基层力量，协助做好脱贫人口小额信贷政策宣传、贷后管理等工作。2021 年 4 月，银保监会办公厅印发《关于 2021 年银行业保险业高质量服务乡村振兴的通知》，提出优化"三农"金融服务体系和机制，构建层次分明、优势互补的服务体系，建立健全专业化体制机制。鼓励 21 家会管银行给予普惠型涉农贷款不低于 75BP 的内部转移定价（FTP）优惠。鼓励设立三农金融事业部的商业银行将分支机构乡村振兴相关指标考核权重设置为不低于 10%，鼓励其他商业银行加大对分支机构乡村振兴相关指标的绩效考核权重。

3.3.2 积极探索差异化金融监管举措

探索金融服务的差异化监管机制，对金融支农政策落实较好的银行加强正向激励，如减少现场检查频次、提高监管评级等，通过实施差异化监管，督促金融机构认真落实乡村振兴规划的政策要求，充分调动金融机构支持新农村建设的积极性。

2021 年 3 月，银保监会印发《关于深入扎实做好过渡期脱贫人口小额信贷工作的通知》，强调监管部门要实施差异化监管政策，指导做好脱贫人口小额信贷投放和风险防范，适当提高不良贷款容忍度，对脱贫人口小额信贷不良率高于银行机构各项贷款不良率目标 3 个百分点以内的，不作为监管部门监管评价和银行机构内部考核评价扣分因素，督促银行机构落实脱贫人口小额信贷尽职免责制度。广泛开展脱贫人口小额信贷政策培训，认真做好贷款统计监测和分析调度工作，建立定期会商和监测通报制度，深入开展监督检查，及时评估政策效果。鼓励各地探索采用政府购买服务、保费补贴等方式，引入政府性担保机构和保险公司分担脱贫人口小额信贷风险，明确约定风险分担比例和启动条件。不得让贷款对象承担风险补偿、担保和保险费用，不得要求贷款对象提供反担保。2021 年 4 月，银保监会办公厅印发《关于 2021 年银行业保险业高质量服务乡村振兴的通知》，提出要加强差异化监管考核引领，明确涉农信贷差异化考核目标。银行业金融机构要单列同口径涉农贷款和普惠型涉农贷款增长计划，力争实现同口径涉农贷款持续增长，完成普惠型涉农贷款差异化考核目标。农业发展银行、大中型商业银行要力争实现普惠型涉农贷款增速高于本行各项贷款平均增速的目标。各银保监局要根据辖内信贷需求、城镇化进程等实际情况，因地制宜制定辖内法人银行业金融机构普惠型涉农贷款增速考核目标。各级监管部门要定期考核涉农金融相关目标计划的完成情况。对于完成情况较好的银行业金融机构，采取多种形式给予正向激励；对未完成考核指标且差距较大的银行业金融机构，视情况采取系统内通报、下发监管提示函、约谈高管、现场检查、调整监管评级等措施，督促其加大工作力度。2021年 9 月，银保监会办公厅印发《支持国家乡村振兴重点帮扶县工作方案》，要求银行保险监管部门要设立"绿色通道"，支持银行保险机构在重点帮扶县设立分支机构，在依法合规、整体风险可控的前提下，即报即审，不得设置任何前置审批条件。各地可适当放宽重点帮扶县保险分支机构负责人的任职条件要求。督促银行机构落实好尽职免责要求，不良贷款率在容忍度以内的，在无违法违规行为的前提下，不追究不良贷款经办人员责任。鼓励在重点帮扶县开展农村金融改革创新，农村金融改革与乡村振兴保持同步。2022 年 4 月，银保监会办公厅印发《关于 2022 年银行业保险业服务全面推进乡村振兴重点工作的通知》，要求加大涉农信贷投放力度。各银行机构要继续单列涉农和普惠型涉农信贷计划，努力实现同口径涉农贷款余额持续增长，完成差异化普惠型涉农贷款增速目标。农业发展银行、大中型商业银行要力争实现普惠型涉农贷款增速高于本行各项贷款平均增速。

各银保监局要结合实际制定辖内法人银行机构普惠型涉农贷款增速目标。针对农村集体经济组织、农业社会化服务组织融资需求特点，在贷款利率、担保条件、贷款期限等方面制定差异化政策，加大信贷支持力度。

3.3.3 规范脱贫人口小额信贷的发展

扶贫小额信贷是金融扶贫的重要创新，是精准扶贫的重要抓手，是脱贫攻坚的品牌工作，在解决建档立卡贫困群众融资难、融资贵问题、支持贫困地区产业发展和改善乡村基层治理等方面发挥了积极作用，为如期全面打赢脱贫攻坚战作出了重要贡献。新时期新阶段，为巩固拓展脱贫攻坚胜利成果，为开展全面建设社会主义新农村的金融支持工作打下基础，2021年3月，银保监会发布《关于深入扎实做好过渡期脱贫人口小额信贷工作的通知》，提出扶贫小额信贷政策在巩固脱贫攻坚成果过渡期内将继续坚持并进一步优化完善，切实满足脱贫人口小额信贷需求，支持脱贫人口发展生产、稳定脱贫，从信贷管理、风险防控、政策支持等多个方面，对脱贫人口小额信贷的进一步优化完善进行了明确的规定。

一是切实满足脱贫人口信贷需求。银行机构要根据脱贫人口的产业特点、生产周期、还款能力等实际情况，在符合政策、风险可控的前提下，准确开展评级授信，合理确定贷款额度和期限，优化业务审批流程，努力满足脱贫人口贷款需求。鼓励银行机构基于脱贫人口生产经营数据，在保障用户隐私和数据安全的前提下，依法合规通过互联网、大数据等金融科技手段开发授信模型，推动开展供应链金融、批量授信、快速审批等信贷新模式，提供高效便捷金融服务。

二是有效防控信贷风险。银行机构要健全完善脱贫人口小额信贷审批流程和内控管理，科学合理制订信贷计划，自主决策发放贷款，不过度强调获贷率，避免向不符合条件、没有还款能力的脱贫人口发放贷款。要认真做好贷前调查、贷中审查、贷后管理，及时准确掌握贷款资金流向。健全风险补偿和分担机制，已建立扶贫小额信贷风险补偿机制的地区要在保持工作机制总体稳定的基础上，动态调整，规范使用，积极做好风险补偿，进一步提高财政资金使用效率。

三是进一步夯实脱贫地区的金融和产业基础。深入开展面向脱贫地区、脱贫人口的金融知识宣传活动，大力评选创建信用乡镇、信用村、信用户，广泛开展评级授信，提高脱贫人口信用意识，改善脱贫地区金融生态环境。支持在脱贫地区培育发展县域支柱产业和优势特色产业，为脱贫人口自主发展产业提供良好环境。充分发挥村两委、驻村第一书记和工作队作用，帮助脱贫人口选择合适的产业，组织开展生产技术、市场销售等方面培训。发挥新型农业经营主体、龙头企业带动作用，提高脱贫人口发展产业的组织化程度。大力发展农业保险特别是特色农产品保险，深入开展大病保险和人身意外伤害保险，为脱贫人口提供充足风险保障。

四是不断完善支持政策。人民银行要运用再贷款、差异化存款准备金等货币政策工具，支持银行机构发放脱贫人口小额信贷。财政部门要发挥好职能作用，各地要及时安排好财政贴息资金，配合做好相关工作。乡村振兴部门特别是县级乡村振兴部门，要将脱贫人口小额信贷作为巩固拓展脱贫成果的重要工作抓紧抓好，及时向银行机构提供和更新脱贫人口、边缘易致贫人口名单，做好组织协调、政策宣传、产业指导等工作。

3.3.4　优化农村地区的金融监管系统框架

由于农村金融的发展过程与城市金融存在本质区别，农村金融监管方式不同于城市的金融监管。从当前我国农村金融监管的现实来看，许多地区都沿用了传统的城市监管模式，而农业领域的金融需求随着农业现代化的有效推进产生了新的要求，农村金融主体的特殊性无法得到重视，套用传统的城市金融市场监管措施，不能有针对性地支持农村金融的发展，不能有效促进农村金融市场的发展、推动农业创新特色的形成。因此，需要进一步优化农村地区金融监管框架，为乡村振兴提供制度条件。

第一，完善农村金融监管法律体系。近年来，金融监管部门针对农业金融的发展制定实施了一系列规章政策，但仍需对其进行不断的完善和改进，只有这样，才能发挥出最良好的效果，确保农村金融市场能够规范、健康发展。因此，我们应结合目前我国农村金融发展的实际状况，坚持以问题为导向，构建一个较为完善的农村金融监管体系，尽快完善我国农村金融基本立法，以解决农村金融相关法律效力层级低、具体条款缺乏可操作性等问题。及时修订完善与农村金融监管有关的法律法规，对与当前农村金融市场发展不相适应的法律法规和政策文件做好立改废等工作，并在发展中对其不断优化和调整。

第二，明确监管主体及协调机制，在明确各监管主体职能分工的基础上，注重监管机构自身的治理以及彼此间的协调。在农村金融的发展过程中，对相应监管的深化改革也是实现金融风险控制的重要手段。农村金融机构的复杂性特点，也决定了对该领域实施有效管理的困难。为增加监管的有效性，应针对不同的金融机构特点，成立专项的监管部门或机构，防止多头管理、权责不清现象的出现。政府部门不仅要明确监管机构独立性特征的重要性，同时还应该在法律层面对其主体责任、职责要求等进行严格的要求和规范。此外，还应根据法律要求对农业金融进行具体的监管。实践过程中的职能重合以及矛盾监管现象，不仅无法体现监管效果，也给后续的监管带来了困难。应对各监管主体的责任和职责进行明确，在确保各监管主体的利益均衡的基础上，对其工作内容进行详细的划分，通过这些机构的相互配合确保监管作用的有效发挥，为农村金融的发展保驾护航。

第三，创新适合农村金融市场特质的金融监管方式。建立农村金融市场风险防范体系、发挥市场退出的积极作用并强化信息披露工作，多维度降低农村金融风险并维护市场。完善农村支付体系和工具等金融基础设施建设，结合现代信息技术，完善管理设施，加大对互联网等电子信息平台的利用，为现代农村农业经营者提供各种信息服务，帮助他们实现资金的有效配置和风险管理。根据农村金融主体多元化、差异化的特点分别监管，根据金融机构的类型和层次进行监管，在政府宏观调控框架内促进农村金融的健康发展。

3.4　我国巩固脱贫成果向乡村振兴转变的金融支持保险体系

3.4.1　保险巩固脱贫成果的现实意义

保险是扶危济困的行业，在防止脱贫群众因灾因病返贫、优化资源配置、促进脱贫地区产业发展等方面有着独特的优势。保险最初的概念是基于契约的规定，即保险人对被保险人的财产或人身权益未来发生不确定损害承担赔偿或给付保险金的行为。随着社会经济的发展，保险的功能不断完善，形成了保险保障、资金融通、社会管理的功能。从保险的属性可以看出，保险业本身具有扶危济困的特性，与扶贫具有天然的内在联系，从而对于保障脱贫人口和社会弱势群体，有着独特的机制优势。保险作为风险管理工具，拥有独特的风险阻隔与经济补偿功能。通过市场化机制，保险可以对脱贫人口进行精准补偿，有助于增强资源配置的科学性和精准性；通过大数法则和风险分散机制，保险可以放大财政资金的使用效应，在更大的范围内实现金融资源的优化配置；通过增信功能，帮助脱贫人口提高融资能力。《中华人民共和国保险法》第二条规定："本法所称保险，是指投保人根据保险合同约定，向保险人支付保险费，保险人对于合同约定的可能发生的事故因其发生所造成的财产损失承担赔偿保险金责任，或者当被保险人死亡、伤残、疾病或者达到合同约定年龄、期限时承担给付保险金责任的商业保险行为。"改革开放以来，我国保险业快速发展，保险公司数量不断增多，类型不断齐全，以财产和人身权益为标的的保险产品日益丰富，对促进社会经济发展起到了十分重要的作用。

一系列支持政策的出台，有力地促进了我国农业保险的发展。2018 年，我国农业保险保费收入为 572.7 亿元，较上年同比增长 19.6%。2019 年，我国农业保险保费收入为 672.5 亿元，较上年同比增长 17.4%，农村基础保险服务覆盖全国超 3 万个乡镇，覆盖率超过 95%。2020 年，我国农业保险保费收入为 815 亿元，成为世界上农业保险保费规模最大的国家，为农民提供农业风险保障 4.13 万亿元。另据全国农业保险数据信息系统统计，2021 年，我国农业保险保费规模为 965.18 亿元，同比增长 18.4%，为 1.88 亿户次农户提供风险保障共计 4.78 万亿元。其中，中央财政拨付保费补贴 333.45 亿元，同比增长 16.8%。农业保险作为保障农业生产、稳定农民收入的重要手段，已成为我国农业发展、助力乡村振兴的重要推手。

3.4.2　稳步推进乡村金融保障体系建设

近年来，按照党中央、国务院的决策部署，银保监会等金融监管部门陆续出台了一系列支持政策，全面加强和提升保险业助推脱贫攻坚、服务农村建设的能力，为如期实现脱贫攻坚战的胜利提供了强有力的支持。2016 年出台的《关于金融助推脱贫攻坚的实施意见》，结合精准扶贫、精准脱贫的要求，指出要创新发展精准扶贫保险产品和服务，扩大贫困地区农业保险覆盖范围。要构建乡、村两级保险服务体系，开展特色农产品价格保险，改进和推广小额贷款保证保险，推进贫困地区人身和财产安全保险业务，提高保险支持脱贫攻坚精准度。同年，中国保监会、国务院扶贫办联合印发了《关于做好保险业助推脱贫攻坚工作的意见》，提出建立与国家脱贫攻坚战相适应的保险服务体制机制，努力实现贫困地区保险服务到村、到户、到人的工作目标，具体从精准对接农业保险、健康保险、民生保险、产业脱贫保险、教育脱贫保险五方面服务需求进行了安排和部署，为保险系统参与脱贫攻坚提供了政策指导。2017 年出台的《关于金融支持深度贫困地区脱贫攻坚的意见》，专门强调创新发展保险产品，提高深度贫困地区保险密度和深度。通过发展商业医疗补充保险疾病保险、扶贫小额保险和农房保险等产品，加大对深度贫困地区建档立卡贫困户投保保费补贴力度等措施，进一步把保险扶贫聚焦到支持深度贫困地区脱贫攻坚重点上来。

随着我国脱贫攻坚战取得伟大胜利，我国广大脱贫地区进入了建设社会主义新农村的过渡发展阶段。在新阶段，根据新的战略目标的规划要求，中国银保监会、中国人民银行等金融监管部门进一步出台实施了一系列支持举措，为巩固好脱贫攻坚成果、推进落实建设社会主义新农村的宏伟目标注入新的动力。2021年4月，银保监会办公厅印发《关于2021年银行业保险业高质量服务乡村振兴的通知》，明确提出要充分发挥保险的保障作用，推动农业保险"提标、扩面、增品"。扩大三大粮食作物完全成本和收入保险试点范围，积极拓展产粮大县农业大灾保险覆盖面，提高养殖大县的养殖险覆盖面和保障程度，健全农业再保险制度。鼓励因地制宜发展地方优势特色农产品保险，探索开发收入保险、气象指数保险等新型险种。积极发展农业基础设施领域的涉农财产保险，为农业机械设备等提供保险保障。提升农村地区人身保险发展水平，积极发展面向低收入人群的普惠保险。创新商业养老保险产品，满足不同收入群体的养老需求。鼓励发展针对县域居民的健康险业务，扩大健康险在县域地区的覆盖范围，拓展健康险保障内容。支持商业保险公司因地制宜发展农村意外险、定期寿险等业务。2021年9月，银保监会办公厅印发《支持国家乡村振兴重点帮扶县工作方案》，强调支持保险公司优先在重点帮扶县开展防止返贫保险，努力降低返贫致贫风险。鼓励保险公司在承办的大病保险、医疗救助中，配合地方政府对重点帮扶县的特困人员、低保对象、致贫返贫人口给予更大的政策倾斜。规定保险公司销售给脱贫户和边缘户的非专属意外伤害保险产品费率，要比备案费率降低10%以上。2022年4月，银保监会办公厅印发《关于2022年银行业保险业服务全面推进乡村振兴重点工作的通知》，提出要增强保险服务乡村振兴的功能作用，稳步扩大关系国计民生和国家粮食安全的大宗农产品保险覆盖面，加快发展种业、大豆和油料作物保险，大力发展地方优势特色农产品保险。积极开展高标准农田建设工程质量保证保险、耕地地力指数保险。提高小农户农业保险投保率。加快发展应对台风、地震、洪涝等重大自然灾害的保险业务，提高农业农村自然灾害保险保障水平。强调人身险公司要针对农村居民需求，特别是脱贫地区群众需求，扩大意外伤害险、定期寿险、健康保险、养老保险等人身保险产品供给。切实保障涉农主体合法权益，主动、迅速、合理开展承保理赔服务，不断提升农业农村保险承保理赔服务质效。

3.4.3 全面提升农村保险业保障服务能力

首先，要进一步扩大农业保险覆盖范围。目前，我国农业保险有种植保险和养殖保险等。为有效发挥农业保险对乡村振兴战略的助推作用，最大限度降低农户损失，2021 年，财政部会同有关方面，在 13 个粮食主产省份的产粮大县扩大三大粮食作物完全成本保险和种植收入保险实施范围，以进一步提高农业险种的适应度、适需度。保险机构要进一步扩大涉及国计民生的重要粮、油、棉等品种的保险覆盖面，大力发展种植业保险，积极推进牧区保险、森林保险和设施农业保险发展，努力实现农业保险全覆盖。银保监会在《关于 2021 年银行业保险业高质量服务乡村振兴的通知》中指出，鼓励因地制宜发展地方优势特色农产品保险，探索开发收入保险、气象指数保险等新型险种。因此，要不断完善农险产品体系，以推动农业产业发展为着力点，建设 "以中央政策性险种为主导，以地方政策性险种、商业性险种和创新性险种为补充" 的农险产品体系，更好地巩固脱贫攻坚成果、助推乡村振兴、保障乡村公共安全服务，充分满足广大农村地区的保险需求。在产品设计上，要突出利民、惠民原则，积极开发产业扶贫保险。由于农民在农业生产中自身承担风险的能力有限，一旦发生大面积自然灾害损失，相当一部分农民将难以承受，短期内无法恢复生产甚至因灾致贫。产业扶贫保险有利于助力农户种植、养殖与自然灾害抗衡，也可开发 "既防贫又致富" 的综合保障型产品，更好地巩固脱贫成果，助力全面推进乡村振兴。不断增加特色产业保险品类。开展具有地方特色的农产品保险、天气指数保险、价格指数保险、收入保险等，建立多层次农业保险产品体系，全面提升农业保险覆盖水平和服务能力。[①]

其次，要构建农村保障网络，切实提高保险服务水平。当前，因病返贫是阻碍全面建设社会主义新乡村的一个突出问题。针对农民就医问题，保险机构可通过降低大病保险起付线、提高报销比例、取消封顶线等措施，参与构建包括基本医疗、大病保险、医疗救助以及各类补充医疗保险在内的多层次医疗保障体系，提高农村家庭的综合保障水平，解决农村家庭 "因病致贫、因病返贫" 的突出问题。要把农村小额保险作为一项惠民工程，为农民量身定制精准的人身险产品，如简易人身保险、学平险、农村

---

① 谢华章 . 保险业服务乡村振兴战略思考 [J]. 中国保险，2022 (4)：56-58.

小额人身保险、外出务工人员意外伤害保险等，解决农民因意外风险、重疾风险等致贫返贫问题，为群众筑起更全面的保障。要加强基层服务体系建设。农村乡镇是农业保险最薄弱的地方，要在乡镇延伸设立服务网点，通过乡镇服务网点、服务平台、服务人员的搭建，切实提高保险服务质量。大力推广科技赋能，搭建大数据平台，整合各相关政府部门和保险机构的涉农信息数据，搭建全国农业保险大数据平台，依法依规共建共享共用，鼓励保险机构运用大数据等现代化信息技术，开展线上承保理赔工作，简化承保理赔流程，提高农业保险的数字化、智能化经营水平。推进农业保险向科技化、数字化转型，通过科技赋能，进一步强化农业保险的精准承保与理赔管理，全方位提供农业保险承保理赔和防灾减损服务，提升保险保障的精准度和理赔服务效率，筑起农业风险防御的最强保险防线，推动农业保险高质量服务乡村振兴。

最后，要强化农业保险风险分散和防范机制。近年来，全国旱灾、暴雨、台风等自然灾害频繁发生，农业大灾导致巨大的经济损失，单一保险主体往往难以独立承担风险，政府、保险行业要充分意识到建立大灾风险分散机制的重要性，建立和完善转移分散风险的组织体系和保障机制。2019年2月，中国人民银行、银保监会、证监会、财政部、农业农村部联合发布的《关于金融服务乡村振兴的指导意见》，明确指出要落实农业保险大灾风险准备金制度，组建中国农业再保险公司，完善农业再保险体系。同年，国务院批复设立中国农业再保险股份有限公司，对完善农业大灾风险分散机制起到了重要作用，有力促进了农业保险行业健康发展。除此之外，中共中央、国务院已连续7年在"一号文件"中提出要优化完善"保险+期货"模式。"保险+期货"模式是传统农业补贴模式的有效补充，确保了农产品"有效供给"不会因为价格的不确定因素而受到冲击，促进了农业产业化。作为近年来国家鼓励开展的一种创新险种，"保险+期货"模式在惠农支农方面发挥重要作用。保险机构要建立试点常规统筹机制，提升"保险+期货"试点模式的灵活性，探索引入更具保障内涵的收入保险等灵活的保险产品，更好地适应农户个性化需求，扩大"保险+期货"业务范围和品种等，提高涉农企业、农民专业合作社等新型农业经营主体管理市场风险的能力，在助力"三农"发展中展现更大作为。

3.5 我国巩固脱贫成果向社会主义新乡村转变的与财税体制相配合的金融体系

3.5.1 强化过渡期内的财税政策的支持力度

（一）贴息政策

根据 2020 年 4 月财政部等部门印发的《关于进一步加大创业担保贷款贴息力度全力支持重点群体创业就业的通知》，自 2021 年 1 月 1 日起，新发放的个人和小微企业创业担保贷款利息，LPR+150BP 以下部分，由借款人和借款企业承担，剩余部分财政给予贴息。新发放的 10 万元及以下的个人创业担保贷款，以及全国创业孵化示范基地或信用社区（乡村）推荐的创业项目，获得设区的市级以上荣誉称号的创业人员、创业项目、创业企业，经金融机构评估认定的信用小微企业、商户、农户，经营稳定守信的二次创业者等特定群体，免除反担保要求。

根据 2020 年 10 月人民银行等部门印发的《关于进一步强化中小微企业金融服务的指导意见》，人民银行分支机构要用好再贷款再贴现政策，引导金融机构重点支持中小微企业，以及支持脱贫攻坚、春耕备耕、禽畜养殖、外贸、旅游娱乐、住宿餐饮、交通运输等行业领域。加强监督管理，确保资金发放依法合规，防止"跑冒滴漏"。中小银行要运用好再贷款再贴现资金，鼓励中小银行加大自有资金支持力度，加大中小微企业信贷投放，降低融资成本。

根据 2021 年 3 月银保监会等部门印发的《关于深入扎实做好过渡期脱贫人口小额信贷工作的通知》，对建档立卡脱贫人口，以户为单位发放贷款，财政资金对贷款适当贴息，地方财政部门应根据需要和财力状况，合理确定贴息比例，保持过渡期内政策力度总体稳定。

根据 2021 年 8 月国家税务总局等部门印发的《关于促进退役军人投身乡村振兴的指导意见》，对符合条件的返乡入乡创业企业提供创业担保贷款贴息支持。

（二）税收优惠政策

根据 2021 年 7 月国家税务总局发布的《"大众创业 万众创新"税费优

惠政策指引》，对涉农金融支持的税收优惠包括金融机构农户小额贷款利息收入及企业所得税减计征收、金融企业涉农和中小企业贷款损失准备金税前扣除、金融企业涉农和中小企业贷款损失税前扣除、小额贷款公司农户小额贷款利息收入免征增值税、小额贷款公司农户小额贷款利息收入企业所得税减计征收等。

(三) 信贷担保政策

根据 2020 年 4 月财政部等部门发布的《关于进一步做好全国农业信贷担保工作的通知》，中央财政对政策性农担业务实行担保费用补助和业务奖补，自 2021 年起五年内，担保费用补助资金按照"政策性业务规模×补助比例（1.5%）×奖补系数"测算，业务奖补资金按照"政策性业务规模×奖补比例（1%）×奖补系数"测算，并按照各地落实上年中央财政奖补资金情况进行结算。省级财政要进一步建立健全担保费用补助和业务奖补政策，支持省级农担公司降低担保费用和应对代偿风险，确保政策性农担业务贷款主体实际负担的担保费率不超过 0.8%，同时鼓励银行业金融机构履行支农支小职责，降低省级农担公司担保贷款利率，切实降低综合融资成本。不鼓励各地长期通过贷款贴息等方式过度降低融资成本，防止贷款主体资金挪用、无风险套利等行为对正常融资需求产生挤出效应，增大担保风险和"寻租"空间。

(四) 奖补政策

根据 2020 年 11 月财政部等部门发布的《关于进一步加强惠民惠农财政补贴资金"一卡通"管理的指导意见》，到 2023 年，所有直接兑付到人到户的惠民惠农财政补贴资金原则上均实现通过"一卡通"方式发放，清理整合补贴政策和资金、规范代发金融机构、搭建集中统一发放平台、加强公开公示等工作基本完成，中央统筹、省负总责、市县抓落实的监管格局基本建成，实现"一张清单管制度""一个平台管发放"，补贴政策更加科学，资金绩效明显提高。

根据 2021 年 4 月财政部等部门发布的《关于运用政府采购政策支持乡村产业振兴的通知》，各级预算单位应当按照不低于 10% 的比例预留年度食堂食材采购份额，通过脱贫地区农副产品网络销售平台（原贫困地区农副产品网络销售平台）采购脱贫地区农副产品。

根据 2021 年 5 月财政部、工业和信息化部印发《关于继续实施小微企业融资担保业务降费奖补政策的通知》，提出增设奖励系数等，对于降费成效明显的地方提高奖励标准，引导地方将小微企业年化担保费率降到 1.5% 及更低水平。继续设定区域补助系数，体现了向中西部地区的政策倾斜。

根据 2021 年 8 月人力资源社会保障部等六部门印发的《关于巩固拓展社会保险扶贫成果助力全面实施乡村振兴战略的通知》，对参加城乡居民养老保险的低保对象、特困人员、返贫致贫人口、重度残疾人等缴费困难群体，地方人民政府为其代缴部分或全部最低缴费档次养老保险费。在提高最低缴费档次时，对上述困难群体和其他已脱贫人口可保留现行最低缴费档次。支持和鼓励有条件的集体经济组织和其他社会经济组织、公益慈善组织、个人为参加城乡居民养老保险的困难人员参保缴费提供资助。

3.5.2　完善过渡期内的财税制度体系建设

为了更好地推动我国巩固脱贫攻坚成果向乡村振兴转变，需要进一步完善我国财税制度体系建设，增强财税政策对社会主义新农村金融体系的支持力度和政策效益。

一是用好税收政策，引导产业发展。在落实好现有涉农税收优惠政策的基础上，针对农村特色经济规模还普遍较小的特点，宣传引导农村实体经济用好小规模纳税人增值税优惠政策和小微企业所得税优惠政策，逐步扩大经营规模。通过宣传引导，帮助那些有助于农民就业、农村富裕的实体企业用好企业优惠政策，最大限度地减轻企业税收负担，引导企业让利给农民，让农民得到更多实惠。针对部分农业产业化项目前期资金投入巨大、回收期长等特点，积极调研对这类项目的税收减免政策，减轻企业前期投入压力和降低运营成本。同时，依据农业现代化和农村经济发展面临的新形势、新问题、新要求，进一步梳理现有税收政策，研究能够有效引导社会资本、人才、技术等各要素向农村流动的税收优惠政策。尤其是对科技下乡、智慧农业、完善农村产业链、扶持农村集体经济组织做大做强的税收政策，进行深入分析研究，推动实现农民有收入、企业有利润、资本有收益、政府有税收的良性循环。

二是统筹涉农资金安排，盘活存量资源。依据《关于继续支持脱贫县统筹整合使用财政涉农资金工作的通知》，要健全完善巩固拓展脱贫攻坚成果和乡村振兴项目库，整合资金支持的项目原则上从项目库中选择，做好项目储备，科学设定绩效目标，严格项目论证入库。鼓励整合资金优先安排用于既有利于巩固拓展脱贫攻坚成果，又有利于完成行业发展任务的项目，凝聚支持合力。落实项目资金公开公示和绩效管理要求，主动接受各方监督。此外，还要完善土地出让收入使用范围，优先支持乡村振兴。统筹整合涉农资金，向产业倾斜，加大对帮扶效果明显的龙头企业、新型农业经营主体的支持力度。在调整优化的基础上，继续实施对支持脱贫地区产业发展效果明显的贷款贴息、政府采购等政策，放大积极效应。在保持现行财政体制、资金管理权限和保障主体责任基本稳定的前提下，稳步扩大直达资金范围，确保直达资金直达使用单位，直接惠企利民。完善直达资金分配审核流程，加强对支农直达资金情况的监督，确保资金安排符合相关制度规定、体现政策导向。盘活财政存量资金，完善结余资金收回使用机制。推动国有资产共享共用，促进长期低效运转、闲置和超标准配置资产以及临时配置资产调剂使用，有条件的部门和地区可以探索建立公物仓，按规定处置闲置且难以调剂的国有资产，提高财政资源配置效益。

三是加强绩效管理，提高预算约束力。将推动乡村振兴资金作为预算绩效管理重点，加强财政政策考核评估，增强政策可行性和财政可持续性。加强重点领域投入资金的预算绩效管理，强化引导约束。加强对政府和社会资本合作、政府购买服务等项目的全过程绩效管理。加强绩效评价结果应用，将绩效评价结果与完善政策、调整预算安排有机衔接，对低效无效资金一律削减或取消，对沉淀资金一律按规定收回并统筹安排。加大绩效信息公开力度，推动绩效目标、绩效评价结果向社会公开。合理安排财政投入规模，调整支持重点，确保工作不留空档、政策不留空白，逐步实现由集中资源支持脱贫攻坚向全面推进乡村振兴平稳过渡。

3.6 加速我国农村信用社体制改革，更好地为新农村建设服务

2021 年 1 月 4 日，党中央发布《中共中央 国务院关于全面推进乡村振兴加快农业现代化的意见》，指出党的十九届五中全会审议通过的《中共中央关于制定国民经济和社会发展第十四个五年规划和二〇三五年远景目标的建议》，对新发展阶段优先发展农业农村、全面推进乡村振兴作出总体部署，为做好当前和今后一个时期"三农"工作指明了方向，特别是为较长时间陷入困境的农村信用社体制改革指明了方向，标志着沉寂多年的省联社改革再次被提上议事日程。加快我国农村信用社体制改革可以更好地为"三农"服务，为乡村振兴服务。

3.6.1 当前省联社体制面临的困境

农村是中国革命胜利的基础和根本。1949 年新中国成立后，党和政府非常重视对我国"三农"的领导和支持工作，始终把发展农业作为国民经济的中心任务，特别是在国民经济恢复时期和社会主义改造时期，从中国实际出发，通过组建农村信用合作组织，动员人民公社社员之间因地制宜地开展信用互助来解决生产生活中的融资需求。在新中国成立之初的国民经济恢复时期和实行人民公社管理体制时期，农村信用社在支持农业方面发挥了重大的作用，扮演着主力军的角色。但是我们也注意到，改革开放前，因认识的不同和政策的变化，我国农村信用合作社发展和管理权历经数次变更，甚至一段时间还归人民公社管理，不但自主经营的权利与成立之初发生较大变化，同时也偏离了原来合作金融的基本原则。值得庆幸的是，自 1978 年改革开放以来，在党和政府的领导下，我国农村信用社开始向真正服务"三农"回归。其间，农信社的主管机构几经变迁，特别是随着中国农业银行恢复，农信社作为其基层机构，在其领导下开展农村金融业务，虽然这一管理体制促进了农信社规模的扩大和业务的拓展，但农业银行对农村信用社业务和资产的侵占也暴露了这种管理体制的深层次矛盾。所以，从 1996 年开始，为实现农业银行的商业化转型以及强化农信社的合作属性，在政府的主导下，农信社正式与农业银行脱钩，转为作为独立法人经营的金融机构，由人民银行直接承担对其监督管理的职能。虽然"脱钩"增强了农信社的经营独立性，但多年来农信社积累的问题如经营风险、资不抵债、流动性短缺等问题集中出现，不断加剧和暴露了农信社的风险和短板。最主要表现为农信社在与农业银行"脱钩"时被转嫁了较大的历史包袱，再加上 20 世纪 90 年代大量乡镇企业亏损、转制和"逃废债"，全国各地出现大量农信社经营不善和亏损的局面。在此背景下，新一轮农信社改革开启了，其中农信社的管理体制是此轮改革的重要内容。标志性的事件是 2000 年 8 月江苏省率先开展了农信社改革试点工作，并于 2001 年 9 月组建了全国第一家省联社——江苏省农村信用联合社。江苏省联社最初的定位是作为江苏全省农信机构的行业自律组织，对基层农信机构进行管理和服务，其中管理是指通过制定规章制度规范基层机构的经营行为。随后，农信社改革的试点逐步扩大，2003 年国务院印发《深化农村信用社改革试点方案》，将改革试点扩大至全国 8 省市，明确提出要对农信社的管理体制进行改革，并将其管理权下放给地方政府。各试点地区可根据当地情况，通过成立省联社或其他形式的省级管理机构，在省级人民政府领导下，具体承担对辖内信用社的管理、指导、协调和服务职能。2004年8月，试点扩大至全国。此后，除北京、上海、天津、重庆等直辖市外，全国大部分省份都采取组建省级联社的方式对基层农信社进行管理。在这一时期，各省普遍选择组建省级联社管理体制，主要原因有：首先，农信社作为合作金融组织，其股东数量众多、股权结构分散，社员（股东）、社员（股东）大会对理事会和管理人员的控制很弱，通过省联社任命基层农信社的理事长和主任的方式能够在一定程度上缓解"内部人控制"问题。其次，脱钩后的农信社作为单个小法人的合作金融机构，由于经营规模小、内部治理不健全等问题，抵御风险的能力也相对较弱。根据国外发达国家（如德国、日本）合作金融的发展经验，基层合作金融组织要想做大做强，通常需要通过自下而上参股组建合作联合会的方式不断壮大合作金融体系。因此，按照发展合作金融的这一思路，县级农商银行共同出资组建省联社也符合合作金融的发展逻辑和规律。省联社组建后，一方面可以调剂基层农信社的资金，加强其应对流动性风险的能力；另一方面还可以为其提供清算、结算等服务，提高其经营效率。最后，作为致力于服务当地"三农"的地方金融机构，农信社经过很长时期的低效率、粗放式发展，积累了大量"地方性存量风险"，而化解这部分风险必须依靠地方政府协调各方力量。在2003年的这轮农信社改革中，国家将各地农信社管理权下放的同时，也将对农信社风险管控的责任转交给省政府。各省政府通过组建省联社在形式上体现了政企分离，在化解存量风险中起到积极作用。

省联社管理体制带来了积极作用，主要表现为自成立以来，在组织和领导区域县联社消化历史包袱、处理不良资产、解决"内部人控制"问题等方面发挥了重要作用，促使基层农信机构的内部治理水平和可持续经营能力有了显著提高。截至2021年10月末，农村金融机构资产规模已达到45.38万亿元，占全国银行业金融机构的比重为13.6%。农村商业银行不良贷款余额为7228亿元、不良贷款率为3.7%，高于全国银行业平均水平，但较2006年第一季度末7%的水平已有明显下降。

随着农信社商业化改革的不断推进，农村金融机构自身经营能力已得到极大改善，在支持服务实体经济中的作用也越来越重要。但是，近年以来，随着我国经济体制改革的不断深入和经济深层化发展，我国县域农村金融机构自身以及外部环境产生重大变化，现有的机制开始面临新的挑战。首先，省联社在管理体制上错位，领导和管理县联社难度不断加大。农信社商业化改革后，省联社管理体制与基层农信机构法人治理之间的不协调日益明显。根本原因在于省联社与农信社之间自下而上的股权关系与自上而下的行政管理关系之间存在一定的扭曲，二者在法律关系上存在错位。具体表现为以下两个方面：一方面，基层农信机构作为社员的权力未能体现。省联社最初由基层农信机构共同出资组建，按照公司治理的原则以及原银监会印发的《农村信用社省（自治区、直辖市）联合社管理暂行规定》，由社员社代表组成的社员大会理应是其最高的权力机构，社员大会通过投票的方式选举省联社的理事并组成理事会，通过理事会选举省联社的理事长和主任，但目前的情况是，省联社的理事长和主任均由省政府任命和委派。另一方面，部分省联社对于基层农信机构的微观管理干预过强，这也是目前争论最多的问题。首先，一直以来，省联社对基层农信机构的人事权、经营权、财产权、费用支出等方面均有管辖，基层农信机构社员（股东）的独立性受到一定影响。在当下金融科技应用日益加快、市场竞争日趋白热化的背景下，过多的行政管理可能不利于基层机构长期的可持续发展。其次，省联社服务基层农村机构的能力不足。省联社成立之初就被赋予了为基层农信机构提供服务的职责，2012 年全国金融工作会议提出要强化省联社的服务职能。事实上，省联社在支付结算与清算、法律服务、信息交流等传统业务方面的确为基层农信机构提供了较多服务。但随着近年来互联网金融的兴起、金融科技的快速发展，在政府和监管部门普惠金融政策的引导下，国有大型银行和一些股份制商业银行普遍运用数字金融积极下沉服务，对传统农信机构的经营造成了巨大冲击。而省联社在金融科技运用、新产品研发等领域的服务能力有待提高，针对基层行社在业务拓展和内部管理方面提出的金融科技需求，其响应能力和响应速度都相对有限。在数字化发展日益加快的背景下，金融科技投入和应用的滞后可能会严重制约农信机构竞争能力的提升，并影响其长远的市场发展空间。最后，农村信用社面临的市场竞争日趋激烈，省联社难以达到日益激烈的市场竞争对县域农信社的经营管理效率所提出的更高要求。特别是随着经济结构调整和利率市场化不断推进，银行业净息差水平持续收窄，整体规模和利润增速均显著放缓。应该说，经营环境变化对所有类型的银行都会产生影响，但农村中小银行面临的挑战更加严峻。面对利率市场化和净息差的收窄，银行通常可以从两个手段来应对：一是建立多元化资产、负债结构，通过资产负债管理来应对利率市场化带来的利率风险；二是拓展非利息收入来源，从间接融资服务领域拓展到直接融资服务领域（所谓的综合化经营），提高非息收入占比。但对中小银行而言，上述两个手段都很难加以利用。从资产负债结构来看，农村中小银行的资产负债结构普遍比较单一，负债端主要以居民储蓄存款为主。在整体利率上行的时期，以居民储蓄为主的负债结构有成本低、稳定性好的优势；但在整体利率下行的情况下，储蓄存款的成本下行幅度有限，会导致银行净息差更大幅度地下行。从银保监会公布的数据看，2018 年 12 月到 2021 年第一季度，农村商业银行净息差从 3.02% 下降到 2.2%，短短两年时间收窄了 80 个 BP，而同期大型商业银行的净息差仅下降了 11 个 BP。省联社无法领导县联社适应日趋激烈的市场竞争。

3.6.2　当前农信社改革需要解决的几个主要问题

一是股东所有权与管理权相分离。省联社的改革必须基于县域农信社的基础，考虑县农信社的发展和服务对象，而不是搞"高、大、上"的省级大银行。我们知道，县域农信社成立之初，是以合作制经济的基本原则为基础，农户通过认缴股金进而成为农信社的社员，确立了入股农户是农信社所有者的地位。虽然农信社具有县域一级法人的地位，但因股改以后，信用社的股东已经不是农村农户了，农信社现行的产权不清晰。目前管理主体和监管主体较多，管理层也由政府有关部门任命。实际上大股东与管理层共同享有农信社的实际占有权和控制权，而农户被排除在外。省联社的改革必须充分考虑和解决这个根本问题，否则任何改革都是不切实际的和违反初心的。

二是农信社的内部组织治理结构不完整。社员代表、理事、监事和高层管理人员的任免，多数是由上级部门、上级领导决定的，"三会"职能没有得到真正发挥，在信用社重大决策上，缺乏农户公平合理的表决，农信社的"三会"徒有虚名。目前，很多县域农信社的理事长和信用社主任大都是由同一人担任，权力缺乏制衡，导致农信社的经营管理层对农户责任心不强，仅对干部管理机关负责。

三是农信社职能定位与商业经营之间的矛盾突出。农信社的业务定位是以服务"三农"为主，但各地农信社被动地从事带有政策性的业务。在县域内，每年为政府发放的惠农补贴在整个信贷业务中占有很大比重，政策性业务占用了农信社的运营资源，从而提高了农信社的运营成本，降低了竞争力。同时，农业生产周期长、效益低以及商业金融竞争加剧，造成农信社的经营状况每况愈下，并对未来自身的发展带来消极影响。

四是农信社的监管主体太多导致县域农信社无所适从。目前，农信社的监管主体主要包括省联社、地方银保监局和人民银行分支机构，这些监管机构在利益博弈下政出多门，相互矛盾，给农信社带来了许多困扰，在一定程度上影响了农信社的健康发展。政出多门，在实际操作中，使得县域农信社一放就乱、一管就死、无所适从。

3.6.3　如何加快省联社改革

近年来，国家多次提出对省联社的管理模式进行改革。其中，2016—2018 年连续三年的中央一号文件先后提出"开展省联社改革试点""抓紧研究制定省联社改革方案""推动农村信用社省联社改革"。2019 年 2 月，人民银行、银保监会等五部门印发了《关于金融服务乡村振兴的指导意见》，提出要积极探索省联社的改革路径，理顺农信社的管理体制，并对基层农信社和省联社之间的关系进行了明确的界定，强调了农信社独立的法人地位、经营的独立性，淡化省联社在人事、财务、业务等方面的行政管理职能，突出专业化服务功能。2020 年 5 月末，国务院金融稳定发展委员会办公室发布 11 条金融改革措施，其中提到要"制定《农村信用社深化改革实施意见》，保持县域法人地位总体稳定，强化正向激励，统筹做好改革和风险化解工作"。从未来看，考虑到各省份经济社会发展水平不一、农信体系的发展也存在较大差异，省联社的改革仍需各省份根据实际情况因地制宜选定省联社的具体改革路径。但是，无论采取何种路径，省联社改革都要保持与农信机构的改革方向相一致，即坚持市场化、法治化、企业化的改革方向，坚持农信机构服务"三农"、保证县域法人地位稳定这一原则。同时，要加大金融科技方面的投入和能力建设，全面提升农信机构的金融科技应用水平和竞争能力，实现数字经济大潮下农信机构健康、高效、可持续发展。

目前，各省联社都要求将管理机构的省联社组建为一级法人机构，将县联社作为省联社的分支机构并对其进行管理和运作的呼声极高。但是，2021 年中央一号文件指出要保持农村信用合作社等县域农村金融机构法人地位和数量总体稳定，做好监督管理、风险化解、深化改革工作，实际上已经否定了以合并为导向组建省级联社为一级法人机构的模式。可以说未来组建省联社为一级法人机构路径走不通，我们认为主要原因有以下几方面。

一是以行政方式将全省的县域联社合并起来并不现实。目前农村县域信用社虽然由地方政府主导，但性质上还是农村合作金融组织。如果以省联社作为一级法人，必须吸收合并县级联社，县级联社均为独立的一级法人组织，合并后将改变和削弱农村合作金融的属性，不能反映农民的意愿，依靠行政手段强行合并将对县域经济产生不利影响。特别是以省联社为一级法人组建省农村合作金融机构，将产生脱离县域经济和削弱为"三农"服务的意愿以及削弱为"三农"服务能力的问题。以省联社为一级法人组建农村金融机构，也将背离"三农"的性质和定位，特别是与中央一号文件提出的"保持农村信用合作社等县域农村金融机构法人地位和数量总体稳定"的原则相悖，实际上这一路径已经不具备政策持续性，是走不通的。

二是省联社与基层联社目前存在公司治理机制"倒置关系"。省联社自成立以来，实际上扮演着基层联社与农村合作（商业）银行的行政管理者角色，类似于集团公司跟下属企业的关系。由于它是一个行政管理机关，与县联社独立法人的关系难以相容，公司治理结构与组织职能不匹配。按照正常的公司治理机制逻辑，省联社的高管应该由股东任命，但目前省联社的高管由省政府按干部体制任命考核，作为独立法人的县域农信社的高管又由不是法人的省联社任命，并由省联社考核、调动，这不符合公司治理机制的要求。另外，省联社虽然不是法人机构，但对县域法人机构农信社的人、财、物和信贷权过度管理，干预正常的县域农信社的合理经营和市场开拓，在一定程度上制约了县域金融的活力。

三是省联社组织性质定位的模糊。社员合作与组织自治是农信社的性质与内核，省联社是行政机构，不是农村信用合作组织，但它对基层联社的管控权力又非常强，使得农信社又多了一层外壳即集团公司架构。省联社主体特征和职能定位应该是由县区级农村金融机构自愿入股组成省联社法人，经省政府授权，在省政府领导下负责行使对省内农村合作金融机构的各项服务和管理职能。但目前各地省联社基本在同时扮演多重角色：地方政府主管部门、行业协会、经营性机构、民间合作组织。由于定位不清、职能过多，省联社在实际运行中一个角色都没有完全扮演好。

四是进一步完善省联社服务体系和框架，突出省联社的服务职能。应该看到，作为省政府的县域农村金融管理机构，省联社在农村金融发展中的作用是不容忽视的。"十四五"时期，可以考虑在尊重省联社历史地位的前提下，将省联社行政管理权移交给地方监管机构，充分发挥省联社的公共服务职能。这样，可以改变目前县域农信社管理方面的多方利益博弈，进一步释放县域农信社的自主创新能力。同时，省联社主要为县域农村信用社向政府、人民银行和银保监会等管理机构充分反映基层农信社的诉求。省联社的职能由管理职能转为服务职能，可以弱化地方政府对农信社的干预。省联社服务职能的发挥，可以促进县域经济发展和县域金融发展，并且进一步促进县域农信社更好地为"三农"服务。

五是省联社要将推进金融科技应用作为主要服务职能。中央提出"支持市县构建域内共享的涉农信用信息数据库，用 3 年时间基本建成比较完善的新型农业经营主体信用体系"。县域农村信用社，由于技术、人才与资源的先天不足，很难提升金融科技的应用水平。金融科技是未来县域农信社壮大发展的核心动力和核心竞争力，但我国大部分农信机构金融科技实力弱小，金融科技发展水平低下，特别是数字化转型中的各种成本无法承受。因此，省联社要充分发挥其服务职能，按照中央要求"支持市县构建域内共享的涉农信用数据库"，积极推进数字化平台建设，帮助辖内农信机构搭建信息数据库平台系统，提升农信社的数字化能力和征信能力，最重要的是帮助域内县级联社聚集金融科技人才，这是未来县域农村信用社提高竞争力的根本；要帮助县域农村信用社加大金融科技的应用力度，提升县域农信社金融科技应用水平和服务水平。按照中央要求，省联社要要在"十四五"时期，负责搭建全省农村大数据平台和信用征信管理平台，将省内各种信息资源统一调配综合使用，进一步减少农村信用社经营管理的风险。通过构建和完善省联社服务县域农村信用社等金融机构省域网络和平台，强化省联社的服务能力。

六是将省联社转型为行业服务与自律组织。"十四五"时期，通过改革与转型，将省联社转型为县域农村信用社服务的行业自律组织。为了促进县域农信社发展，首先，要做好全省农村信用社有关金融数据的统计汇总工作，为县域农村信用社开展业务提供数据支持。同时，将省内有关工农业以及商业、服务业发展的数据建成完整数据包和数据平台，为农村信用社发展提供大数据支持。其次，为全省农村信用社提供人才培训和新业务、新技术培训支持。发挥省联社人才素质较高以及联系较广的优势，帮助县域农信社提高业务水平，通过培训提高竞争力。再次，省联社通过行业自律机制，约束县域金融机构的业务行为，防止无序竞争、违规行为的出现以及风险问题的解决。最后，通过省联社自律机制，向监管部门以及政府有关部门集中反映县域农村联社在经营管理以及业务发展中遇到的突出问题和矛盾，并帮助协调解决。

3.6.4 保持县域农村金融机构法人地位和数量总体稳定

从我国对农信社体制进行改革的进程看，目前已经具备 2021 年中央一号文件所要求"保持农村信用合作社等县域农村金融机构法人地位和数量总体稳定"的基本条件。第一，产权制度改革基本完成。以县（市）为单位统一法人的股权改造基本结束，保持县域法人地位不变。第二，建立健全了"三会一层"的法人治理结构，初步形成了激励约束相结合和相互制衡的决策机制，信息披露和社会监督得到加强，基本上解决了内部人控制问题。第三，经营管理机制持续转换。推动建立现代农村金融企业制度。农村信用社精细化管理水平明显提升，农村金融主力军地位进一步巩固。人力资源结构有所改善。经过多年人才培养、引进和优化措施，员工整体素质不断提高。第四，系统性风险基本化解。信用社亏损面大幅缩减，高风险机构数量大幅缩减，历年亏损挂账大幅缩减，绝大多数省份全面消化了历年亏损挂账，不良贷款大幅缩减且符合监管指标，资本充足率大幅提升（达到监管指标），盈利状况大幅改善。第五，支农服务能力显著提升。县域服务覆盖范围最广，县域贷款投放最多。全国农村信用社涉农贷款余额占全国银行业总额的近三分之一，是"三农"尤其是广大农民获得贷款支持的主渠道，发挥贴近"三农"的优势，探索创新推出了一大批低成本、可复制、易推广的金融产品和服务模式，农村贷款难、贷款贵和贷款不方便等问题得到一定缓解。第六，逐步实施了与商业银行统一的审慎监管制度、标准和方法。建立了主要监管指标分层监测预警制度，金融监管的针对性、前瞻性和有效性显著增强。在此基础上，按照中央一号文件的要求，完全可以做到保持农村信用合作社等县域农村金融机构法人地位和数量总体稳定。

3.6.5 加大县域农信社机制体制改革力度应采取的措施

一是继续完善现代县域农信社产权保护机制。2021 年中央一号文件明确指出，坚持为农服务宗旨，持续深化农村金融改革。完善涉农金融机构治理结构和内控机制。建立产权保护机制，就是坚持为农服务宗旨的要求。建立新型的县域农村金融机构产权保护体制，是完善农村金融体系的重要基础。县域农信机构产权改革的核心是县域农村信用社产权的保护。今后不论各地是否建立农商银行等新型金融机构，都必须要维护县域农信社的产权所有者的合法权益，发挥"三农"所有者在法人治理中的核心作用。

二是完善农信机构的法人治理结构。按照 2021 年中央一号文件提出的"完善涉农金融机构治理结构和内控机制"的要求，进一步完善县域农信社相互制衡的公司治理结构。充分发挥股东代表大会、董事会、监事会各自不同的作用，建立完善的内部组织制度，形成有效的激励约束机制，进而提高农信社的支农绩效和经营绩效。对于已经成功改制的农村商业银行，可以引入国有资本，在治理结构较为完善的基础上再次升级。同时，运用大数据、人工智能等数字技术健全内部管理体制，保证农商银行能够稳定发展。

三是通过地方专项债补充农村中小银行资本。2020 年 7 月国务院常务会议提出，着眼增强金融服务中小微企业能力，允许地方政府专项债合理支持中小银行补充资本金。此后广东、山西、浙江、辽宁等地纷纷发行专项债用于补充中小银行资本。专项债的发行体现了地方监管部门对多渠道补充中小银行资本作出的探索，有助于推动中小银行聚焦小微民营企业服务，提升服务实体经济能力。根据相关统计，截至 2021 年 9 月末，中小银行专项债最终发行 2064 亿元，略高于 2000 亿元的计划额度，其中用于支持农信社、农商银行、农村合作银行的项目 266 个，金额共计 1312.68 亿元。在农村中小银行资本补充压力增大、资本补充能力受限的背景下，政府专项债能够增强部分机构资本厚度，完善其资本结构和质量，提升中小银行支持实体经济的能力并化解部分机构存量风险。

四是因地制宜，推动不同形式的县域农信社以不同组织形式发展。由于我国地区经济发展不平衡，各地金融发展水平也呈现出显著的差异，不同地区县域农信机构进行体制机制改革时，必须考虑本地区是否具有相应的改革条件。按照 2021 年中央一号文件"推动农村金融机构回归本源"的精神，坚持农村金融机构回归为"三农"服务的本源，可以以不同的组织形式发展。例如，在沿海发达地区和大中城市郊区，可以进行股份制改造，组建农村商业银行、农村合作银行等类银行机构。在不偏离支农业务的情况下，可以进行商业性信贷业务。而在中西部欠发达地区，要继续完善县级法人体制，全力支持当地农村经济发展。

五是进一步扩大县域农信社的创新自主权。以 2021 年中央一号文件提出的"坚持为农服务宗旨，持续深化农村金融改革""做好监督管理、风险化解、深化改革工作"为指导原则，监管部门以把握大方向和防止风险出现为主，监管制度措施应有利于提高金融中介的效率和有效性，增加农村金融服务供给；按照"加大对机构法人在县域、业务在县域的金融机构的支持力度，推动农村金融机构回归本源"的要求，对县域农信社的功能定位监管是最为重要的，监管的重点是看其是否偏离了"三农"方向，是否增强了服务"三农"的能力。从监管的措施看，一切措施都要有利于增强县域农村金融机构抵御风险的能力，有利于农村金融市场的稳定运行，防止过度监管导致农信社过度竞争和逆向选择问题。监管部门对农信机构的创新与发展，既要有一些基本的标准，也要给当地经营主体留有一定的空间，应根据当地农村金融发展的实际情况，给予基层农信机构充分的创新自主权。

六是不断提高人才素质，加大农信社金融科技应用和创新力度，打造新型农村金融机构。要尽快改进和提升农信社人才素质。未来提高农信社竞争力的根本在人才，必须减少近亲现象，招收合格的大学毕业生和研究生，引进急需的专门人才，促使人才水平进一步提高，人才结构进一步合理。要加快农信社金融科技的改造和应用，采取一切措施，使农信社金融科技水平与其他银行类金融机构拉平。特别是要推动农信社数字化转型，提升县域农村信用社的金融科技竞争力，提升农信社的数字化金融服务能力。

本章参考文献

[1] 杜金富，张红地. 我国金融精准扶贫模式与困境突破 [J]. 中国农村金融，2019 (6)：49-51.

[2] 周林洁，傅帅雄. 新时期金融服务在推进乡村振兴中的作用研究 [J]. 金融发展研究，2022 (2)：68-73.

[3] 谢华章. 保险业服务乡村振兴战略思考 [J]. 中国保险，2022 (4)：56-58.

[4] 曾刚. 农信社改革的逻辑与深化路径 [J]. 银行家，2020 (7)：11-14.

[5] 农信社改革发展大事记 [J]. 中国农村金融，2019 (19)：39.

[6] 王铸乐. 农信社改革发展问题探究 [J]. 山西农经，2021, (22)：187-189.

[7] 谢晶晶. 2022："一省一策"加快推进农信社改革 [N]. 金融时报，2022-02-07 (008).

[8] 周萃. 因地制宜深化农信社改革 [N]. 金融时报，2022-01-06 (010).

第4章 向乡村振兴转变的金融支持政策工具与产品创新

4.1 创新乡村振兴货币政策工具

4.1.1 扶贫再贷款创新

支农再贷款是中国人民银行在农村金融改革过程中为了促进改善农村金融服务、支持农村信用社扩大涉农信贷投放而实施的一项重要政策措施。1996年，全国农村信用社与中国农业银行脱离行政隶属关系，自此农业银行不再向农村信用社提供支持资金[①]。与此同时，由于地域因素、金融风险等多方面的影响，县域金融服务和涉农信贷需求与农村信用社资金不足的矛盾日益突出。为了支持扩大涉农信贷投放，引导增加农户贷款，促进改善农村金融服务，经国务院批准，中国人民银行从1999年开始办理支农再贷款业务。经过多年的发展，其内涵与外延不断突破，逐步发展成为中国人民银行支持农村金融发展的重要工具。

2016年3月，为了贯彻落实党中央、国务院关于脱贫攻坚的重要战略部署，加大金融扶贫力度，引导地方法人金融机构扩大对贫困地区的信贷投放，降低社会融资成本，根据中国人民银行、发展改革委、财政部、银监会、证监会、保监会、扶贫办联合印发的《关于金融助推脱贫攻坚的实施意见》，中国人民银行决定在支农再贷款下设立扶贫再贷款，要求地方法人金融机构将借用的扶贫再贷款资金全部用于发放贫困地区涉农贷款，并结合当地建档立卡的相关情况，优先支持建档立卡贫困户，积极推动贫困地区发展特色产业和贫困人口创业就业，促进贫困人口脱贫致富，扶贫再贷款实行比支农再贷款更为优惠的利率，重点支持贫困地区发展特色产业

[①] 刘营军. 中国农业政策性金融之需求和市场化改革路径研究 [D]. 南京：南京农业大学，2011.

和贫困人口创业就业①。

扶贫再贷款是中国人民银行为引导贫困地区地方法人金融机构扩大贫困地区信贷投放，优先和主要支持带动贫困户就业发展的企业（含家庭农场、专业大户、农民合作社等经济主体）和建档立卡贫困户，积极推动贫困地区发展特色产业和贫困人口创业就业，促进贫困人口脱贫致富，而对其发放的再贷款。

（一）概况

（1）发放对象。扶贫再贷款的发放对象为中国人民银行、财政部、银监会、证监会、保监会、扶贫办、共青团中央联合印发的《关于全面做好扶贫开发金融服务工作的指导意见》中确定的 832 个贫困县和未纳入上述范围的省级扶贫开发工作重点县行政区域内的农村商业银行、农村合作银行、农村信用社和村镇银行等四类地方法人金融机构②。

（2）贷款期限。扶贫再贷款期限设置 3 个月、6 个月和 1 年三个档次，人民银行分支机构根据地方法人金融机构当地的金融助推脱贫攻坚资金需求，合理确定扶贫再贷款发放期限。扶贫再贷款合同期限最长不得超过 1 年，累计展期次数最多可达 4 次，实际借用期限最长可达 5 年。

（3）贷款利率。人民银行对扶贫再贷款实行比支农再贷款更为优惠的利率，并限定金融机构运用扶贫再贷款资金发放贷款的利率上限。目前，扶贫再贷款利率分别为 3 个月 1.45%、6 个月 1.65%、1 年 1.75%，金融机构运用扶贫再贷款资金发放的贷款利率不得超过中国人民银行公布的 1 年内（含 1 年）贷款基准利率。

（4）规范管理。扶贫再贷款实行"限额管理、精准扶贫、设立台账、成效评估"的管理原则。人民银行加强对运用扶贫再贷款资金发放贷款的台账管理以及对扶贫再贷款资金投向、用途、数量、利率等的监测分析和评估考核，健全扶贫再贷款政策的正向激励机制，以提高扶贫再贷款政策效果。为了进一步完善扶贫再贷款管理运用，2017 年上半年，在河南、云南开展优化运用扶贫再贷款发放贷款定价机制试点，支持试点地区地方法人金融机构按照保本微利、商业可持续原则，综合考虑发放贷款的成本和贷款对象的风险状况等因素，合理确定运用扶贫再贷款资金发放的贷款利

① 刘潇. 贫困户小额信贷需求及其影响因素研究 [D]. 重庆：中共重庆市委党校，2019.
② 李海楠. 吕梁市金融扶贫的成效、问题与对策研究 [D]. 保定：河北大学，2018.

率，提升贷款利率的科学定价水平。2018 年 9 月，在前期试点的基础上，又将优化运用扶贫再贷款发放贷款定价机制试点范围扩大到 12 个省份，进一步发挥扶贫再贷款的引导作用①。

（二）现状分析

近年来，人民银行贯彻落实党中央、国务院决策部署，健全金融精准扶贫政策体系和组织体系，动员金融系统不断加大对贫困地区支持力度。脱贫攻坚战以来，截至 2021 年 7 月 13 日，扶贫小额信贷累计发放 7100 多亿元，扶贫再贷款累计发放 6688 亿元，金融精准扶贫贷款发放 9.2 万亿元，有力支持了脱贫攻坚战取得全面胜利。

（三）扶贫再贷款使用率偏低的原因

（1）对金融扶贫工作重要性的认识不深刻，政策贯彻传达不到位。有的单位收到上级文件和任务后，没有召开会议研究商议并贯彻落实，也没有结合地区实际情况，提出明确的组织实施办法，而是简单地将文件翻印给各金融机构草草了事；有的单位将相关文件以邮件形式发给金融机构相关经办人员，没有按公文流程进行传递，安排布置金融扶贫工作缺乏严肃性②。

（2）主管部门执行扶贫再贷款管理政策不够严格。一是存在扶贫再贷款展期的期限超过借款合同期限现象。二是存在超过规定期限未发放的扶贫再贷款资金未及时收回现象。

（3）金融机构执行金融扶贫再贷款管理制度不规范。这主要表现在：一是金融机构未按要求报送台账。二是贷款农户随意变更扶贫再贷款的用途。调查发现，部分农户将小额扶贫再贷款用于借新还旧和非生产经营性支出。三是运用央行资金发放扶贫再贷款的利率高于规定的利率。

（4）地方政府相关部门协调配合不到位。一是财政支持奖励政策受地方财力约束，执行不到位。根据政策，金融机构发放基准利率的扶贫小额信贷可以享受县级政府给予不低于贷款金额 2% 的奖励。二是政策宣传不到位，增加了金融机构扶贫贷款清收难度。部分地方政府工作人员为了尽快

① 孙梓淇. 精准扶贫背景下 P 农商行扶贫贷款风险分析与对策 ［D］. 南京：南京农业大学，2019.

② 车璐佳. 对制约金融扶贫再贷款实施效果因素的分析与建议 ［J］. 经济研究导刊，2020（22）：38-39.

完成精准扶贫小额贷款投放任务，在宣传小额扶贫再贷款时出现偏差，将其误导为民政救济金，不需支付利息，甚至不需还本，一定程度影响到金融扶贫政策在基层的实施，造成金融机构后期收息收贷难。三是金融扶贫信息共享不足。

（四）扶贫再贷款使用率偏低的解决方法

（1）加强国家信贷政策宣传，提高农民对开办扶贫再贷款的认知度。各级人民银行和地方法人金融机构要积极宣传人民银行开办扶贫再贷款的目的、意义、发放对象及政策界限，让广大农民群众全面地了解国家开办扶贫再贷款业务的政策意义，做到既让贫困户真正得到了实惠，又维护了农村金融市场秩序。

（2）推广完善"政银企户保"模式。现阶段，沧州辖内已建立了扶贫小额信贷风险补偿机制，推动了 7 个贫困县成立风险补偿基金，与 12 家金融机构签订了金融扶贫风险补偿协议，存入补偿金 2.1 亿元，对违约风险进行抵补，但尚未对融资成本更低的扶贫再贷款建立风险补偿机制。当前，应积极推广完善隆化县首创的"政银企户保"模式。所谓"政银企户保"，主要是指由政府创设风险补偿基金并存入银行，增加银行的营业收入，提高其扶贫再贷款资金发放意愿，当"企""户"发生违约时，由保险公司与政府、银行按一定的比例共同承担贷款风险，多方联动，形成合力，解决银行的后顾之忧，使涉农企业和贫困户真正受益。

（3）建立政府贴息、利润补偿机制。政府应加大贴息、补偿力度。据悉，湖北黄冈政府对扶贫再贷款进行全贴息，对利率为 8%的精准扶贫再贷款贴息 5%，效果较好。同时，政府可在银行发放一定额度的扶贫再贷款后，在其他政府工程项目上，保证在该金融机构进行适度比例融资，或将部分地方财政存款优先存入该金融机构，以补偿其利润损失。

（4）企业与贫困户扶贫再贷款额度互通。打通建档立卡贫困户与涉农企业的再贷款额度通道，鼓励企业招聘贫困户为员工，通过"银企户"三方协议，允许企业借用贫困户员工的扶贫贷款生产经营，同时承担贫困户的还款主体责任，既有效解决了涉农企业担保、抵押不足的问题，也提升了贫困户就业的可能性。对于和贫困户签订农产品长期收购合同的企业，要提高扶贫再贷款的发放优先级，延长其还款期限，使贫困户手中的贷款有项目可做，增加直接收入来源，实现精准扶贫，解决对建档立卡贫困户支持较少的现状。

（5）加大精准扶贫的市场对接。银行业金融机构要深入农户一线，开展深入调查，辨认确定困难问题，精准识别困难程度，把准看透贫困原因，将农户信用信息和扶贫信息结合使用，以信用评级联系精准扶贫，精确投放信贷资金，大力提升资金使用效率，真正做到"对象精准、应贷尽贷"，有效实现信贷资金对金融扶贫的精准滴灌①。同时，还应大力开展扶贫金融产品创新，将龙头企业、合作社、贫困户的贷款融资与产业融合、就业有机结合，解决当前扶贫再贷款创新不足与贫困人口需求不相适应的问题。

金融监管部门应侧重考核，改善激励机制。在宏观审慎评价中，应对发放扶贫再贷款的金融机构进行加分，对未申请扶贫再贷款的金融机构进行扣分。同时，对于因发放扶贫再贷款而新增的不良贷款率，应提高容忍度，或只作为宏观审慎体系中的参考项，不予扣分。人民银行应协调地方政府，利用多种渠道，加大对金融机构的宣传力度，扩大其商业美誉度、潜在客户挖掘度，提高社会效益向商业效益的转化率。此外，还要及时制定小额扶贫信贷尽职免责指导意见，切实提高信贷人员办理贷款的积极性。

（五）政策因素分析

（1）扶贫再贷款适用范围狭窄。当前，扶贫再贷款的发放对象仅限于全国832个贫困县和未纳入上述范围的省级扶贫开发工作重点县行政区域内的农村商业银行、农村合作银行、农村信用社、村镇银行等四类地方法人金融机构。此项政策限制存在两方面问题：一是非重点贫困地区贫困人口无法享受扶贫再贷款优惠政策。这些地区虽能享受支农再贷款政策的支持，但两者利率上限相差2.9个百分点。二是重点贫困地区各类金融机构不同程度涉足金融扶贫业务，而扶贫再贷款支持对象为国家级贫困地区地方法人金融机构，导致非法人金融机构，如农业银行、邮储银行等的分支机构不能够享受扶贫再贷款优惠政策，形成"身份歧视"②。

（2）扶贫再贷款合格抵押品不足。自2019年起，扶贫再贷款原则上采取质押方式发放，而贫困地区地方法人金融机构资产业务相对单一，持有的证券资产多为短期投资品种，且数量较少，信贷资产则以自然人贷款居多，致使其质押品规模相对于扶贫再贷款需求明显不足，限制了扶贫再贷

---

① 么时曾，刘亚平．关于金融扶贫工作开展情况的调查——以双鸭山市为例 [J]．黑龙江金融，2019（5）：52-54．

② 张岳鹏．利率市场化对宁夏固原市县域金融市场的影响 [D]．西安：西北农林科技大学，2016．

款的申请与发放①。

（3）"扶贫再贷款+扶贫小额信贷"模式存在短板。一是两类贷款期限错配。扶贫再贷款发放期限最长为一年，而金融机构运用扶贫再贷款资金发放的扶贫小额信贷95%是在二年以上，政策规定与实际需求不匹配。二是配套的财政政策执行不到位，部分贫困地区在扶贫贷款方面，给予合作银行风险补偿比例不足，且对发放扶贫小额信贷金融机构的奖补政策落实不到位，影响了金融机构发展扶贫小额信贷的积极性。

（4）金融扶贫优惠政策有待完善。一是奖励政策过于强调增投，对于涉农贷款基数大、长期信贷投向"三农"的金融机构来说，不利于调动其积极性。二是农业保险产品供给单一，保险产品设计不尽合理，严重影响农户投保的积极性②。

（六）探索性建议

（1）适度开发、引入信用衍生类产品，如在全球交易最广泛的场外信用衍生品"信用违约互换"（Credit Default Swap，CDS）。CDS是指在一定期限内，买卖双方就指定的信用事件进行风险转换的合约，又称为"贷款违约保险"。其天生符合扶贫再贷款的要求。

（2）银行为发放的扶贫再贷款进行投保。允许保险公司将担保的扶贫再贷款债券化，根据信用评级，打包成分级理财产品，面向其他银行、保险公司、风险基金出售，能够将扶贫工作引入全社会，撬动更多的扶贫资金，既可以用来覆盖违约风险，补充现行单一的担保和补偿机制，也可以用来减轻金融机构的审核和违约成本。

（3）扩大扶贫再贷款的适用范围。一是进一步放宽扶贫再贷款的地域限制，扩大到所有省级贫困县。二是进一步放宽扶贫再贷款机构限制，在现有基础上扩大到农业发展银行、农业银行、邮政储蓄银行等金融机构，鼓励更多的涉农金融机构投入金融助推扶贫攻坚的工作。

（4）提升扶贫再贷款的政策普惠性。一是实行更为优惠的扶贫再贷款利率政策。结合县域信贷投放增量考核机制，对涉农贷款比例逐年提高的金融机构实行扶贫再贷款利率优惠的奖励政策。二是实行更为灵活的扶贫再贷款期限政策，比如，将扶贫再贷款的期限从现在的最长一年期调整为

---

① 康峰. 扶贫再贷款政策执行瓶颈 [J]. 中国金融，2017（19）：100.
② 刘辉. 财政支持普惠金融发展存在问题与建议 [J]. 西部财会，2014（11）：49-52.

三年期，增加扶贫再贷款的期限。

（5）改善扶贫再贷款的外部环境。一是加强金融产品和信贷模式创新，满足贫困农户的资金需求，不仅仅局限于现有的扶贫小额信贷。二是完善财政贴息政策。加大财政贴息力度，降低贫困地区的小额扶贫贷款成本[①]。

（6）优化扶贫再贷款绩效评价。完善扶贫再贷款考核评价体系，将金融机构运用扶贫再贷款发放扶贫贷款的情况纳入人民银行货币政策实施效果或普惠金融建设考核评价体系。

4.1.2　支农再贷款创新

支农再贷款是人民银行为引导地方法人金融机构扩大涉农信贷投放，降低"三农"融资成本，对其发放的信贷政策支持再贷款[②]。对于不适用扶贫再贷款的地区，人民银行通过支农再贷款对接当地金融助推脱贫攻坚资金需求，积极引导上述地区的地方法人金融机构运用支农再贷款资金优先支持当地扶贫部门提供的带动贫困户就业发展的企业和建档立卡贫困户，并在涉农贷款台账中对其单独标识和统计[③]。

（一）概述

（1）发放对象。支农再贷款的发放对象主要是农村信用社、农村合作银行、农村商业银行和村镇银行四类地方法人机构。申请使用支农再贷款需要满足宏观审慎管理要求，内部管理制度健全，资产质量和财务状况良好，本外币涉农贷款比例达标（目前为 50%）等条件。

（2）贷款期限。支农再贷款期限设置 3 个月、6 个月、1 年三个档次，人民银行分支机构根据当地的农业生产周期和涉农产业发展情况，合理确定支农再贷款发放期限。单笔支农再贷款展期次数累计不得超过 2 次，实际借用期限不得超过 3 年。目前，三个期限档次支农再贷款对应的执行利率分别为 2.45%、2.65%、2.75%[④]。

（3）其他规定。为提升支农再贷款资金使用效率，人民银行规定地方法人金融机构应在借用的支农再贷款资金到账后 1 个月内，完成涉农贷款发放工作，超过规定时限仍未发放完毕的资金将予以收回，同时规定地方法

① 李罕.河北省扶贫小额信贷问题研究［D］.石家庄：河北师范大学，2017.
② 高文君.广西村镇银行发展问题研究［D］.南宁：广西大学，2018.
③ 李晓丹.枣庄市金融扶贫政策研究［D］.北京：中国矿业大学，2019.
④ 伍思弘.G 农村商业银行参与金融扶贫的问题与对策研究［D］.广州：暨南大学，2020.

人金融机构在借用支农再贷款期间，累计发放的涉农贷款金额不低于借用的支农再贷款金额。

（二）现状

支农、支小再贷款利率曾于 2020 年 2 月下调过一次。2020 年 2 月 26 日，中国人民银行宣布在前期已经设立 3000 亿元疫情防控专项再贷款的基础上，增加再贷款、再贴现专用额度 5000 亿元，同时下调支农、支小再贷款利率 0.25 个百分点至 2.5%。

2020 年 7 月，中国人民银行再度调整再贷款、再贴现利率。其中，支农再贷款、支小再贷款利率下调 0.25 个百分点。调整后，3 个月、6 个月和 1 年期支农再贷款、支小再贷款利率分别为 1.95%、2.15% 和 2.25%。

此外，2021 年 9 月，为加大对中小型企业纾困帮扶力度，中国人民银行新增 3000 亿元支小再贷款额度，计划在 9 月至 12 月以优惠利率发放给符合条件的地方法人银行。采取"先贷后借"模式以确保再贷款政策的精准和直达作用，支持地方法人银行向小微企业和个体工商户发放贷款。2021 年 12 月 7 日，中国人民银行网站挂出的再贷款、再贴现利率表显示支农、支小再贷款即日起下调 0.25 个百分点，下调后 3 个月、6 个月、1 年期再贷款利率分别为 1.7%、1.9%、2%。此外，金融稳定再贷款利率为 1.75%，再贴现利率为 2%。

从量上来看，截至 2021 年 9 月末，支农和支小再贷款余额约为 1.47 万亿元；从价方面看，下调支农、支小再贷款利率有助于降低中小银行的资金成本，进而引导中小银行降低"三农"和小微企业贷款利率，更好地发挥货币政策"精准滴灌"和"直达实体经济"的作用。

4.1.3　支小再贷款创新

支小再贷款是人民银行贯彻落实国务院部署，于 2014 年 3 月设立的专项用于金融机构扩大小微企业信贷投放的货币政策工具，用于引导降低小微企业融资成本，促进实体经济平稳增长[1]。

（一）概况

（1）发放对象。支小再贷款的发放对象主要是小型城市商业银行、农

---

① 邹萌芝. 中期借贷便利工具的市场利率调节效应研究 ［D］. 长春：吉林大学，2020.

村商业银行、农村合作银行和村镇银行四类地方法人金融机构。贫困地区的地方法人金融机构可以利用人民银行支小再贷款资金加大对带动贫困户就业发展相关企业的信贷投放力度。

（2）发放条件。支小再贷款的发放条件为符合宏观审慎管理要求，财务状况健康，且 2021 年末本外币小微企业贷款（含个人经营性贷款）比例达标（目前为不低于 30%）。支小再贷款全部采取质押方式发放，质押品主要是高等级债券及合格信贷资产①。

（3）贷款期限。支小再贷款期限设置 3 个月、6 个月、1 年三个期限档次，利率由人民银行根据执行货币政策的需要在贷款基准利率的基础上加点确定。截至 2021 年 12 月末，三个期限档次支小再贷款对应的利率分别为 1.7%、1.9%、2%。

（二）政策建议

地方银行系统和金融机构要对标国务院和人民银行总行政策要求，进一步加大对小微企业和个体工商户的金融支持力度，稳住市场主体、稳住就业，保持经济平稳运行。要结合地方实际，紧紧围绕产业链、供应链、乡村振兴等领域的中小微企业和个体工商户等市场主体，尽快排查融资需求，精准测算支小再贷款工具的需求额度，积极对接使用支小再贷款工具，重点支持地方法人银行对中小微企业和个体工商户发放贷款。要结合区域产业发展实际，创新"支小再贷款+供应链金融""支小再贷款+科技型企业贷款""支小再贷款+乡村振兴金融服务"等多种模式，充分发挥支小再贷款的定向引导、精准滴灌作用。要严格支小再贷款台账管理，做好台账审核，适时跟踪工具使用情况，加强政策效果监测评估，确保贷款投向真实合规，防止央行资金"跑冒滴漏"。

一是做好"支小再贷款+供应链金融"融合文章。为切实发挥好货币政策工具的结构性引导作用，撬动信贷资源向重点产业链、制造业产业集群倾斜，缓解链上中小微企业融资难题，地方银行可以推出优势产业链融资再贷款、再贴现专项支持计划，对支持产业链供应链、制造业产业集群核心企业及配套中小微企业成效突出的主办银行，在再贷款、再贴现上给予优先支持、开辟绿色通道。

---

① 中国人民银行南通市中心支行课题组，赵美华．农村金融机构经营绩效评价及其影响因素研究——以南通地区为例［J］．金融纵横，2016（10）：72-84.

二是做好"支小再贷款+科技型企业贷款"融合文章。为了支持金融机构加大对科技创新领域民营和小微企业的信贷投放，每年安排再贷款、再贴现专用额度，创新知识产权质押融资等信贷产品，发放优惠利率贷款；同时，对科技型小微企业再贴现优先办理，开辟绿色通道，对符合支小再贷款要求的贷款及时给予报账。

三是做好"支小再贷款+乡村振兴金融服务"融合文章。应重点针对乡村振兴重点帮扶县、县域特色产业、新型农业经营主体等领域，推动多种"再贷款+"模式创新，发挥好货币政策工具的激励引导作用，推动金融机构加大涉农、小微企业、个体工商户贷款投入，降低综合融资成本，支持脱贫攻坚与乡村振兴有效衔接。

4.1.4 再贴现工具创新

再贴现是中央银行对金融机构持有的未到期已贴现商业汇票予以贴现的行为。人民银行通过再贴现工具引导金融机构扩大涉农行业和县域信贷投放。再贴现工具的运用对金融机构扩大贫困地区企业票据融资提供了资金支持。目前，人民银行办理再贴现的利率为2%，期限最长为6个月。在业务操作方面，为确保再贴现工具的使用效果，人民银行对农副产品收购、储运、加工、销售环节的票据，农业生产资料生产经营企业签发、收受的票据以及县域金融机构和中小金融机构法人承兑、持有的票据予以优先办理，按季度进行考核；同时规定金融机构办理再贴现的涉农或县域企业票据贴现利率应低于该机构同期同档次贴现加权平均利率，引导降低"三农"领域融资成本。

为了加强再贴现工具的效果及其在扶贫过程中起到的正向反馈，应该做到以下几点：

（1）配合使用数量型与价格型手段，增强再贴现政策利率弹性。建议增强再贴现利率与其他市场利率、其他货币政策工具利率的联动性，改变目前票据市场上票据贴现和转贴现利率由市场决定、再贴现利率长期不变的价格双轨制局面①。参考货币市场的其他子市场的资金供求状况和其他影响再贴现的因素，引导再贴现利率与货币市场利率之间，与贴现利率、转贴现利率之间的利差在合理的范围内波动，构建合理、高效的再贴现利率

---

① 黄海洋. 再贴现政策工具传导效果、问题及建议——以黑龙江省为例 [J]. 黑龙江金融，2019（6）：15-18.

生成机制，从而充分发挥再贴现利率在票据市场利率形成中的信号作用和引导作用①。

（2）加快发展商业承兑汇票，适当放宽商业承兑汇票再贴现政策标准。一是探索建立和完善商业承兑汇票资信和增信机制，降低票据市场信息不对称的风险，如根据商业承兑汇票出票人、承兑人资信情况进行评级，针对等级不同适当进行增信，以此保证票据市场上的信用状况，推动商业承兑汇票的发展，使票据市场发展更加壮大且良性循环。二是加大再贴现支持，引导商业承兑汇票量的上升和贴现价格在合理范围内下降，增强再贴现政策在商业信用层面的传导效果。三是对于符合产业政策、信贷政策支持范畴，且同时具有产业链、供应链票据融资特点的商业承兑汇票，可考虑将再贴现政策工具作为支持特定领域、行业、企业的重要手段，达到再贴现政策服务实体经济的目的。

（3）关注金融机构类型特点对再贴现政策传导效果的影响。一是合理配置再贴现资金在不同类型金融机构间的占比，同时在再贴现授信、办理环节应根据金融机构类型特点加以区别对待。二是建议针对某些类型金融机构限定办理再贴现票据的最低贴现利率标准。如对中资大型商业银行进行再贴现支持的同时，应防止金融机构为办理再贴现业务，而在票据贴现利率定价上恶意竞争行为。对服务某一领域、某一行业或集团的地方法人银行或财务公司，也应限定最低票据贴现利率水平，防止其利用关联企业进行票据空转和套利。三是应适当调低再贴现支持的准入门槛，以票据市场化特点为基础，原则上凡是具有合格票据市场化交易资格的机构均可适当给予再贴现政策支持。这不仅可以扩大再贴现政策的影响范围，还可以调整再贴现政策的作用效果，进而增强再贴现政策的灵活性。

（4）突出效果导向，完善再贴现政策效果评价体系。一是在再贴现评估指标和方法中，将存量指标与增量指标相结合，尤其着重考察其对小微企业、民营企业、涉农企业票据融资的余额指标和增量指标，更好地发挥再贴现引导信贷结构调整的作用。二是再贴现政策在直贴、转贴票据间的分配应有所区别，尤其是对于转贴现票据的再贴现支持，既不能完全堵死，也不能无所限制。可以考虑在再贴现政策利率设置上，对直贴、转贴票据再贴现设置不同的利率水平，发挥价格导向作用。三是加强再贴现政策与产业政策、信贷政策之间的协调配合，对重点支持的领域和地区，适当放

---

① 陈宣良．我国货币市场对货币政策传导的影响研究［D］．北京：中央民族大学，2013.

松办理条件，增强再贴现政策的结构导向效果。

4.1.5 差别化准备金率创新

为鼓励县域法人金融机构加大县域信贷资金投入，进一步改善农村金融服务，人民银行会同银监会于 2010 年 9 月印发《关于鼓励县域法人金融机构将新增存款一定比例用于当地贷款的考核办法（试行）》，鼓励县域法人金融机构，特别是贫困地区县域法人金融机构将新增存款主要用于发放当地贷款①。2014 年，为落实好党中央、国务院关于加大对"三农"、小微企业等薄弱环节的金融支持力度的部署，更好地激发各类金融机构投放信贷资金的动力，人民银行通过定向降准增加金融机构的长期流动性，确保相关领域信贷资金保持合理增长水平，科学运用定向降准政策工具实施差异化引导。中部地区的山西、安徽、江西、河南、湖北和湖南，西部地区的内蒙古、广西、重庆、四川、贵州、云南、陕西、甘肃、青海、宁夏和新疆，东北地区的辽宁、吉林和黑龙江共 20 个辖区，以及东部地区的国家扶贫工作重点县和省级扶贫工作重点县的县域法人金融机构，可贷资金与当地贷款同时增加且年度新增当地贷款占年度新增可贷资金比例大于 70%（含）的，或可贷资金减少而当地贷款增加，考核为达标县域法人金融机构的，可享受低于同类金融机构正常标准 1 个百分点的存款准备金率，激励地方法人金融机构加大县域信贷资金投入②。

2014 年 6 月，为落实 2014 年 5 月 30 日国务院第 49 次常务会议精神，人民银行印发《关于定向降低部分金融机构存款准备金率的通知》，降准机构范围包括国有商业银行、股份制商业银行、中国邮政储蓄银行、城市商业银行、非县域农村商业银行、外资金融机构、财务公司等，对于符合文件规定条件的金融机构自 2014 年 6 月 16 日起降低人民币存款准备金率 0.5 个百分点。2015 年 6 月，为进一步加大金融支持"三农"和小微企业的力度，增强金融支持大众创业、万众创新能力，人民银行印发《关于定向下调金融机构存款准备金率的通知》，自 2015 年 6 月 28 日起对部分金融机构下调人民币存款准备金率。工商银行、农业银行、中国银行、建设银行、交通银行和邮储银行执行 18.5% 的存款准备金率。其中，在 2015 年初定向

---

① 黄勇．河南省县域金融支持县域经济发展的路径选择 [J]．特区经济，2011（9）：194-196.

② 蔡昉，王德文，曲玥．中国产业升级的大国雁阵模型分析 [J]．经济研究，2009，44（9）：4-14.

降准考核中，符合审慎经营要求且"三农"和小微企业贷款达到一定比例的，可执行比同类机构法定水平低 1 个百分点的存款准备金率。股份制商业银行、城市商业银行、非县域农村商业银行和外资银行执行 16.5% 的存款准备金率[①]。

2017 年 9 月，为支持商业银行发展普惠金融业务，提高金融服务的覆盖率和可得性，为实体经济提供有力支持，人民银行印发《关于对普惠金融实施定向降准的通知》，将普惠金融领域贷款范围确定为：单户授信小于 500 万元的小型企业贷款、单户授信小于 500 万元的微型企业贷款、个体工商户经营性贷款、小微企业主经营性贷款、农户生产经营贷款、创业担保贷款、建档立卡贫困人口消费贷款和助学贷款。金融机构范围包括国有商业银行、中国邮政储蓄银行、股份制商业银行、城市商业银行、非县域农村商业银行和外资银行[②]。对于符合政策规定标准的机构，分别下调人民币存款准备金率 0.5 个百分点和 1.5 个百分点。原来对县域农村商业银行、农村合作银行、农村信用社、村镇银行等机构实施的定向降准政策继续有效。普惠金融定向降准政策自 2018 年正式实施后，近 80% 的城市商业银行和近 90% 的非县域农村商业银行达到定向降准要求，释放长期资金约 4500 亿元，为脱贫攻坚提供了更加有力的资金支持。

2021 年 2 月 21 日，中央一号文件《中共中央　国务院关于全面推进乡村振兴加快农业农村现代化的意见》发布，文件指出，要坚持把解决好"三农"问题作为全党工作的重中之重，把全面推进乡村振兴作为实现中华民族伟大复兴的一项重大任务，乡村振兴被摆在社会主义现代化建设的重要位置。为此，如何进一步加大农村金融支持是金融系统面临的一项重大课题。自 2010 年开始，为鼓励县域法人银行机构将更多的信贷资金投向县域实体经济，人民银行和银监会联合发文对县域法人银行机构新增存款一定比例用于当地贷款进行考核。截至 2020 年末，该项针对县域法人银行机构的差别化存款准备金考核激励制度实行已有十余年，我国县域法人银行机构的支农力度不断加大，支农服务得到改善，但农村经济和农村金融高风险、高成本、低收益的特征，使得农村金融仍是整个金融体系的薄弱环节，农村金融供给不足、农村金融服务能力弱、农村金融风险机制不完善

① 马理，娄田田，牛慕鸿. 定向降准与商业银行行为选择 [J]. 金融研究，2015 (9)：82-95.
② 肖将. 中国建设银行 A 分行普惠金融业务服务营销策略研究 [D]. 合肥：安徽大学，2019.

等问题仍然十分突出，因此，一定比例考核制度的政策激励效果值得回顾讨论①。

（一）现行考核办法存在的问题

在《关于鼓励县域法人金融机构将新增存款一定比例用于当地贷款的考核办法（试行）》（以下简称《考核办法》）文件的实施中出现了一些困难，其具体问题如下。

（1）《考核办法》中政策的激励作用并不明显，起不到立竿见影的效果。《考核办法》规定，"达标县域法人金融机构，存款准备金率按低于同类金融机构正常标准 1 个百分点执行""达标且财务健康的县域法人金融机构，可按其新增贷款的一定比例申请再贷款，并享受优惠利率""达标县域法人金融机构，监管部门优先批准其新设分支机构和开办新业务的申请"。这样的激励对于资金比较充裕、业务经营状况较好的县域法人金融机构来说，诱惑力并不大，政策效果十分有限②。

（2）《考核办法》中的考核达标条件，没有综合考虑到货币信贷政策的影响。如货币信贷政策更多鼓励县域法人金融机构信贷投向"三农"、小微企业、大学生创业等，而且《考核办法》的初衷也是为了进一步改善农村金融服务，促进县域经济发展。但考核标准里就没有加入相应的考核条件，不能促使县域法人金融机构积极响应货币信贷政策的导向。

（3）《考核办法》第十五条规定，"鼓励地方政府根据本地区特点和自身能力，在法律法规允许的范围内对达标县域法人金融机构实施适当的激励政策"。这样的政府激励政策并不具体，配套性措施也没有任何强制性，并且人民银行和银监会也没有权力对地方政府发号施令。因此，这条规定只是劝导性规定，对于地方政府没有任何约束力，使得部分地方政府将这一激励政策束之高阁。

（4）对未达标县域法人金融机构不实施任何负面惩罚措施，这在一定程度上影响了县域法人金融机构达标的积极性，如果认为达标是无关县域法人金融机构痛痒的身外物，县域法人金融机构也就不愿努力去达标了。

---

① 谢思，李琼，李博. 差别化存款准备金制度对县域信贷投放的激励效应研究——以湖南省为例 [J]. 区域金融研究，2021（4）：49-54.
② 苏丰，托雅，袁红燕，王华平.《关于鼓励县域法人金融机构将新增存款一定比例用于当地贷款的考核办法（试行）》实施中效果因素分析及对策建议 [J]. 内蒙古金融研究，2014（5）：95-96.

（5）县域法人金融机构的社会责任意识还有待增强，营销策略有待改进。目前大多数县域法人金融机构仅将贷款作为其盈利的有效途径，并不能站在扶持"三农"、服务社会、推动经济、提高收入的战略高度去认识贷款投放问题。对于贷款的投放，更多考虑的是贷款的经济效益，对贷款的社会效益的考虑相对较少，并且过于注重贷款的风险防范，贷款投放门槛不断提高，需要提供的资料不断增加，审查项目不断丰富。由于县域中小企业、农民大多属于贷款上的弱势群体，其能够提供的收入证明、财产证明、抵押物评估证明等证明性文件极其有限，相对而言风险较大，县域法人金融机构宁可少放贷或不放贷，也不愿意贷款形成损失。"畏贷""惜贷"现象严重，社会责任意识缺失，因此也就不能深入理解和实施贷款营销策略，更不会主动深入企业、农村、商户调查掌握其资金需求量和需求规律并进行贷款投放。

（二）我国差别准备金制度的实施效果

（1）有利于解决中小微企业融资问题。

中国人民银行通过降低符合要求的县域法人金融机构的存款准备金率，增加其可贷资金，进而增强金融机构的贷款意愿，在一定程度上有利于解决中小微企业融资难、融资贵的问题，维护中小微企业日常稳定运营并及时提供一定的现金流。

（2）引导县域金融机构发展。

中国人民银行通过施行差别化存款准备金制度，促使县域金融机构放贷意愿增强，一方面会主动选择优质客户、简化贷款手续等，大大提高贷款效率；另一方面通过依法依规经营、设立不良资产处置部门和贷款风险跟踪调查等，主动加强管理、降低风险以满足央行的要求。其盈利能力、经营情况、风险情况均会发生积极变化，整体利润总额和预防风险的能力均有所提高[①]。

（3）对农信社的政策效果。

一是差别化准备金率的实施显著地增加了农信社的可贷资金，县域金融竞争力明显增强；二是揭示了农信社在享受"准备金率优惠待遇"的同时，也存在将大量资金投向银行间市场造成资金运用的"非农非贷化"问

---

① 中国人民银行榆树市支行课题组，徐加生．差别存款准备金制度：国际比较分析与现实应对［J］．吉林金融研究，2019（11）：27-29，45.

题；三是"三农"优惠政策对农信社涉农贷款的激励效应并不显著，建议进一步明确差异化准备金率的使用范畴及考核指标。

（三）我国差别准备金制度的主要缺陷

（1）存款准备金率普遍较高。

自20世纪80年代中叶开始，欧元区、美国、日本等经济体的存款准备金率都处于较低的水平。中国人民银行依据信贷政策及金融稳定的情况每年都进行存款准备金率调整，但从总体来看还是高于欧美国家。这种情况带来了一系列影响：一方面，银行之间出现不公平竞争；另一方面，这限制了金融机构创新资产结构的能力，使其仍处于在传统信贷模式当中。

（2）没有体现存款性质特征和准备金的功能要求。

美国、日本等国家均能通过不同存款性质制定不同存款准备金率，但我国对存款期限、功能性质均没有区别对待，没有建立定期、活期和存款规模大小之间的逻辑关系进而执行差别化的准备金率制度。

（3）调整差别存款准备金率的操作频率过高。

存款准备金政策在货币政策中属于强作用工具，同另外两大政策工具再贴现、公开市场操作比较，对市场产生的影响较大，所以中央银行对它的调整应该更加谨慎。像我国这样频繁调整可能会在一定程度上阻碍利率的传导，不利于货币政策框架的转变。

（4）政策激励的作用不明显，起不到真正的政策激励效果。

《考核办法》规定，达标县域法人金融机构的存款准备金率按低于同类金融机构正常标准1个百分点执行；达标且财务健康的县域法人金融机构，可按其新增贷款的一定比例申请再贷款，并享受优惠利率。对于达标县域法人金融机构，监管部门优先批准其新设分支机构和开办新业务的申请。这样的激励政策对于资金运营面比较窄、信贷规模不大、资金来源相对宽松、业务经营比较保守、在近期内没有新增设机构意向的县域法人金融机构来讲，作用相当有限[①]。尤其是对欠发达地区县域法人金融机构，在目前经济低迷、金融机构业务竞争相对激烈、业务拓展难、信贷需求有限的情况下，表现得更为突出。

---

① 于立志，宋庶民. 金融机构支持农民合作社发展的现实选择 [J]. 吉林金融研究，2011 (2)：35-37.

（5）监管部门的新规定和信贷资产质量的下滑，使地方法人金融机构的谨慎程度增加，制约了新增贷款的投放进度。

随着银行业监管部门信贷管理"三个办法一个指引"等新规定的颁布实施，以及近年来不断攀升的不良贷款余额的影响，县域法人金融机构贷款投放门槛不断提高，无论是对贷款审查项目，还是对需要贷款人提供的文书资料内容，都有了新的规定和要求，特别要求贷款人及担保人提供收入证明、家庭财产证明、抵押物评估证明等相关佐证材料，以证明贷款人及担保人的还款能力；但以上证明的取得非常不易，有的根本无法取得。这也在一定程度上制约了贷款投放的进度。

（6）借款人寻找担保人的难度增加，贷款成功率下降，新增贷款幅度缩减。

近年来，贷款担保违约和担保违约连带偿还贷款案件不断出现，使得地方法人金融机构在贷款担保人资格的审查上越来越严谨；对贷款担保人的条件要求也越来越严格[1]。一些担保人因条件达不到要求而被排除在担保人之外。除此之外，受担保违约被法院执行案例的影响较大，如果没有特殊关系，大部分人都不愿意为借款人提供担保，从而也增加了借款人寻找担保人的难度，往往因找不到合适的贷款担保人，导致地方法人金融机构贷款业务在不同程度上萎缩。

（四）政策建议

（1）加快信贷产品的创新步伐，建立健全贷款担保流程和保险机构制度。一是在目前欠发达县域法人金融机构发放的贷款中，除了农户小额信用贷款外，都需要提供充足的担保或抵押。而只有少数中小企业、商户、农户能够提供足够的担保抵押物，这大大影响了贷款的投放[2]。随着国家产业结构加大调整力度，农牧业产业化、规模化发展的步伐也随之加快，城乡一体化进程不断推进，导致县域中小企业、商户和农户的贷款需求增加，农户小额信用贷款已不能满足需求。欠发达县域法人金融机构急需创新信贷产品，应当针对其具体需求推出相应的信贷产品。二是目前欠发达地区贷款担保机构数量较少，贷款担保能力有限，且贷款担保收费较高，不能很好地为县域中小企业、商户、农牧户提供贷款担保，贷款难度较大。除

①　邓忠. 提升"造血"功能助力脱贫攻坚［J］. 当代金融家，2017（2）：118-119.
②　刘志平. 县域金融机构新增存款用于当地贷款的思考［J］. 银行家，2011（4）：126-128.

此之外，保险发展滞后也导致了贷款难度的加大，农牧业保险制度建设起步较晚。目前，除生猪养殖、小麦、马铃薯种植等简单的农业政策性保险外，没有健全的农牧业保险产品，几乎未开展商业性和农牧业保险。县域法人金融机构在发放"三农"贷款时，以上不足严重地影响了其放贷的力度。

（2）县域法人金融机构要设法加大新增存款投放当地贷款的力度。应针对欠发达地区的实际情况，尽快出台更加符合实际需要、更能调动欠发达县域法人金融机构将新增存款一定比例投放当地贷款的考核实施细则。在制定的考核实施细则中，要充分考核达标标准和条件，"将新增贷款90%以上投向符合产业政策和货币信贷政策所鼓励支持的产业或项目""县域法人金融机构新增贷款占当地银行类金融机构新增贷款的80%以上"也列入考核达标标准条件，同时加上"考核办法中可贷资金与当地贷款同时增加且年度新增当地贷款占年度新增可贷资金比例大于70%（含）""可贷资金减少而当地贷款增加"这两个条件，共计四个条件，并分别赋予一定的权重，按百分制进行打分考核。根据考核分数情况，分别给予不同的激励政策，综合考核并拉开激励差距以增强激励政策效应。这样可以调动欠发达县域法人金融机构较好地执行新增存款一定比例用于当地贷款的规定。

4.1.6 抵押补充贷款创新

2012年下半年以来，外汇占款增速放缓且波动性加大，对基础货币投放格局产生影响，中央银行流动性管理逐渐具备了从过去十余年的被动对冲外汇流入向主动管理转变的条件，货币政策调控框架也需要逐步从数量型向价格型转变。2017年2月，为落实中央经济工作会议精神，更好地发挥抵押补充贷款作为货币政策工具稳增长、惠民生，推进供给侧结构性改革的积极作用，人民银行办公厅印发了《关于进一步完善抵押补充贷款管理的通知》，完善抵押补充贷款管理模式，对抵押补充贷款实施规划管理，综合考量国家开发银行、中国农业发展银行、中国进出口银行宏观审慎评估考核结果、抵押品质量、对抵押补充贷款资金依赖程度和还款情况等因素，确定三家机构的可新增使用抵押补充贷款资金。三家机构要合理把握抵押补充贷款资金需求和使用节奏，运用资产证券化等工具，拓宽多元化融资渠道，逐步减少对抵押补充贷款资金的依赖。放开抵押补充贷款资金用途的范围由三家银行自主决定，但须报人民银行备案。该通知同时规定三家银行有低成本资金支持、直接财政补贴的政策性业务不纳入抵押补充贷款适用范围。

抵押补充贷款在 2014 年 4 月由中国人民银行创设，是经国务院批准，为支持国民经济重点领域、薄弱环节和社会事业发展，以质押方式向金融机构提供的特种贷款。抵押补充贷款作为一种新的储备政策工具有两层含义：一是在量的层面，这是基础货币投放的新渠道；二是在价的层面，通过商业银行以抵押资产从中央银行获得融资的利率来引导中期利率。人民银行根据宏观调控和实施货币政策需要，确定发放抵押补充贷款的规模和期限。抵押补充贷款实行"特定用途、专款专用、保本微利、确保安全"的原则。

（1）发放对象。抵押补充贷款的发放对象包括国家开发银行、中国进出口银行和中国农业发展银行，以及经国务院批准的其他金融机构。

（2）期限。抵押补充贷款的合同期限为 1 年，可以展期。人民银行根据宏观调控要求，结合项目进度及贷款投放收回情况、使用时间和效果评估结果等因素确定展期金额和展期次数。

（3）利率。抵押补充贷款利率由人民银行根据经济增长、通胀水平和总供求情况等因素综合确定，并适时作出调整。三家政策性银行根据保本微利的原则，合理确定运用抵押补充贷款资金发放贷款的利率水平[①]。

（4）用途。抵押补充贷款资金的用途主要有棚户区改造、保障性安居工程、城市地下综合管廊、重大水利工程以及农村公路建设等。其中，中国农业发展银行抵押补充贷款资金的适用范围涵盖重大水利工程过桥贷款、水利建设贷款、农村公路贷款等内容，可用于支持贫困地区的相关重点项目建设。

4.2　创新乡村振兴信贷产品工具

4.2.1　金融扶贫信贷产品创新

（一）扶贫小额信贷创新

贫困农户贷款难是一个世界性难题。为解决这个难题，世界各国一直在努力探索，也取得一些成效，但在全面解决贫困人口贷款难、贷款贵的

---

① 邝希聪. 金融发展对减贫的效应研究 [D]. 长沙：湖南大学，2020.

痼疾上，一度缺乏药到病除的特效良方。自 2014 年以来，国务院扶贫办等相关部门从金融供给侧结构性改革入手，坚持"定向、精准、特惠、创新"原则，推出扶贫小额信贷，并在实践中不断优化和完善，破解贫困农户贷款难这一世界性难题，走出了一条具有中国特色的金融扶贫制度创新之路①。

2014 年以来的实践证明，扶贫小额信贷瞄准贫困农户这一特殊群体，着力破解贫困农户贷款难的世界性难题，走出了一条具有中国特色的金融扶贫创新之路，为引领中国金融扶贫制度创新留下了浓墨重彩的一笔，也为世界其他国家解决贫困农户贷款难题贡献了中国方案，其价值和影响将历久而弥新。

（1）扶贫小额信贷政策设计。

国务院扶贫办在相关部门支持下，针对贫困农户家庭状况、发展水平、生产规模、生产周期等特点，量身定制、科学设计"5 万元以下、3 年期以内、免担保免抵押、基准利率放贷、财政贴息、县级建立风险补偿金"的扶贫小额信贷。

扶贫小额信贷的贷款额度设置为 5 万元以下，主要考虑有四个方面的原因：一是从生产单位看，贫困农户主要是以家庭为生产单位，有效劳动力多数在 3 个人以下，5 万元以下的额度基本能够满足 1 个到 3 个劳动力家庭的生产需要。二是从生产阶段看，贫困地区产业发展水平较低，5 万元以下的额度基本可以满足贫困户从事农、林、牧、渔等产业发展的资金需要。三是从生产能力看，贫困农户由于专业技能少、文化程度低，发展能力有限，短期内其发展生产的资金需求也较为有限，5 万元以下的贷款额度契合其能力素质、发展阶段和发展特点。四是从资金需求看，贫困农户需要的就是额度小、到账快的贷款，为农时变化、抢收抢种提供资金支持，贷款额度太大容易让贫困农户产生"惧贷"心理，担心背上债、用不好、还不上。

扶贫小额信贷的贷款期限设置为 3 年期以内。与其他涉农、涉贫类的个人贷款相比，扶贫小额信贷的贷款期限相对较长，一般为 3 年。这主要是基于两点考虑：一是确保贷款周期与农业生产周期相匹配。大多数的种植业和养殖业的发展周期都在 3 年以内，如农区小麦、水稻等主粮的生产周期大多为一年一熟到两熟，一年期的贷款能够满足贫困农户的贷款需求；牧区

---

① 吴华. 扶贫小额信贷的制度创新 ［J］. 清华金融评论, 2020（7）: 16-19.

牛羊等牲畜的养殖周期大多在 2 年以内，两年期的贷款能够适应畜牧业发展需要。将贷款期限设置为 3 年以内，符合贫困地区实际，基本与贫困农户的产业发展周期相匹配，为贫困农户留出充足的时间发展生产、还本付息。二是确保贷款周期与银行风险管理相衔接。贷款周期越长，用款过程中的不确定因素就越多，银行风险管控的难度就越大。为了保证银行资金安全，避免贷款期限过长增加还贷风险，将贷款期限设置为 3 年以内是稳妥合理的。此外，考虑到部分产业的生产周期较长，如林果业需要 5 年至 8 年才能达到盛果期，扶贫小额信贷允许对贷款到期仍有用款需求的贫困农户办理展期和续贷业务，且在脱贫攻坚期内可多次贷款。对于产业周期较长、贷款 3 年还未能获得收益的贫困农户，银行业金融机构可提前介入贷款调查评审，在风险可控的前提下，允许贫困农户无须偿还本金，直接办理续贷业务。

扶贫小额信贷的贷款担保方式设置为免抵押免担保。传统的银行信贷产品是基于陌生人社会的特点设计的，一般需要提供足值的抵押品、质押品或者提供保证担保，这导致贫困农户长期被排除在信贷服务范围外。贫困农户之所以是贫困户，就是因为没有多少财产积累，没有稳定的收入来源，难以提供有效的抵（质）押品，也很难找到合适的贷款担保人。免抵押免担保，正是从贫困农户缺乏抵（质）押品和担保人的实际出发，量体裁衣作出的特惠制度安排，消除了贫困农户获得贷款的门槛，真正把贫困农户纳入银行的信贷服务范围。免抵押免担保贷款实质上是信用贷款。信用贷款需要以精准掌握贷款人信用信息为前提。脱贫攻坚形成了党委和政府领导、扶贫部门牵头、各部门负责、各金融机构主动参与精准扶贫的良好局面，驻村工作队、第一书记、村两委、帮扶小组等基层组织共同协助银行开展征信采集，既解决了银行机构人力不足、无法大范围开展信用评级的问题，又掌握了贫困户的真实信用信息，消除了银行与贫困农户之间的信息不对称，使金融机构开展免抵押免担保的扶贫小额信贷业务成为可能。

扶贫小额信贷政策规定金融机构以人民银行同期限基准利率放贷，主要基于两点考虑：一是保证贫困农户负担得起。农业产业发展周期较长、收益较低、风险较大，对贷款利率较为敏感。如果贷款利率过高，贫困农户偿债压力较大，容易引发因债致贫、因债返贫，因此将利率设置在基准利率较为合理。二是保证银行有收益，息差收益是银行利润的主要来源。扶贫小额信贷将贷款利率定为基准利率，这个利率高于 1 年期和 3 年期定期存款利息，按照基准利率放贷，银行能够实现保本微利。同时，银行能够通过扶贫再贷款筹集成本更低的资金，这进一步提升了银行的利润空间，提高了银行的积极性。

财政贴息是政府统筹安排财政扶贫资金对贷款贫困户给予贴息支持，贴息利率不超过人民银行同期限基准利率。设置财政贴息的主要考虑如下：一是激励贫困农户贷款。只有申请扶贫小额信贷发展生产的贫困农户才能享受财政贴息政策，不申请贷款就享受不了优惠政策，这就激发了贫困群众贷款积极性。二是激励银行放贷。由于贫困农户居住分散、金融偿付意识不强、路途遥远、偿还利息不方便等原因，过去银行清收贫困农户利息的成本高、任务重。通过政府贴息，银行可以直接从财政部门收取利息，降低了银行的运营成本和收息压力。

县级建立风险补偿金是与扶贫小额信贷免抵押免担保相配套的机制创新。从本质上讲，免抵押免担保是由政府增信来背书的，主要目的是去除贫困农户贷款门槛，方便贫困农户贷款。但免抵押免担保以后，银行顾虑增加，需要通过某种机制来打消银行的顾虑。县级建立风险补偿金是免抵押免担保的配套措施，是一种风险补偿和分担机制。真正发生坏账后，风险补偿金可以分担风险，补偿银行损失，起到降低银行风险、调动银行积极性的效果。

（2）扶贫小额信贷成效。

扶贫小额信贷的推广实施大大降低了贫困农户贷款门槛和贷款成本，提升了贫困户获贷的便利性。经过多年的发展，扶贫小额信贷已经成为贫困群众最满意、金融机构最放心、政府部门最省心的金融扶贫产品，在促进贫困户持续稳定增收、培育地方特色产业、推动贫困地区金融市场发育等方面发挥了重要作用，成为脱贫攻坚的重要支撑。

扶贫小额信贷的推广实施效果如下。

第一，破解了贫困户贷款难的问题。过去贫困户没有财产、没有抵押、没有担保，即使有合适的产业发展项目，也很难获得贷款。实施扶贫小额信贷政策，有效降低了贫困户贷款门槛和贷款成本，极大提升了贫困户获贷的便利度。通过给贫困户授信，对贫困户给予免抵押免担保的信用贷款，解决了贫困户贷款难、贷款贵的问题。截至2019年底，已累计发放扶贫小额信贷6101亿元，覆盖1544万户贫困农户，贫困农户发展生产缺少启动资金的问题得到有效解决。

第二，实现了发展产业和增加收入的双重效应。贫困农户利用扶贫小额信贷资金，或扩大生产规模，或改良生产品种，不断提高市场竞争力，降低产业发展风险，增加了发展产业的收益。2017 年，国务院扶贫办委托第三方机构对宁夏盐池县扶贫小额信贷成效进行抽样调查和分析。研究报告表明：一是扶贫小额信贷对农户增收的资金收益显著。在不考虑贫困农户自有土地和劳动力投入成本情况下，扶贫小额信贷投资种植、养殖等产业经营收入的平均资金收益率达 22.5%。二是扶贫小额信贷金额与对农户增收的贡献呈显著正相关关系。二者在贷款额较小时呈线性增长比例关系，扶贫小额信贷对建档立卡农户产业经营收入的贡献率达 12.4%；随着信贷额度持续增长，当年增收呈现先增后减的二次曲线形态。三是有扶贫小额信贷的贫困农户人均可支配收入增长速度高于所有农户，前者是后者的 2.5 倍。四是贫困户人均可支配收入增长达到了财政贴息（按 4.35% 的利率计算）的 3.3 倍，财政贴息对农户增收的撬动效果明显。此外，扶贫小额信贷在促进贫困农户增收的同时，也在客观上增加了贫困地区产业发展投入，提升了当地产业发展水平。特别是各地为了让贫困农户用好扶贫小额信贷资金，千方百计发展优势产业，帮助贫困农户选择产业项目，提高生产组织化程度，推动小农户和大市场对接，实现了贫困农户脱贫增收和地方产业发展的双重效应。

第三，激发了贫困群众内生动力。扶贫小额信贷作为金融资金，与财政资金相比，需要还本付息，这促使贫困农户主动干、努力干，真正把"扶穷不扶懒，帮穷不帮懒"的政策落到实处。很多贫困农户主动要求贷款发展产业，自力更生的意识和自我发展的能力得到提升，实现从"要我脱贫"到"我要脱贫"的转变。

第四，优化了贫困地区金融生态。扶贫小额信贷是信用贷款，贫困户信用和贷款资格、贷款额度是挂钩的。在县级建立风险补偿金的基础上，各地充分发挥农村"熟人社会"道德约束作用，通过守信激励和失信惩戒，倡导诚信光荣的理念，弘扬了农村文明风尚，树立了正面导向，匡正了不良行为，营造出"穷可贷，富可贷，不守诚信不可贷"的良好氛围。此外，扶贫小额信贷工作开展以来，不少以前有失信记录的农户，或主动归还积欠债务，或积极化解邻里纠纷，或努力改变自身不良习气，或努力提升信用等级，有效改善了贫困地区的社会风气和金融生态。

（3）扶贫小额信贷的金融扶贫制度创新。

实践是理论之基，实践探索往往孕育着理论创新的萌芽。扶贫小额信贷能够在中国大地上生根发芽，苗壮成长，关键在于直面贫困农户贷款难、贷款贵的难题，立足国情、大胆创新，走出一条具有中国特色的金融扶贫创新之路。

第一，创新免抵押免担保信用贷款制度，消除贫困农户贷款难门槛。"担保难"是贫困户贷款难的首要难题。扶贫小额信贷之所以破解了贫困人口贷款难的世界性难题，就在于它创造性地提出了免抵押免担保制度并予以落实，与传统的国内外金融机构农户贷款产品相比，存在显著区别和超越性优势。传统的信贷产品一般以抵押担保、质押担保或者保证担保为前提，抵押物主要是房产、土地、专用设备等价值较大的实物资产，质押物主要为原材料等动产和股权、债券以及可以转让的商标专用权、专利权、著作权中的财产权等权属，保证担保一般以具有还款能力的第三方为贷款申请人提供还款保证，承担连带责任。传统的贷款担保制度存在一定的局限性：一是无形中设置了高门槛。其将缺少资产、缺乏抵押物和担保人的贫困农户排除在外，造成贫困农户"担保难""贷款难"，堵塞了贫困户的资金供应渠道。二是造成资源闲置或浪费。一方面，实物资产被抵（质）押后，不能够正常进行买卖，生产资料的流动受到限制；另一方面，银行会将抵（质）押物进行折价测算授信额度，贷款人往往难以获得足额的资金支持。三是风险传导。传统的担保方式容易形成相互担保、循环担保的担保圈乱象，一旦一个环节还款困难，担保链条上的所有担保人均会受到影响，容易产生连锁反应，扩大风险。

为克服农户贷款传统抵（质）押担保制度存在的局限，各地政府和有关部门做了大量尝试，探索推出了"三权抵押""多户联保"等担保方式，想方设法让贫困农户达到银行的贷款条件。但由于这些探索都是在拓宽担保范围上着力，始终没有跳出贷款需要担保的传统模式和路径依赖，贫困农户没有资产，缺乏抵（质）押物和担保人，难以跨入贷款门槛的问题始终没有解决。"免抵押免担保"制度，超越了传统信贷的"担保制度"，开创了贫困农户贷款的"零担保制度"，这是具有革命性意义的制度创新。其一，"免抵押免担保"制度超越了传统商业银行理论范式。传统商业银行理论强调第二还款来源的重要性，将设置第二道资金安全防线作为重要的贷款先决条件。"零担保制度"突破了传统商业银行理论束缚，打破了贷款需要提供担保的路径依赖。其二，"免抵押免担保"制度是金融供给侧改革的实践典范。金融供给侧改革的核心要义是金融要回归本源、回归服务包括贫困农户在内的实体经济。"零担保制度"创造性地从金融供需关系的供给方，即强势方入手，推动供给侧改革，变被动迎合金融机构贷款门槛要求为政府调控指导、金融机构量体裁衣，提供"零担保"的信用贷款，去除贷款门槛。其三，"免抵押免担保"制度丰富了普惠金融理论的内涵和实践。普惠金融理念倡导为社会所有成员，尤其是传统金融体系覆盖不足的群体，提供广泛金融服务。贫困农户贷款难是传统金融体系解决不了的老大难问题，"零担保制度"无差别地去除了所有贫困农户的贷款门槛，体现了真正的公正、平等和普惠理念。

第二，创新基准利率放贷和财政贴息制度，解决贫困农户贷款贵的难题。长期以来，困扰农户的除了贷款难之外，还存在贷款贵、用不起的难题。农业并不是高收益、高回报、低风险的行业，农业生产不仅要面对市场价格波动的变化，还要面临不确定性自然灾害风险。国务院国资委考核分配局编著的《企业绩效评价标准值2018》显示，农林牧渔业全行业平均资本收益率仅为4.3%。因此，从事农业生产的贫困农户根本承受不了高利率贷款。

在扶贫小额信贷政策出台之前，一些国有大型商业银行也推出过农户贷款产品，实行比信用社等农村金融机构更为优惠的利率，但年利率也在基准利率基础上普遍上浮20%~30%，实际年利率在6%~7%。这些国有大型商业银行的参与，一定程度上降低了农村贷款市场价格，但仍然存在难以逾越的局限：一是服务对象主要局限在富裕农村的富裕农户。富裕农村产业发展基础较好，农户收入较高，能够负担较高的贷款成本。二是局限于银行自身去降低贷款价格，缺少政府财政资金的参与，导致贷款价格的降低必然有下限，难以引领农村贷款市场价格整体下行惠及更广泛的农户，特别是贫困农户。

针对农村贷款市场价格偏高的痛点，扶贫小额信贷将市场手段与政府调节紧密结合，将货币政策与财政政策有机衔接，从贷款的供给侧与需求侧同时发力，创造性地提出了金融机构以基准利率放贷、对贷款贫困户进行财政贴息的政策，大大降低了贫困农户贷款成本，多数贫困农户可以"零成本"使用贷款资金，真正实现"贷得起""用得起"。这项创新性政策的推出，对于促进农村金融回归本源、回归实体经济，具有十分重要的理论和现实意义。一是纠正了农村贷款市场的价格失灵。长期以来，农村贷款市场价格居高不下，有资金和服务成本高于城市的客观因素，但关键在于市场失灵导致的资源错配。扶贫小额信贷充分发挥政府这只"看得见的手"的作用，引导以银行基准利率放贷，对贫困农户贷款贴息，纠正了市场"看不见的手"资源配置失灵。二是引导了农村金融市场利率下行。

扶贫小额信贷参与农村金融市场竞争，发挥了"鲇鱼效应"的作用，激发了各金融机构降成本、强管理、优服务，竞相降低贷款价格，引导了农村金融市场利率下行。三是激发了贫困群众内生动力。扶贫工作，给钱给物易，激发内生动力难。将财政扶贫资金用于贷款贴息，只有当贷款用于发展生产时，贫困户才能享受财政贴息，帮助贫困户克服依赖"等、靠、要"帮扶心理，能够激发脱贫致富的内生动力，让脱贫可持续、致富有干劲。

第三，创新风险补偿制度，消除银行不愿贷、不敢贷的顾虑。扶贫小额信贷风险补偿制度是由县级政府出资，为承办扶贫小额信贷的金融机构设立风险补偿金，分担银行风险损失。风险补偿制度不仅是免抵押免担保制度的配套制度，它更有稳预期、稳信心的重要功能，消除了银行畏惧风险、不愿贷、不敢贷的顾虑，让银行能够安心放贷，是扶贫小额信贷健康发展的"压舱石"。县建风险补偿制度体现了风险防控思维的变化，既"治未病"，又"治已病"。以往银行放贷，注重抵押担保，通过抬高门槛，防控的是贷款损失之前的潜在性或可能性风险；县建风险补偿制度要求政府设立风险补偿金，在实际发生贷款损失以后，对症下药，由风险补偿金按比例承担风险，补偿银行损失。

之所以选择县级层面建立风险补偿，主要是基于以下四个原因：其一，县域是扶贫小额信贷工作的实际实施地，县级层面建立风险补偿金能够做到服务下沉，监管下沉，既有利于压实县级主体责任，督促贫困户高效利用资金，又有利于发生实际损失时高效偿付风险损失；其二，县域是扶贫小额信贷的资金供需对接地，县级层面建立风险补偿金有利于政府部门和金融机构的联系、对接，有利于推动当地金融机构安心放贷；其三，县域是风险补偿金的使用地，县一级是实施主体，具体组织实施扶贫小额信贷工作，按照财权事权相匹配的原则，风险补偿金设在县级最为合适；其四，县域是扶贫政策的落实地，扶贫工作实行"中央统筹、省负总责、市县抓落实"的工作体制，县级层面建立风险补偿金是"市县抓落实"的具体实践，有利于激发县级政府抓落实的主动性、创新性。县级层面建立风险补偿制度，花小钱办大事，收到事半功倍、一举多得之功。对金融机构而言，这降低了风险负担比例，保证了贷款资金安全，打消了风险顾虑，稳定了业务发展信心；对贫困农户而言，能够免抵押免担保地从金融机构获得贷款，这要归功于县级层面建立风险补偿制度发挥的作用；对政府而言，建立风险补偿金，投入少量财政资金，通过杠杆效应，起到"四两拨千斤"的作用，撬动了大量金融资金投入扶贫事业。

第四，创新差别化监管制度，保障扶贫小额信贷健康发展。特惠金融产品要实现可持续发展，离不开差别化监管制度的保驾护航。在扶贫小额信贷发展过程中，人民银行、银保监会等监管部门紧紧把握贫困农户贷款特点，先后出台了一系列区别于一般农户贷款等金融产品的特惠性监管措施，为扶贫小额信贷提供差别化监管支持。

"差别化"具体表现在以下三个方面：一是实行"四单政策"。监管部门要求重点金融机构单设机构、单独管理、单独核算、单独调配资源，这是脱贫攻坚特殊时期所作的特殊制度安排，便于更为顺畅地开展扶贫小额信贷业务。二是实行"包干服务"。监管部门根据当地银行业金融机构服务专长和实际情况，按照扶贫小额信贷发放、扶贫项目融资和银行网点布设等情况，建立分片包干责任制，每个乡明确一家责任银行，责任银行包干该区域范围内的扶贫小额信贷业务。"包干服务"有利于压实金融机构的责任，减少恶性竞争。三是实行特别的监管考核。根据贫困地区金融机构贷款的风险、成本和核销等具体情况，监管机构对扶贫小额信贷的不良贷款比率实行差异化监管，适当提高贫困地区不良贷款容忍度。差别化监管不仅体现在对不同地区、不同金融机构不良贷款容忍度监管的区别，也体现在不同时期监管力度的差别。比如，新冠肺炎疫情对脱贫攻坚造成一定影响，部分地区扶贫小额信贷工作面临困难，国务院扶贫办与银保监会及时出台政策，指导金融机构结合本地实际，可对受疫情影响出现还款困难的贫困户贷款，视情况延长还款期限。

（二）国家助学贷款创新

国家助学贷款是目前各国政府为保障本国贫困学生顺利完成学业而采取的通行做法。在我国，国家助学贷款是由政府主导、财政贴息、金融机构向高校家庭经济困难学生提供的信用贷款。自 1999 年开始，国家助学贷款开始试点。自 2008 年起在全国推广生源地信用助学贷款以来，经过多年的探索和完善，我国国家助学贷款工作取得了长效的发展。2020 年 10 月，党的十九届五中全会明确提出要促进教育公平。在我国相对贫困仍将长期存在的背景下，作为我国高校学生资助体系的重要组成部分，国家助学贷款对于促进教育公平具有重要意义。其中，国家助学贷款绩效是衡量国家助学贷款发挥作用的关键性指标。对于欠发达的省份而言，由于对国家助学贷款需求相对较大，但地方财力不足、金融资源十分有限，因而提升国家助学贷款绩效以更充分发挥国家助学贷款促进教育公平的作用，就显得尤为必要和迫切。助学贷款作为教育扶贫的重要抓手，既资助贫困大学生圆"大学梦"，又帮助学生家庭早日脱贫，缓解因教致贫、因教返贫的情况。

第一，就政府层面而言，要从完善财政金融资源配置的体制机制上，为提高国家助学贷款的纯技术效率提供可靠保障。对于欠发达省份来说，在努力增加财政资金"量"的投入的同时，更要积极依靠财政资金"质"的提升，亦即提高财政资金使用效益；并且需要注重发挥市场配置金融资源的决定性作用。一方面，应统筹安排使用财政资金，充分发挥财政对国家助学贷款工作的支持和保障作用。在地方经济发展水平不断上升、财力逐渐增强的情况下，可以适当提高地方应承担的国家助学贷款风险补偿金分担比例。同时，更要切实加强对贷款贴息、风险补偿金等财政资金使用的管理和监督，建立健全财政资金使用的全流程监督机制，不断提高财政资金使用效益，增强国家助学贷款的可持续性。另一方面，应加快制度创新，放宽市场准入，培育适度竞争的国家助学贷款市场。适度竞争有利于提高金融发展和服务水平，对于国家助学贷款公平性的实现能够产生积极影响。

第二，就经办银行层面而言，要从提升金融服务和管理水平上为提高国家助学贷款的纯技术效率提供有力支持。在国家助学贷款中所投入的金融资源要实现有效配置和充分利用，离不开经办银行发挥的重要作用。高校家庭经济困难学生获得国家助学贷款的人数越多、比例越大，国家助学贷款体现的公平性程度越高，对于教育公平的促进作用就越大，而促进教育公平对于欠发达省份来说显得尤为重要。一是要全面贯彻落实"应贷尽贷"的宗旨，这是实现国家助学贷款公平性的基本前提。"应贷尽贷"不仅要确保贷得到，即符合条件且有贷款需求的高校家庭经济困难学生都能申请获得国家助学贷款，而且要努力做到负得好，充分利用"互联网+"手段，争创一流贷款服务水平，为借款学生提供更多便利。二是要积极开展诚信还款的宣传教育，经办银行要与各高校、各地学生资助管理中心之间加强沟通、密切协作，强化对国家助学贷款还款事宜的宣传，增强借款学生的诚信还款意识，并建立健全诚信收益远高于违约成本的制度。三是要加强贷后管理。经办银行要认真分析本息回收工作情况，不断完善贷后管理机制和方法，提高贷后管理水平，防控违约风险发生，促进国家助学贷款工作可持续发展[①]。

第三，就高校层面而言，要从实施精准帮扶上为提高国家助学贷款的规模效率提供有效支撑。要提高国家助学贷款的规模效率，其主要着力点就是要增加国家助学贷款中财政资源和金融资源的产出，即增加高校家庭经济困难学生完成学业进而实现就业的人数和比例。实现国家助学贷款有效性的主要依据，就是看借款学生能否顺利完成学业进而实现就业，这对于欠发达省份来说任务尤显繁重。一方面，要精准掌握本校家庭经济困难学生的受助需求，针对目前全省家庭经济困难学生的比例相对较高、分布较广的特点，各高校应通过调查走访、大数据分析、系统比对等手段，建立和完善本校家庭经济困难学生的识别认定机制，在此基础上精准掌握家庭经济困难学生的受助需求，确保每一名家庭经济困难学生都能应助尽助。另一方面，要切实制定精准帮扶措施。各高校要从借款学生入学到就业实行全员、全过程、全方位的精准帮扶和资助育人计划，不仅要对借款学生的身心发展、道德品质培养、学业等方面给予更多的关怀和帮助，促进借款学生全面发展、健康成长、科学成才，还要强化与人力资源社会保障部门、用人单位和就业服务平台的沟通合作，确保他们既学好习又就好业，从而增强国家助学贷款的有效性。

（三）民贸民品优惠利率贷款创新

民族贸易和民族特需商品生产贷款优惠利率贴息政策是党和政府扶持少数民族地区经济发展和民族特殊商品生产供应的一项重要政策。自 2017 年开始，中央财政调整了贴息资金的拨付和资金管理政策，由专项转移支付调整为均衡性转移支付，并将贴息执行权力下放。民贸民品优惠利率贷款的创新主要是为解决以下不足：

（1）民贸民品贴息的申请手续烦琐，拨付时间较慢。

对于民贸民品贷款，中央财政要求给予民贸民品企业贷款年利率 2.88% 的利差补贴，在执行贴息政策过程中实行"先收后返"的程序，即企业与承贷银行签订贷款合同后，承贷银行按正常流动资金贷款基准利率向企业收取利息，企业按季向承贷银行、当地人民银行、民委、财政局申请贴息，上级相关部门层层审核通过后，再将贴息资金返还给企业。这样

---

① 廖继胜，刘昱，刘志虹，等. 基于 DEA 和截断回归模型的欠发达省份国家助学贷款绩效及其影响因素研究 [J]. 黑龙江高教研究，2022，40（4）：54-60.

造成中间操作环节较多，贴息资金到达民贸民品企业账户的时间较长。民贸民品企业普遍反映其申请手续烦琐，所需资料繁多，要层层经过四个部门的反复审核、确认、签字、盖章，没有实行现在政府倡导推行的"一站式审核"和"互联网+"线上审核，特别是最后财政拨款的环节等待时间漫长，经过层层审核后，往往当年的贴息资金要到第二年6月、7月，甚至第三年才能到位，拨付时间较慢，不能及时满足企业流动资金周转的需求①。

（2）民贸民品贴息资金到位滞后且不足额。

我国于1992年开始正式对民贸民品贷款实施贴息政策，至今贴息资金的拨付方式和管理模式发生过三次变迁。1992—2012年，民贸民品贷款贴息资金由人民银行分支机构直接按季补给贷款经办银行，贴息资金能及时和足额到位。2013—2016年，民贸民品贷款贴息资金由中央财政采取专项转移支付的方式逐级下拨给地方各级财政，按年度预拨再清算支付，贴息资金能足额到位但不及时。自2017年开始，受"十三五"国家民族特需商品定点生产企业认定政策延迟出台，以及民贸民品贷款贴息专项资金改由中央财政和省级财政逐级通过均衡性转移支付整体打包下拨的双重影响，贴息资金既不能足额也不能及时到位。审计调查显示，自2017年开始，益阳市民族特需商品定点生产企业应该享受到的贷款贴息政策就难以推进落实。据地方财政部门反映，其主要原因是均衡性转移支付资金不指明具体用途，地方财政部门便无法区分中央财政下拨到地方各级财政的均衡性转移支付包中的资金中用于落实民贸民品企业贷款贴息的具体数额，导致企业应该享受的贷款贴息资金迟迟不能到位②。

（3）获得优惠贷款的企业覆盖面较窄，政策效用发挥不充分。

有些企业虽然是法人企业，但由于规模小、抵押物缺失等原因，信用评级低，授信额度小甚至根本没有授信额度，缺乏相应的抵押担保机制，这类企业获得贷款的难度较大。按现行制度规定，不是以公司名义向银行贷款，就不能享受到国家的贴息政策，这不利于民贸民品企业的生产和发展。如果公司是在租用的土地上建的房子，办不了房产证，没有房产证就不能以此作抵押向银行贷款，而银行要求以公司名义贷款时必须提供房产、土地等抵押物。该公司只好在不能享受国家民贸民品贴息的情况下，通过

① 谌争勇. 新形势下我国民贸民品贷款贴息政策落实和金融支持面临的现实困境与优化策略——基于对湖南省益阳市的实证调查 [J]. 金融经济, 2020（10）: 67-72.
② 谌争勇. 湖南益阳民贸民品贷款贴息政策和金融支持调研报告 [J]. 民族论坛, 2020（3）: 82-86.

其他三种途径融资来维持公司的流动资金需要。第一种途径是该公司以个人名义并在提供担保人的前提下以一定的年利率向商业银行贷款；第二种途径是以公司+农户"户贷企用"的模式，通过向农户支付一定的年分红率，使用扶贫贷款资金；第三种途径是向私人借款。

4.2.2　创新易地扶贫搬迁贷款

（一）易地扶贫搬迁融资的意义

从宏观来看，易地扶贫搬迁工程已经成为我国国民经济持续发展的重要保障，有着可以推动经济社会良性发展的关键功能。近年来国内易地扶贫搬迁工程在促进科技进步、扩大出口和增加就业等方面发挥了不可替代的作用，并且已经成为社会主义市场经济的重要组成部分。党和政府也高度重视易地扶贫搬迁工程的发展，如何加大对易地扶贫搬迁工程的扶持帮助，与易地扶贫搬迁工程同舟共济共同迈出发展困境，已成为社会不同领域均广泛重视的问题。因此，如何有效化解我国易地扶贫搬迁工程融资风险具有十分重要的现实意义。从微观来看，对于易地扶贫搬迁工程来说，融资状况的优劣在某种意义上直接影响到易地扶贫搬迁工程的运作和发展，如何能够解决易地扶贫搬迁贷款投融资，通过什么渠道可以筹集到足够的资金用于易地扶贫搬迁工程的运营和扩张，并且还可以尽可能地减少这些筹资活动所形成的成本和风险，都是易地扶贫搬迁工程必须面对和亟待解决的问题。所以要想实现企业经营目标，获得最大的经济利益，易地扶贫搬迁工程必须提高融资能力，拓宽融资渠道，有效获得资金并合理使用资金，这样才能使企业的财富不断增加[①]。

（二）易地扶贫搬迁融资及风险化解

（1）拓宽易地扶贫搬迁工程的融资渠道。

第一，利用组织构建股份合作制易地扶贫搬迁工程的方式，提升易地扶贫搬迁工程的内部融资水平。第二，指引工程积极入驻债券市场开展直接融资。第三，由政府组织领导，促进易地扶贫搬迁工程和不同金融组织之间的合作，同时结合实际情况，提供符合自己发展实情的集合债务融资服务计划。除此之外，为了推动易地扶贫搬迁工程总体实现迅速发展，政

---

①　程艺涵．"十三五"时期易地扶贫搬迁投融资模式研究 [J]．纳税，2018，12（23）：201.

府应当努力构建与完善市场风险的管理制度，从制度层面为易地扶贫搬迁工程的负债融资提供可靠的保障。

（2）强化易地扶贫搬迁工程管理财务的能力。

第一，易地扶贫搬迁工程应当牢牢把握和构建一个完善的易地扶贫搬迁工程内部考评机制与互相制衡机制。第二，应当健全易地扶贫搬迁工程有关资金管理方面的规制，特别是针对投资活动等牵涉大额现金支出的项目，必须做好管理与控制工作，真正预防因为投资不成功而引发的风险。第三，易地扶贫搬迁工程应当健全关于成本支出的监督管理机制，设立有关成本费用方面的科目，对账目记录体系加以规范化，不准许存在人为虚假增加成本支出或者挪用易地扶贫搬迁工程运营资本等不法活动。

（3）提升易地扶贫搬迁工程本身实力，增强融资效率。

如果要高效化解易地扶贫搬迁工程的筹资难题，还应当从提升易地扶贫搬迁工程本身的运营能力、强化易地扶贫搬迁工程在错综复杂的市场局势中的总体竞争优势出发。第一，应当真正强化工程管理层的综合素养，管理层要时刻关注并不断更新与完善运营管理理论，强化风险防控方面的认知与风险产生时的管理能力。第二，易地扶贫搬迁工程可安排员工参与内部培训，应当构建起一批专业功底扎实、技术过硬的队伍。第三，应当努力提高生产能力，实施技术与产品方面的革新，强化易地扶贫搬迁工程的自主创新能力。

4.2.3　创新小额信贷扶贫方式

（一）小额信贷对扶贫与发展政策的贡献

（1）小额信贷试验对扶贫政策的影响。

自 1993 年底开始，由非政府组织和国际机构在中国开展了联保型小额信贷试验，在部分省区的试验过程中，显示出了资金到户率、还款率和项目成功率较高，而这正是政府扶贫资金分配和使用中面临的三个最大的难题。在这种背景下，小额信贷创新引起了国家和地方政府扶贫部门的浓厚兴趣。首先，在陕西、云南、四川等地，政府扶贫部门在观察和了解了小额信贷扶贫的效果和运行机制后，率先使用地方政府可控制的扶贫专项贷款开展了政府小额信贷扶贫的试验。在政府小额信贷试验的过程中，如陕西商洛等地区开始对引进的孟加拉国乡村银行模式进行了部分调整，使之适应政府大规模推广和中央既有的扶贫资金管理政策的需要。在地方试验的基础上，中央政府开始将小额信贷扶贫提升到政策层面。1998 年 10 月，中共中央出台了《关于农业和农村若干重大问题的决定》，明确要求"总结推广小额信贷等扶贫资金到户的有效做法"。1999 年 6 月召开的中央扶贫开发工作会议进一步指出，小额信贷是一种有效的扶贫到户形式，其资金到户率高、还款率高、项目成功率高，深受贫困农户欢迎。各地要把小额信贷作为保证信贷资金扶贫到户的重要措施，在总结经验、规范运作的基础上，积极稳妥地推广。农业银行、农村信用合作社和有关部门要密切配合，切实抓好这项工作①。

自 1997 年以来，小额信贷成为中国扶贫到户的一种重要方式。由于包括小额信贷扶贫在内措施的实施，从 1997 年以来全国扶贫资金到户的比重持续上升。小额信贷的试验对扶贫政策的贡献具体表现为：第一，探索出了扶贫资金和项目到户的一条途径；第二，增加了穷人的参与项目选择的机会和权力，减少了决策的盲目性；第三，使各方面更多地关注还款；第四，在一定程度上强化了扶贫的组织和管理。

（2）对金融政策的贡献。

尽管信用贷款一直是农村信用社的重要的金融产品，但自 20 世纪 80 年代末农村金融体制开始改革以来，中央银行对信用贷款一直采取控制和限制的态度，农村信用社信用贷款的规模和比例不断萎缩。与此同时，中央政府通过专项扶贫计划，以政府专营的方式来满足缺乏抵押担保能力的贫困户的信贷需求。但是低收入农户仍存在巨大的信贷需求，不能从正规金融机构得到满足，导致合作基金会和民间借贷在这期间迅速发展。农村信用合作社在相当长一段时间内处于两难的境地。

小额信贷对扶贫援助政策具有重大的影响。小额信贷的生产和发展在实现金融创新的同时，也创造了一种新的扶贫援助方式。传统的扶贫援助方式主要是通过组织和实施项目为穷人提供贴息贷款或无偿赠款，援助机构不可能满足所有穷人的资金需求。小额信贷的创立为发展中国家的政府和有关的国际援助机构提供了一种新的更有效的扶贫援助方式，这就是将援助的重点转向支持建立为贫困户提供服务的、可以逐步实现操作和经济上的可持续性的机构与维持这样的机构生存和发展的必要的制度安排和人员培训，而不是单个扶贫项目。通过这种转变，扶贫援助机构所提供的资

---

① 吴国宝，李兴平. 小额信贷对中国扶贫与发展的贡献［J］. 金融与经济，2003（11）：7-10.

金就可以更长久地对扶贫发生影响。自联保型小额信贷开始试验以来，众多的国际和双边援助机构已将其扶贫的重点转移到小额信贷扶贫方面来。国内的一些机构和组织也通过小额信贷方式实现扶贫援助。

（二）小额信贷对农村组织发育和成长的贡献

（1）小额信贷对组织资源的贡献。

在组织资源比较贫乏的贫困地区，小额信贷项目建立的用户相互监督、相互管理、相互承担风险的基层组织无疑是小额信贷在改善贫困、获得金融服务机会的一项重要贡献。迄今为止，中西部地区的许多省区在贫困地区都建立了支持小额信贷运行的基层组织，如扶贫社、服务社、乡村发展协会等。这些基层组织都直接服务于贫困户，一部分还有贫困户参与管理。这些组织借助小额信贷发育起来，在支持小额信贷金融服务和技术服务的同时，还可能在增强农村居民之间的合作与凝聚力、制订和实施社区发展计划方面产生重要的影响。

（2）小额信贷试验对探索组织发育和成长方式的贡献。

小额信贷之所以能较快地被推广，其组织发育和成长的主要经验是在于：第一，各方面都具有需求。小额信贷所要解决的问题正是政府、金融机构与贫困户长期以来努力想解决却没有解决的问题，因此小额信贷一经出现就能够引起各方面的兴趣和重视，使小额信贷机构能够比较容易渡过组织发育最困难的认可关。第二，从试验开始，让事实说话。与许多其他创新组织的产生不同，小额信贷在中国的出现并不是先从理论和舆论上造势开始，而是先踏踏实实地深入基层去试验，待试验取得一定的成功后，让有关方面的部门和人员自己去判断、去感觉。其选择的是使用事实而不是道理征服人的方法。第三，选择适当的身份。小额信贷机构是一种金融机构，但小额信贷机构是以扶贫组织的方式出现的。扶贫是政府面临的一项重大的政治和社会任务，政府不会拒绝小额信贷机构参与社会的扶贫事业。小额信贷机构强调其扶贫作用，至少可以赢得充足的时间去完善和发展自己的能力，以便在适当的时机最终成长为合法的金融机构。而且小额信贷机构除了不能从社会吸收储蓄以外，在其他方面可以比较完善地实施自己的政策，因此，这种民间机构的身份并没有影响其业务的正常开展。国际上多数小额信贷也是采取类似的生存方式，先以扶贫的非政府组织身份开展活动，然后在时机成熟后过渡到金融机构。

小额信贷可能摸索出组织正规化的实现方式。由于中国小额信贷机构发展还处于非常幼稚的阶段，目前尚缺乏组织身份正规化的强烈需求。但国际上多数成功从民间机构过渡到政府认可的合法金融机构的小额信贷项目，如孟加拉国的乡村银行、玻利维亚的 BancoSol，在探索非政府组织的小额信贷转变为合法金融机构的方式方面，为其他非政府组织身份正规化的实现提供了很好的借鉴。其一般的做法是：首先，确定明确的发展战略目标，扩大服务规模和范围，培养具有良好信誉的忠实用户。其次，努力加强小额信贷组织与管理制度的建设，在股权制度安排、资金来源结构、信息系统和经营业绩方面逐步达到正规金融机构要求的标准。再次，加强与金融监管部门沟通。最后，通过必要的法律程序包括争取修改不合理的金融准入法规，获得中央金融监管部门的法律许可，成为正规或特殊的金融机构。

4.3　创新乡村振兴金融服务措施和模式

4.3.1　创新乡村振兴金融服务措施

（一）农村金融服务创新对乡村振兴的意义和作用

从目前的情况来看，大多数学者对于农村金融服务创新的意义和作用都给予了高度关注。随着研究视野的不断开阔和研究深度的不断深化，他们更加注重从乡村振兴的角度和高度去研究和探索农村金融服务创新路径，为农村金融服务创新提供有力的理论支撑。

一是农村金融服务创新为乡村经济发展提供支撑。实现乡村振兴，首先要有效提升农村经济实力，促进农村经济发展，而从目前农村经济基础和财政状况来看，情况并不乐观。很多农村地区特别是偏远地区，面临着自然资源、交通、人力资源等方面的短板，这些问题的解决和突破都需要有效地增加资金投入。但是仅依靠政府职能部门进行资金扶持远不能满足农村经济发展的现实需要。因此，应该通过对农村金融服务进行创新和探索，有效释放农村金融服务的活力并提供支撑力，为我国乡村经济发展提供有效的经济支撑。

二是农村金融服务创新有利于农民创业就业。如何有效增加广大农民的收入是实现乡村振兴的重要工作，也是乡村振兴过程中亟待突破的难点之一。现阶段，随着农村劳动生产率的提升，农村剩余劳动力数量不断增加，虽然这部分剩余劳动力创业和就业的意愿非常强烈，但从现实情况来看，由于其缺乏必要的技术和资金，进行创业和就业的难度较大。通过对农村金融服务进行创新和探索，特别是针对农村剩余劳动力创业就业方面进行大胆创新，可以有效解决制约农民增收的瓶颈问题，更好地促进农民致富。

三是农村金融服务创新有利于促进金融机构发展。乡村振兴战略是一项关乎农业农村经济事业健康发展的长远规划，时间跨度长，投入力度大，扶持政策实。促进农村经济、教育、文化、养老等社会事业的全面发展，不论是对广大农民还是对广大金融机构来说，都蕴藏着巨大的发展机遇和空间。因此，金融机构通过对农村金融服务进行创新和探索，特别是针对乡村振兴战略制定配套措施、创新金融服务和产品，可以在乡村振兴发展大局中抢得先机，为自身发展壮大提供更加广阔的空间①。

（二）乡村振兴战略下农村金融服务面临的新形势和挑战

乡村振兴战略对农村金融服务的影响是多方面的。目前，国内研究主要集中在农村金融服务对于乡村经济发展的促进方面，而对农村金融服务对乡村事业发展的促进作用的研究和探索还稍显不足。

（1）面临的新形势。

一是生产方式的变化和调整。在传统的乡村经济体系下，农业企业和农村经济的生产力水平较低，对资金的需求相对较小，且农村经济的业态相对固定。农民进行创业也大多集中在种植业、养殖业等方面，这些产业的生产力水平较低，生产方式较为落后，抵御市场风险的能力不足，金融机构进行贷款时往往存在一定的顾虑，而且由于农户需求资金的数额较小，而人数相对较多，无形中增加了金融机构的工作量和成本。在乡村振兴战略背景下，特别是随着农业产业化和农业现代化发展步伐的不断加快，农业企业和农户的生产力与生产方式得到了巨大的调整，农民的种植、养殖规模逐渐扩大，农业产业化企业的规模不断扩大、数量不断增加，造成农村经济发展对资金的需求也相对增加。特别是随着大型农业机械、标准化养殖等农业设施的普及，农村经济发展对于资金的依赖程度越来越高。

二是生产关系的变化和调整。在传统的乡村经济体系下，农村经济的

---

① 桂丹，桂燕．乡村振兴战略下农村金融服务创新路径［J］．乡村科技，2022，13（1）：21-23.

生产关系比较单一，大多采取一家一户的家庭生产方式及以血缘和家庭为纽带的集体经营方式。这种生产经营方式较为简单、组织方式单一，各成员之间的联系较为松散，利益诉求也易满足，而且这种家庭生产劳作方式受生产力、生产规模、经营方式的限制，对资金的需求也相对较小。而在乡村振兴战略背景下，传统的农业生产关系发生了巨大变化，生产主体由原来的家庭逐步向农村合作社、农业企业集团等转变，这些农村合作社和农业企业的出现，改变了过去自给自足的传统生产关系，经济发展方式更趋向于企业化。农村经济的这种深层次调整，导致农村经济发展更需要资金保障，因而农村金融服务的调整和革新具有必然性。

三是农村各项事业的发展需求。从乡村振兴战略的角度来看，我国农村地区不仅要实现富起来这一单一的经济目标，而是要以经济发展作为主要推动力，实现农村政治、经济、文化、生态等各方面、全方位的发展和提升，最终实现乡村振兴的宏伟目标。除了农村经济发展对于资金的刚性需求，农村社会事业发展对于资金的需求也是巨大的，如农村道路、水利灌溉、村容村貌及垃圾清理等，各项事业的发展都离不开金融机构的支持和服务。

（2）面临的挑战。

一是金融机构贷款意愿不高。众多金融机构在投放贷款过程中，一般会优先考虑投入产出比和资金安全等问题。相对于其他产业，农村生产经营活动的利润率一般较低，而资金流转回笼的时间跨度较大。对于金融机构来讲，同样额度的资金在其他产业获取的利润是完全不同的，因此很多金融机构针对农民进行贷款的意愿不高。除农村经济合作社的体量较大之外，农户大多以户为单位进行生产经营。这就需要金融机构面对大量农户开发金融产品，大大增加了金融机构的工作量和成本，也导致金融机构投放贷款的意愿降低。

二是农村融资渠道单一。广大农业企业和农民对于贷款的意愿比较强烈，特别是一些大型农业产业化企业和农产品精深加工企业，对于流动资金的需求更为强烈。从目前的情况来看，除一些有限的扶持性贷款外，商业性的农业贷款产品和数量都相对有限，农业企业和广大农民获取贷款、进行融资的方式和渠道都相对不足，无法满足不同情况、不同地区、不同行业的农村市场主体的现实需求。部分农业企业甚至采取民间借贷等方式获取发展资金，在很大程度上增加了农村经济的风险，这也对农村经济发展产生了较为明显的阻碍。

（三）乡村振兴战略下农村金融服务创新路径

一是有效提高金融机构的贷款意愿和积极性。第一，注重激发金融机构的积极性和创造性。政府相关部门要从政策、制度、机制等角度出发，不断加大创新和突破力度，为金融机构融入乡村振兴发展提供科学的依据。第二，金融机构要从乡村振兴战略的全局着眼，进一步拓宽发展思路和发展视野，从未来发展的角度出发，加大对农业企业发展和农民就业创业的扶持力度。第三，多措并举保证资金安全，简化审批流程，加强贷款诚信审核，保证资金投放安全。

二是大力拓宽农村融资渠道。首先，改变先入为主的思维定式，进而树立以需求为导向的金融服务理念，面对广大农业企业发展需求和农户就业创业现实特点，从金融机构的自身优势和特点出发，推出更加多样化、人性化的金融产品，满足不同地区、不同业态的农业经济发展主体需求。其次，有效降低金融风险，在强化金融产品的扶持属性的同时，强化对贷款审批流程的监管，特别是在贷款资质审核、信用等级划分方面要加大力度，确保金融服务更加扎实有效。最后，要不断强化农民的金融思维和意识。一方面，要针对互联网金融等新型金融业态的需求，不断完善农村网络硬件等基础设施建设，健全农村征信体系，为互联网金融在农村的普及奠定基础。另一方面，要不断强化对广大农户关于金融知识方面的宣传和培训，努力创新载体，扩大宣传覆盖面，让广大农民树立科学的金融意识，更加积极主动地参与金融活动，实现与金融机构的互动互促，更好地提升金融机构的工作效率和金融产品的效能。

三是有效发挥政策扶持功能。对于农村金融服务来讲，扶持功能是首要属性。在农村金融服务发展探索过程中，必须围绕扶持这项基本功能展开工作。第一，加大扶持力度。对于金融机构来讲，要看到乡村振兴发展的未来大趋势，不能被眼前的利益所局限，要合理进行资金分配，推动农村经济快速向好发展。第二，实施科学扶持。对农村经济业态进行深入分析和研究，将资金向新兴业态、经济前景好、发展空间大、风险小的产业和企业投放，通过资金扶持，引导农村产业优化升级。

4.3.2 创新社会主义新农村金融服务模式

（一）精准扶贫背景下普惠金融服务实践模式

一是专设机构普惠金融服务模式。专设机构普惠金融服务模式是指大中型商业银行以金融服务的根本要求为出发点，依据监管部门的具体实施要求细则，响应政府部门的工作号召，在大中型商业银行总行设立普惠金融事业部。该模式是以大中型国有商业银行所成立的专业部门为平台，为小微企业、农民、贫困户等普惠金融服务覆盖的全部群体提供特色化的金融服务。通过专业性的批量操作，聚焦各群体、各地区的不同特点，提供专属匹配的差异化金融服务，特别是提供不同形式的信贷支持，以此加强普惠金融服务实施效果。

二是普惠金融服务示范区建设模式。普惠金融服务示范区建设模式是我国各地金融机构以大力推进精准扶贫、提升普惠金融发展、优化金融基础设施建设、改善农村金融服务环境为目标，积极发展普惠金融服务实践模式，设立触及偏远地区末梢的普惠金融示范区。该模式的特点是以具体区域形成示范效应，主要目的是推进精准扶贫工作，完善农村金融体系建设，创新出具备可持续性的普惠金融服务模式。通过创新金融服务产品，加强金融素质教育，完善农村地区基础设施建设等措施来提高农村地区的信用水平和支付环境[1]。

（二）普惠金融服务实践模式中存在的问题

一是居民金融素养不高。贫困地区的普惠金融服务发展并非易事，一方面，贫困地区的发展程度低，相应地，当地贫困户的受教育程度也偏低。贫困地区居民金融素养还需提升，很多居民缺乏金融意识，对普惠金融服务模式更是了解甚少，甚至不知道征信是什么意思，其征信数据更是难以寻迹。这就导致了其对于普惠金融服务的配合度不高、积极性不强、理解性较弱，以及农村信用体系建设严重欠缺等问题。贫困地区发展普惠金融服务对于我国扶贫工作的开展具有跨时代意义，但是对于金融机构自身的发展来讲，投入大、进度慢、周期长。因此，贫困地区普惠金融服务模式实践，还有很长一段路要走。

二是征信数据来源单一。传统的普惠金融服务模式大多数是针对有丰富数据的客户，信息来源也很单一。比如信贷方面主要以银行信贷数据为主，根据财务报告、质押证明、资金往来流水等高财务性质的信息去判断客户的信贷还款能力。由于生产能力弱的贫困户造成逾期和不良的可能性

---

① 高巍，林梦瑶.精准扶贫背景下普惠金融服务模式创新研究［J］.商业经济，2022（1）：177-179.

大，并且信用意识不强，存在用自己的名义为他人借贷或者办理信用卡的情况。这些不良记录可能使农民或低收入人群在普惠金融服务中失去很多机会，产生数字排斥，导致这一部分微弱经济体处于不利的地位。因此，这类普惠金融模式很难服务"长尾"客群，尤其是农村"长尾"客群。

三是普惠服务动力不足。在银行等传统金融机构发展普惠金融服务的进程中，营业网点覆盖率不足是普惠金融服务模式发展所面临的困难之一。中国人民银行 2019 年的统计数据显示，全国市区和县域银行网点总数达 19.77 万个，其中，全国县域银行网点总数为 8.70 万个，县乡营业网点数量明显不足。农村地区金融专业组织较少的现象，直接导致了传统金融机构在农村范围内开展普惠金融服务的动力不足，县乡地区的普惠金融服务缺乏可得性。

（三）精准扶贫背景下普惠金融服务模式创新

近年来，数字技术的兴起使普惠金融服务有了新的视角，各金融机构顺应时代潮流，不断进行数字化改革。金融机构运用大数据、云计算、智能服务等数字技术，收集"长尾"客户数据，把其稀薄信息转化成硬信息，成功计算出长尾客户的信用状况，并将业务模式简单化、服务流程线上化，创新了数字技术赋能普惠金融服务模式。该模式极大程度降低了金融机构的服务成本和风控成本，借助科技的优势，突破传统普惠金融的现实难点。数字技术的兴起为普惠金融服务的深入发展开辟了一条新的道路，这种模式创新可以将客户数据触角延伸到普惠金融的每个末梢，实现真正的普惠金融。

数字技术应用于金融征信服务，可以将数据边界大幅拓展，财务信息不再是唯一的信用能力评估标准，新的征信方式把以往难以判定征信水平的客户重新接纳至信用体系中，并且解决了信用缺失客户的数据不完善的难题，推动了信用衡量的多维度和全面性。在如此巨大的信息量面前，大数据技术可以实时、高频地采集用户数据，时效性极强。数字技术应用于金融定价服务，可以将强大的信息资源结合于云计算技术，强化数据计算和数据分析能力。云计算技术将其分布式的信息挖掘能力变成集中化分析，实现数据资源的灵活分配，信息存储更加安全，程序运营更加可靠。

数字技术的应用为传统金融机构，以及当前新兴科技企业的未来发展提供了新的思路及经验借鉴。随着信息时代的到来，人们逐渐降低了对传统金融机构线下网点的需求，人们通过使用电子产品就可以随时、随地了解金融信息、传递金融需求、获取金融服务。农村地区用户也无须到达地理位置相对较远的线下网点获取服务，仅通过手机等设备就可以满足农产品生产和日常经营中的资金需要。并且，数字技术的推进使得金融服务产品更加多样化，适用性更强。数字技术的应用是未来发展的新方向，各企业应该紧跟时代的潮流、技术的革新，为普惠金融服务的发展添砖加瓦。

（四）完善普惠金融服务模式的对策建议

一是加强农村金融服务宣传。普惠金融服务模式的创新实践要克服贫困户金融思想认识薄弱问题，加强金融服务教育，利用电子设备向贫困户宣传金融服务的重要性，使贫困户在思想上接受互联网金融服务的形式，接受电子支付方式。实现贫困户金融素质的培养，要以基层为开端进行数字金融的宣传，村委会等部门可以协助开展教育工作，提升贫困户对数字金融的容纳程度。传统银行和新兴互联网金融机构应建立沟通协作，传统金融机构可以共享其在农村基层方面的资源，互联网金融机构可以共享其在智能技术方面的服务，合力发展我国普惠金融服务模式的缺失领域，为完善我国普惠金融服务体系添砖加瓦。

二是加快基础设施建设。对于推进贫困地区网络覆盖问题，政府方面可以加大财政支持和补贴力度，以支持这些地区的网络建设，扩大网络覆盖面。此外，政府部门也要监督农村和偏远地区互联网的增速降费，鼓励各大网络运营商为农村客户等弱势群体提供一定的补贴服务，降低弱势群体使用互联网的成本。互联网金融机构要利用好互联网渠道，在推进过程中要立足于农户的实际需求，开发真正惠农的信贷产品，满足农户实际信贷需要，并且要扩大移动支付、网络支付等新型支付方式的覆盖面以及应用场景。在电商平台兴盛时期，要继续推进农村服务网点和电商平台的协同合作，以此推动贫困地区的经济发展。

要强化广泛涉农数据应用。我国目前存在不同的信用系统，但是各个系统之间没有互动连接。普惠金融模式需要做的是不断探索垂直领域细分场景，积极创造合作连接，为农户创造出更精准的金融服务，获取海量、多态、金融属性更强的大数据。政府部门所拥有的庞大数据库是任何信用系统都不足以赶超的，因此，政府部门不仅要加大政府数据库的开放力度，还要支持多方机构合力构建我国的征信体系，努力将所有资源充分吸收利用，拓宽数据的来源、类型、数量，充分发挥还未被利用的、潜藏的数据的效用，使市场中的信息效用发挥最大的价值。构建完善的信用系统能够为普惠金融服务模式提供多角度、全方面的信息数据，使普惠金融机构可以更了解贫困户的信息，贫困户也更了解普惠金融机构的服务模式，增加普惠金融服务可得性。

4.3.3 创新乡村振兴金融市场

（一）农村金融市场发展过程中出现的问题

一是农村金融制度环境受到严重约束。放眼整个金融机构的发展，其在城市发展得十分完善，但在农村地区，只有少数金融机构存在，远远不能满足农民的资金需求，于是催生了一批非正规金融机构的建立，而这些山寨金融机构在合法性、安全性等方面都值得探究。在发展过程中，资金的支持必须充分，而整个农村金融生态环境的畸形发展严重制约了农村资金供给。因此，建立完善的农村金融制度、营造健康的农村金融环境至关重要。即使我国在一直推行金融体制改革，但农村地区改革的步伐缓慢。相对于城市金融，农村金融受到更多的政府约束，农村资金出现大量外流。由于只存在少量正规的金融机构，因此缺乏竞争。同时，非正规的金融机构发展举步维艰，处处受到挤压。

二是农村金融存在创新不足和监管落后问题。创新发展是农村金融机构走出困境的必然选择，党和国家强调农村金融改革，鼓励农村金融产品创新，强调创新服务方式。但是银行机构种类少，金融产品结构单一，部分农村金融机构业务模式古板，深受信贷权限的影响，受制于上级信贷政策标准，整个农村金融机构失去创新的源泉和动力。同时，在金融监管方面，对农村金融缺乏整体布局与规划，针对农村金融单一的服务模式缺乏引导与监管。农村金融难以满足农民群众多样化的需求，对农业产业发展的支持不足。

三是农村金融组织制度畸形发展。目前，农村信用社和邮政储蓄银行遍布各大乡镇，村镇银行近年来发展迅速，民间融资一直存在，其他各商业银行在农村地区很少出现。其中，中国农业发展银行致力于农村地区的发展，提供了大量资金支持，但是其资金大部分来自财政资金，受制于财政拨款的限制，其支持领域比较狭窄，仅仅在一些政策性的农产品收购、储存及调销等方面发挥作用。各大商业银行很少在农村地区设置网点，即使有过设置，也进行了相应的网点撤销，贷款政策不断向城市倾斜。农村信用社也出现基层营业网点合并撤销的现象，金融支农服务越来越少，离农倾向越来越明显。邮政储蓄银行吸收存款业务发展迅速，贷款业务止步不前。

(二) 发展与完善农村金融市场的对策建议

一是建立多元化的农村金融市场组织体系。首先，政策性金融机构必须发挥其主体地位，政府应当加大宏观调控力度，提供更大的优惠力度，切实发挥政策性金融对农村发展的扶持作用。其次，商业性金融与合作金融都要发展，但也不能忽视民间金融的力量，对非正规金融组织要通过合法的方式与组织，充分发挥其民间借贷的功能。再次，要充分提高农业产业的比较利益，增强金融机构参与农村市场的信心。最后，各种金融机构的协调配合至关重要。各类金融机构要合理分工，各项优惠政策要落实到位，各项金融服务要与农民融资需求相适应，促进整个农村金融体系的健康发展。

二是改善农村金融发展环境，完善我国农村金融市场。要逐步放开农村贷款利率，应根据市场需要，实行更大范围的利率浮动，以适应商业性金融机构在农村金融市场的需求。要建立和完善农业保险体系，对贷款的农户和企业提供担保，应当成为完善农村金融服务中的一项新业务。要调整国有商业银行在农村的业务。在国有商业银行的结构调整方面，可以将没有能力在农村地区放款的网点撤掉，由其他有放款能力的农村金融机构吸收存款。

三是建立多元化的农村金融机构，形成竞争机制。目前农村金融市场中金融机构数量不足，结构单一，必须在金融机构的设置上实施多元化机制，形成竞争氛围。政策性金融机构要发挥其核心作用，农村信用社等合作金融机构要发挥其基础地位，各大商业银行和各类民间金融要积极进入农村金融市场。要提高服务意识，完善服务设施，提高服务效率，促进整个农村金融市场高效运行。不能仅仅局限于传统的借贷业务，票据市场、农村资金拆借市场等新型金融业务要发挥其应有的功效。农业与工业、服务业之间，城乡之间，可以实现资金的相互融通，政府应当加大对农村金融市场的监管，加大支农资金的投入，拓宽投入领域。要大力发展农业保险市场，深化农村利率市场化改革，鼓励民间金融发展。

■ 本章参考文献

[1] 刘营军. 中国农业政策性金融之需求和市场化改革路径研究 [D].
南京：南京农业大学，2011.

［2］刘潇．贫困户小额信贷需求及其影响因素研究［D］．重庆：中共重庆市委党校，2019．

［3］李海楠．吕梁市金融扶贫的成效、问题与对策研究［D］．保定：河北大学，2018．

［4］孙梓淇．精准扶贫背景下 P 农商行扶贫贷款风险分析与对策［D］．南京：南京农业大学，2019．

［5］车璐佳．对制约金融扶贫再贷款实施效果因素的分析与建议［J］．经济研究导刊，2020（22）：38-39．

［6］么时曾，刘亚平．关于金融扶贫工作开展情况的调查——以双鸭山市为例［J］．黑龙江金融，2019（5）：52-54．

［7］张岳鹏．利率市场化对宁夏固原市县域金融市场的影响［D］．西安：西北农林科技大学，2016．

［8］康峰．扶贫再贷款政策执行瓶颈［J］．中国金融，2017（19）：100．

［9］刘辉．财政支持普惠金融发展存在问题与建议［J］．西部财会，2014（11）：49-52．

［10］李罕．河北省扶贫小额信贷问题研究［D］．石家庄：河北师范大学，2017．

［11］高文君．广西村镇银行发展问题研究［D］．南京：广西大学，2018．

［12］李晓丹．枣庄市金融扶贫政策研究［D］．北京：中国矿业大学，2019．

［13］伍思弘．G 农村商业银行参与金融扶贫的问题与对策研究［D］．广州：暨南大学，2020．

［14］邹萌芝．中期借贷便利工具的市场利率调节效应研究［D］．长春：吉林大学，2020．

［15］中国人民银行南通市中心支行课题组，赵美华．农村金融机构经营绩效评价及其影响因素研究——以南通地区为例［J］．金融纵横，2016（10）：72-84．

［16］黄海洋．再贴现政策工具传导效果、问题及建议——以黑龙江省为例［J］．黑龙江金融，2019（6）：15-18．

［17］陈宣良．我国货币市场对货币政策传导的影响研究［D］．北京：中央民族大学，2013．

[18] 黄勇. 河南省县域金融支持县域经济发展的路径选择 [J]. 特区经济, 2011 (9): 194-196.

[19] 蔡昉, 王德文, 曲玥. 中国产业升级的大国雁阵模型分析 [J]. 经济研究, 2009, 44 (9): 4-14.

[20] 马理, 娄田田, 牛慕鸿. 定向降准与商业银行行为选择 [J]. 金融研究, 2015 (9): 82-95.

[21] 肖将. 中国建设银行 A 分行普惠金融业务服务营销策略研究 [D]. 合肥: 安徽大学, 2019.

[22] 谢思, 李琼, 李博. 差别化存款准备金制度对县域信贷投放的激励效应研究——以湖南省为例 [J]. 区域金融研究, 2021 (4): 49-54.

[23] 苏丰, 托雅, 袁红燕, 等.《关于鼓励县域法人金融机构将新增存款一定比例用于当地贷款的考核办法 (试行)》实施中效果因素分析及对策建议 [J]. 内蒙古金融研究, 2014 (5): 95-96.

[24] 中国人民银行榆树市支行课题组, 徐加生. 差别存款准备金制度: 国际比较分析与现实应对 [J]. 吉林金融研究, 2019 (11): 27-29, 45.

[25] 于立志, 宋庶民. 金融机构支持农民合作社发展的现实选择 [J]. 吉林金融研究, 2011 (2): 35-37.

[26] 邓忠. 提升"造血"功能助力脱贫攻坚 [J]. 当代金融家, 2017 (2): 118-119.

[27] 刘志平. 县域金融机构新增存款用于当地贷款的思考 [J]. 银行家, 2011 (4): 126-128.

[28] 邝希聪. 金融发展对减贫的效应研究 [D]. 长沙: 湖南大学, 2020.

[29] 吴华. 扶贫小额信贷的制度创新 [J]. 北京: 清华金融评论, 2020 (7): 16-19.

[30] 廖继胜, 刘昱, 刘志虹, 等. 基于 DEA 和截断回归模型的欠发达省份国家助学贷款绩效及其影响因素研究 [J]. 黑龙江高教研究, 2022, 40 (4): 54-60.

[31] 谌争勇. 新形势下我国民贸民品贷款贴息政策落实和金融支持面临的现实困境与优化策略——基于对湖南省益阳市的实证调查 [J]. 金融经济, 2020 (10): 67-72.

[32] 谌争勇. 湖南益阳民贸民品贷款贴息政策和金融支持调研报告 [J]. 民族论坛, 2020 (3): 82-86.

[33] 程艺涵. "十三五"时期易地扶贫搬迁投融资模式研究 [J]. 纳税, 2018, 12 (23): 201.

[34] 吴国宝, 李兴平. 小额信贷对中国扶贫与发展的贡献 [J]. 金融与经济, 2003 (11): 7-10.

[35] 桂丹, 桂燕. 乡村振兴战略下农村金融服务创新路径 [J]. 乡村科技, 2022, 13 (1): 21-23.

[36] 高巍, 林梦瑶. 精准扶贫背景下普惠金融服务模式创新研究 [J]. 商业经济, 2022 (1): 177-179.

第 5 章　创新我国乡村振兴金融生态环境

5.1　拓展乡村振兴融资渠道

5.1.1　我国农村融资渠道现状

我国农户的经济和社会活动具有小规模、高度分散等特点，因而农户投资或融资行为也具有上述特征。农户的融资行为具有单调性、被动性、无积累经验和缺乏计划等特点。这是由农村的主体农户的经济和社会主体性质决定的。虽然农户是我国主要的社会及经济生活的单位群体，但是中国农户固有的弱质低效、分散性及生产经营活动的不确定性，均使得农户在融资方面与其他经济主体相比有较大劣势。

（一）融资方式

我国农户固有劣势导致其融资方式十分有限，一般农户难以从亲朋之外获得资金。如果要获取大量贷款，只能从金融机构借入。

（1）直接融资：是指农户以直接向他人或机构借贷的方式融资。这种融资方式较为传统且有较长时间的历史，获得的资金易于农户操作。

（2）间接融资：是指农户通过从事生产活动或参加家庭经营的再生产而参与项目，并从中获取资金。从狭义范围来讲，这不是一种普通的融资行为，而是通过生产活动获得多种收益的过程。但从农户经济再生产的角度考虑，这也可以看成融资的特殊形式。未来这种形式的融资占比将会大大提高，具体方式是参与地方政府投资项目，如扶贫、开发、生产性经营、基础建设等项目。此类项目往往是从上到下安排的，受到地域因素和生产内容的限制，农户参与较为被动。农户可以从事政府规定的生产经营活动，通过提供劳务、土地使用权等方式从政府获取资金；也可以参与地方政府利用国外贷款项目，主要是扶贫、开发、生产性经营项目，此类项目的特点与政府投资项目相同。农户可以参与政府出面协调组织的由企业实施的或企业自行组织的生产经营项目，农户通过从事双方约定的生产经营活动、提供劳务和土地使用权等，获取资金。这种方式将使农户与企业结成利益共享、风险共担的共同体，即所谓的"产业—体化经营"模式，通过这种方式，农民可与大市场连接，企业可拥有稳固的原料生产基地和人力资源基地。这应是农村发展和农业现代化的现实选择。但在未来相当长的阶段，农户在这一共同体中将处于被动、依附地位。随着企业产品市场价格的波动，共同体的链条会时紧时松，但当企业产品价格处于不利地位时，共同体可能将首先被企业破坏。因此，制定和遵循公平竞争的市场法则十分必要。

（二）融资渠道

现阶段，我国农户可利用的融资渠道主要有以下几方面。

一是政府投资。由于政府投资是自上而下垂直切块分配至有关区域的某些群体，农户必须通过多种方式如县、乡镇规划部门和行业主管部门、村委会或从大众媒体获取信息以获得资金。近年来，由于政府投资方式多是以贷款形式或以建设项目的形式拨付（如基础设施建设、基地建设、资源开发投资等），因此农户除从有关方面了解到有关项目信息之外，还必须及时了解国内外市场及国内政策的变化情况，及时调整生产、经营结构和规模，力求在项目实施之前获得利用上述资金的资格。但从现实来看，能做到这些的农户为数很少，利用政府投资的最为有效的方式是由地方政府规划部门会同行业主管部门及时了解有关信息，制订科学的发展规划，及时调整管辖区域内的经济结构，组织申报有关建设项目，从省、中央申请资金，再细分到具体农户。

二是金融机构、小额信贷机构融资。鉴于目前我国金融机构无能力也不愿向农户贷款，农业银行、农业发展银行及农村信用社的贷款一般流向了农产品购销、加工、储运领域，农资经营、销售领域，以及乡镇企业。虽然这些贷款成本较低，但借款手续较复杂，一般情况下需要农户出具财产抵押担保，不易获得，借款金额也较小。因此，农民直接从金融机构中获取的资金很少。近几年来，国内外对农户的投资方式有所变化，我国也出现了专门用于农户融资的小额信贷形式，但目前仅在部分政府扶贫项目和外资项目中小规模试用。相当长一个时期内，这仍不是我国农户融资的主要来源。在改革开放后的大约 20 年里，农村合作基金在向农民提供生产和生活资金方面曾发挥了巨大的作用。该基金是农村集体经济积累的转化形态，使得该基金易与农户相互接近。但该基金的运作方式不规范，农户甚至集体积累的代表根本不能参与基金的管理，农户融资成本加大，基金的安全性得不到保障，因此国家停止了该基金的运营。目前国内尚未有能够取代农村合作基金的廉价的融资渠道。国内外的实践证明，多种合作形式的农村资金具有强大的生命力，国家应出台一系列配套措施，继续鼓励其健康发展。

三是个人或私有企业主的资金。农户从他人借款已有十分悠久的历史，此种借贷方式手续较简单，但借款量也较小，很难进行监管和规范。来自亲朋乡邻的借贷成本较低，从企业主的借款成本较高，且操作不规范，农户易陷入高利贷的盘剥。预计在未来很长时期内，这种融资方式仍将占农户融资份额中相当大的比重。

（三）我国农村融资问题

一是国家对农村建设和发展的投入占总量比率明显偏低。虽然目前农村建设和发展投资总量有所增加，但是比重却下降了。财政支农支出总量及其占财政支出的比重偏低。农村固定资产投资规模增长缓慢，占全部固定资产投资总额的比重偏低。农业贷款占全部银行贷款的比重有所下降。

二是农村建设和发展与城镇建设投资差距变大。近年来农村投资虽有所增长，但与城镇建设投资增长差距明显，在全社会固定资产投资完成额中的比重呈下降趋势。

三是投资分散造成规模效益差。由于目前农业投入渠道分散，部门各自为政。资金无法捆绑使用，不能形成合力。往往只有上级拨付的资金，而配套资金较少或没有配套资金，资金监管也不到位，个别地方挪占资金现象严重，凡此种种，难以形成规模优势和规模效应。

四是农业投资风险大，影响信贷投入。农业是高风险产业，不但受自然条件影响较大，在生产、储存、流通等环节承担着各种风险，而且也存在着市场竞争力弱、比较效益低等特点。在市场机制作用下，农产品价格易波动。投资预期下降，市场风险加大，致使农业信贷部门对农业的投资额度减少，严重影响农业和农村的建设与发展。

五是农村金融机构功能退化。农发行目前只在粮油收购上发挥作用，其原有的一些扶贫开发功能都已转移。商业银行进入农业领域动力不足。因为风险和效益问题，所以一些商业银行退出农村业务，农村融资进一步弱化、边缘化。农村信用社运转不畅，力量有限，况且利率偏高。民间借贷比率偏大、利率过高。

（四）国外在金融支持农业方面的主要做法

发达国家的国情与我国不尽相同，但都形成了一套支持农业发展的金融体制，其共同点是：建立了比较发达的农村金融体系以支持农业的发展，支持农业发展的金融机构提供比较宽松优惠的贷款条件；支持农业发展的金融机构通过各种渠道筹集资金；支持农业发展的金融机构得到了政府的大力支持；通过立法来保障支持农业发展的金融机构正常运行；建立了农业保险制度。

美国农业金融机构建立于20世纪初，在立法和政策的双重扶持下建立了完备的农业金融体系，形成了以政府为主导、社会多方参与的农村建设投资渠道。政府农业信贷机构、农场主合作金融的农业信贷系统、商业金融机构及私人信贷构成了以合作金融为主体、以政策金融为保障、以商业金融为补充的融资格局。美国农村合作金融由联邦土地银行、联邦信贷中介银行和合作银行三大系统构成。它们分别负责发放长期抵押贷款，向400多家地方生产信贷协会提供设备和生产贷款，向300多家供销和服务合作社提供设备和生产贷款，其政策性日益淡化、股份制日益加强，成为美国农村政策贯彻实施的重要金融渠道。三大系统既有分工又有协作，共同为美国农业的发展提供资金支持及其他服务，较好地满足了美国农村经济发展的需求，充分发挥了金融在经济发展中的催化剂作用。

法国是欧洲农业最发达的国家。在农业发展过程中，法国农业信贷银行、互助信贷联合银行、大众银行和法国土地信贷银行等农业信贷机构及法国的农业保险等都作出了自己的贡献。其中贡献最大的是法国农业信贷银行系统，它在农村融资中占主导地位。法国农民的长短期生产贷款、对地方公共事业的贷款、对农业合作社的贷款和家庭住房贷款等都通过农业信贷银行来实现。此外，它还办理一些特别贷款，如为鼓励青年农民和海外移民创办一定规模的农场、为发展畜牧业、为实现农业生产现代化的贷款和农业救灾贷款等。其特点是"上官下民，官办为主"，既承担普通的农业贷款业务，又与国家政策紧密结合，优先支持符合国家政策和国家发展规划的项目。

在日本，农业的发展得到政府政策性金融、强大的合作金融和其他金融机构的支持。这对第二次世界大战后日本农业的发展起到了极为重要的作用。也正因如此，虽然日本人多地少，自然环境又比较差，但农业生产和农业现代化发展很快。日本的农村合作金融体系特色鲜明，由农协、信联和农村中央金库组成。农协是农村金融体系的基层机构，直接吸收农户及其他居民和团体入股，主要对农户提供存贷款服务，农协成员可优先申请贷款。农协入股信联，信联为基层服务，调剂余缺，指导基层工作。信联又入股组成中央金库，中央金库是协调信用业务的全国最高机构，按照国家法律营运资金，并负责向下级提供信息咨询，指导信联工作。同时，政府允许并鼓励商业银行和其他民间金融组织从事农业和农村金融服务。日本体系健全、覆盖全国所有农户的农村金融，是一个以民间合作性质的农协金融系统为主体，以政府主导的农村制度金融为保障，以兼营农村金融业务的商业性金融为补充的，商业性金融和政策性金融相分离的农村金融体系。

5.1.2　债券市场融资

随着社会经济的不断发展，经营环境随之变化，农村中小金融机构面临着诸多困难：经营风险增加，同业竞争激烈，富余资金有效投资途径狭窄，不确定因素较多等。目前，受疫情反复影响，在经济下行压力持续增大、社会有效信贷需求不足的情况下，以传统信贷业务为主的经营模式已不能有效支撑农村中小金融机构的良性、可持续发展。因此，转变经营理念，在立足支持"三农"、小微，扶持县域经济发展的经营宗旨不变的前提下，开展债券投资业务，努力寻求投资方式和融资渠道多样化、资产结构多元化，培育和发展不同渠道的利润增长点已经成为农村中小金融机构改革发展的迫切需要。

（一）农村中小金融机构债券投资业务概述

农村中小金融机构受地理环境、投资环境、经济发展条件等因素制约，各区域发展状况受当地社会经济发展情况的影响，呈现出极度不均衡的局面。业务经营模式主要以传统的存贷款业务为主，多数并未开展债券投资业务。一些农村中小金融机构虽已在银行间市场开立账户，但由于自身经营情况、机构设置、人才储备等，导致并未入市开展投资交易活动，同时还面临着监管趋严、投资渠道狭窄、可投产品范围有限、制度建设滞后、风险防控体系不完善、缺乏专业人才储备等一系列影响债券投资业务发展的问题。

（二）农村中小金融机构开展债券投资业务的必要性

一是改善资产负债结构及经营困境。农村中小金融机构开展债券投资业务，有助于资产负债结构调整，改善资产结构单一、经营途径狭窄、缺少有效资金投向出路的问题，提高盈利能力、规模和实力，为富余资金寻找出路，为业务的转型、收入结构多元化和流动性状况的改善奠定基础。

二是拓宽盈利渠道，增强资本实力。在利率市场化不断深化的大背景下，以传统存贷差为主要盈利模式、单纯依靠放大规模的粗放经营难以为继，应当依托银行间债券市场开辟新的盈利点，通过发行金融债券和同业存单等业务，降低农村中小金融机构经营成本，提高主动负债能力，补充一级资本，在提高资本充足率的同时提高经营实力及抵御和化解风险的能力。另外，开展债券投资、资金回购、信用拆借等投融资业务，可拓展投融资渠道并借助该市场流动性强、变现能力强的特点，提升农村中小金融机构应对流动性风险的能力，丰富资产储备种类，拓宽盈利渠道，有效提升盈利水平，增强资本实力。

三是促进经营管理水平提高。在金融机构综合化经营趋势不断加剧的情况下，除贷款业务以外，农村中小金融机构资产业务种类较单一，在资产管理、投研能力方面较券商、基金等机构存在很大差距，债券投资业务提供了固收类品种的投资平台，帮助农村中小金融机构接触、熟悉该类业务，补足了差距，为今后发展其他投资业务奠定了基础。农村中小金融机构参与银行间债券市场，从传统的信贷业务向新兴的专业化水平要求更高的债券投资业务延伸。在相应制度建设、风险管理、科技系统搭建、人才培养等方面都需要不断学习、改进和完善，需要不断提高自身的经营管理水平以适应和促进业务的发展，这有助于改变经营管理理念，提升整体经营管理水平。第一，培养和储备债券投资专业人才。该业务可为农村中小金融机构培养和锻炼一批债券投资方向的专业人才，增加不同专业领域人才储备，为中小金融机构债券投资业务奠定人才基础。第二，有效降低经营成本及税赋支出。根据国债投资业务税收规定，纳税人购买国债的利息收入不计入应纳税所得额，其国债投资利息收入免征营业税和所得税，因此，持有一定数量规模的国债有利于农村中小金融机构合理调整税赋支出、保持利润增长、补充资本金、化解不良贷并提高经营效益，达到合理避税、降本增效、利润最大化的目的。

（三）农村中小金融机构债券投资业务主要问题分析

一是参与机构较少，业务范围严重受限。目前部分农村中小金融机构受监管环境、自身经营规模、人员专业水平限制，开展债券投资业务的广度、深度、发展水平、盈利能力差别较大；加之受自身资本实力及监管指标的约束，投资资产范围仅限于国债、地方政府债、同业存单等风险权重较小、收益较低的债券品种，投资难度较大，盈利水平较低，不能有效运营富余资金并实现收益最大化。

二是重视程度不足，债券投资业务发展缓慢。当前监管趋严，同业竞争日趋激烈，市场利率化程度加深，导致银行存贷差持续缩小，盈利增长困难，在此背景下开展债券投资业务是有效解决农村中小金融机构业务转型和营收多元化的重要手段。但农村中小金融机构因自身规模、经营管理等问题，部分机构并没有开展银行间债券市场业务。另外，由于参与银行间债券市场业务的体系建设时间跨度较长，从入市开户资料的准备到交易人员的培训，再到交易设施系统的搭建、制度体系的建设等需要较长时间，需要专门的部门负责，很多银行常常在申请入市过程中就半途而废，部分农村中小金融机构对银行间市场没有足够的认识，把全部精力仍放在传统存贷款业务上，致使其参与银行间市场的积极性不高，从而导致部分农村中小金融机构债券投资业务发展缓慢，甚至停滞不前。

三是缺乏专业人才储备，投研能力不足。银行间债券市场业务不同于传统的存贷款业务，债券业务创新层出不穷，分析并识别其投资价值和风险所在，对从业人员的知识储备、理论水平、专业能力均有较高要求，交易人员专业素质的高低，直接影响着债券投资业务的水平，制约着所属机构盈利能力和风险防控的能力。目前，部分农村中小金融机构债券投资领域专业人才储备匮乏，开展债券投资业务所必需的前台交易、中台风控、后台结算等岗位均没有或者缺乏相应的交易人才及储备。

四是组织设置不合理。农村中小金融机构主要以债券投资、资金回购类业务为主。资金营运部门不仅担负着债券投资和资金综合营运的重任，还担负着流动性管理、头寸匡算、内部资金定价等方面的管理职责，导致整体债券投资业务专业化程度提升困难，协调联动能力不足，不利于债券投资风险的有效隔离及整体营运效率的提高。

五是内控制度风险管理体系建设不健全。银行间债券市场业务面临多种风险，农村中小金融机构债券投资业务在内控制度、风险防控体系建设方面相对滞后，未建立起一套能全面覆盖债券业务风险各环节的管理制度，未能针对不同债券投资业务特点制定出可操作性强的实施细则或业务流程规范，没有针对以上主要风险类型设计和完善内控制度；风险管理体系不健全，迫于经营压力，对制度执行不够严格，过多地流于形式，没有形成有约束性、流程化的风险管理体系，在债券投资业务投前、投中、投后缺乏强制性、量化指标性的控制手段，忽略了内控管理的重要性。

六是缺乏有效的投资组合管理和策略研究。农村中小金融机构在债券投资业务中缺乏全面视角下债券投资业务系统性的研究，未能对债券业务的发展方向、规模、种类、期限配置制定长期规划，致使业务缺乏市场定位，无法形成明确持续的投资策略。对复杂的债券品种和交易方式认识不足，主要依靠简单的债券投资交易技巧，通过期限错配或低买高卖赚取利差，不能有效利用已有的交易工具及合理的债券投资策略进行套利和对冲风险；债券持仓规模和期限不匹配，未根据流动性的需要和自身风险偏好、货币政策及宏观经济环境的变化及时作出判断，调整债券投资组合；在仓位结构配置上，对于仓位结构配置中满足业务经营不同需要的配置仓、交易仓、流动性管理仓没有进行分类统筹管理；在业务操作过程中，在选择债券组合投资策略时，未采取防御型策略和积极型策略相结合的办法，易受经营利润和考核目标的影响，为提高收益而简单选择拉长债券的久期，从而加大债券投资业务风险。

（四）农村中小金融机构债券投资业务的思考及建议

一是积极参与银行间市场业务。农村中小金融机构的管理机构应鼓励、引导、支持、帮助农村中小金融机构积极开展银行间债券市场业务，从前期的入市开户准备、制度体系建设、交易人员培训、配套系统的搭建，到后期的具体投融资业务的开展、业务流程建设、初步投资策略的制定、风险防控体系的完善等方面，全方位、多层次地委派专人提供专业化的指导和帮助，直至其业务发展逐步步入正轨，风险防控体系逐步完善，交易人员专业水平得到有效提高，有足够的能力和经验能够独立面对复杂的市场交易环境，稳健地开展银行间市场各项业务。

二是创新业务发展模式，积极拓宽盈利渠道。必须创新业务发展模式，积极拓宽盈利渠道，在稳健经营的前提下寻找新的利润增长点和业务突破点；探索新的业务模式，引进外部先进的投研力量，由粗放型经营模式向专业化、精细化模式转变；在监管范围内，积极拓宽盈利渠道和可投资产品范围，探索增加交易新品种；健全信用债的投研体系，适当加大信用债的投资规模；加大理财业务的研发力度，开发适合本机构的理财产品、尝试开展银行间市场代付、代缴、债券承分销等业务；具备条件的也可以探索开展衍生产品市场业务，进一步拓宽经营范围和盈利渠道。

三是加强人才培养和储备，完善相应激励机制。加强债券投资专业人才队伍建设，完善交易人员的培训机制，从内部培养和外部引进两方面着手。一方面，采取"走出去，引进来"的方式，"走出去"就是增加交易人员外部培训学习的机会，参加专业银行、头部券商、外汇交易中心、中央国债登记结算有限责任公司等机构举办的关于债券投资领域的相关培训。"引进来"是定期邀请一些业内或者高校专业水平、知名度较高的专家和学者，有针对性地对交易人员进行关于宏观经济、债券投资、市场风险防控、交投策略等的培训，以提高交易人员的专业素质和投研能力。另一方面，加强外部招聘和引进，从业内引进一批从业经验丰富、专业水平较高的投资交易人员，带动团队投研能力提高；注重校园招聘，招聘债券投资相关专业的高校毕业生充实到交易团队中来，在为团队输送新鲜血液的同时，也储备了后备人才；建立和完善与业务发展相适应、适度有效的激励机制，调动交易人员工作的积极性和热情，从而实现债券投资业务的可持续稳健经营，达到收益最大化。

四是优化债券投资业务条线机构设置。明确职能划分，对提升农村中小金融机构债券投资的专业化水平、风险防控能力、整体营运效率有较大的促进作用。建议根据业务开展的需要，适时增设部分债券投资二级科室，通过增设二级科室，将前台、中台、后台明确划分出来有利于风险的分割和管控，防止风险的横向传导，使业务条线更加清晰、职能更加明确、分工更加细化，从而提高整体债券投资业务的专业化能力、投研水平和营运效率。

五是加强内控建设，建立债券投资风险管理体系。完善债券投资业务条线的制度建设，注重流程管理，在债券投资过程中，投前、投中、投后均设立相应的控制手段。在投前，确立授信管理、风险限额方案，以及信用分析、审批流程。在投中，密切关注市场动态，制定合理投资策略，严控操作风险，确保投资与审批结论一致、目标一致。在投后，严格制定执行投后管理规定，定期检查投资组合、排查风险，做到及时预警，争取提前化解风险，避免发生损失。同时，严格约束债券投资业务规模，设置与自身经营发展状况和业务水平相适应的债券投资策略，防止因债券投资风险或者外部违约风险造成新的输入性、流动性风险。

六是加强债券投资组合管理，切实提高投研能力。加强债券投资组合的管理，需要做到期限搭配和结构搭配平衡，加强日常风险监测、控制，债券投资要长期、中期、短期结合，有效规避投资风险，做到投资收益最大化。可进行以下分析：分析宏观经济基本面、政策面、资金面预判市场行情；制定与本机构经营规模业务水平相适应的债券投资目标；制定债券业务投资策略，确定可投资金总量，总体投资安排包括投资节奏、仓位品种及期限搭配，建立与调整债券投资组合，根据前期投资策略构建投资组合、不同券种及期限的组合，并不断调整组合结构；投资绩效回报，评估整个投资流程的回报率、风险程度及投资策略的有效性，总结经验，指出不足，提出改进措施，为以后的投资活动提供参考。

5.1.3 主板、创业板市场融资

深圳证券交易所和上海证券交易所是证券发行、上市和集中竞价交易的主要场所，包括主板市场和创业板市场。其中主板市场也就是传统意义上的证券市场，主要是为成熟的、大型企业提供融资和转让服务。主板市场对上市标准如总资产、净资产和连续 3 年盈利等指标要求较高；创业板市场又称二板市场，是主板之外的第二证券交易市场，专为处于幼稚阶段、中后期和产业化阶段初期达不到主板市场上市条件和要求，但具有一定的成长空间，通过上市融资后能提升企业经营业绩的中小企业和高科技企业提供融通资金的场所。进入门槛比主板市场低，对总资产和盈利等要求相对较低。

随着国家对农业的重视和资本市场本身的发展壮大，涉农企业利用深沪交易所融通资金的潜力巨大。为吸引外资、改善我国证券市场投资者结构，促进我国资本市场与国际接轨，2014 年 11 月 17 日沪港通开通，随后深沪股市暴涨，成交量连续突破万亿元，当年 12 月 9 日更是突破 1.2 万亿元，刷新了世界纪录。《中共中央关于全面深化改革若干重大问题的决定》关于股票公开发行注册制的试点与推行，证券监管机构只对发行人申报文件的全面性、准确性、真实性和及时性进行形式审查，不对其作实质性审核和价值判断。实行注册制后，上市准入制度将出现历史性的变革，上市不再需要发审委的过会通过，只需要满足相应的上市条件即可挂牌上市。这种市场化程度极高的发行制度将为涉农企业通过资本市场发行股票或债券融资提供巨大的空间。

5.2　完善和建立乡村振兴配套金融法律法规

5.2.1　严厉打击农村金融诈骗

随着我国全面脱贫，农村经济快速发展、居民收入不断增加，农村金融诈骗事态日趋严重，农村金融诈骗会对居民、金融机构及农村金融行业的运行造成危害。由于农民缺乏足够的融资渠道且金融风险防范意识薄弱，有些经营不规范的公司向农村转移，这是农村诈骗高发的主要原因。因此，应通过严厉打击金融诈骗犯罪，鼓励传统金融机构和正规互联网金融公司下乡扶持"三农"，加强农村金融监管，提高农村居民金融知识普及，防范农村金融诈骗风险。

(一)　农村金融诈骗的形式

农村金融诈骗形式多种多样，大多披着金融理财、"共同致富""快速致富"和"金融创新"的外衣，让广大农民应接不暇，且多数通过同乡介绍、亲友介绍、高额收益或送礼品等方式吸引广大农村居民受骗。

一是假借 P2P 理财名义的金融诈骗。P2P 理财系点对点借贷，将小额资金聚集起来借贷给有资金需求人群，是互联网金融形式之一，能有效弥补被商业银行等金融机构忽视的市场。许多经营不规范的、不具有合法资质的小公司到农村以 P2P 理财的形式，以每年 30%~50% 的高收益率吸取资金，达到一定规模后连夜跑路。

二是非法集资等庞氏骗局。庞氏骗局源于查尔斯·庞兹编造的投资计划，以高额回报吸引客户，用号称 45 天 50% 的回报率骗取了 4 万多名波士顿市民共计 1500 万美元资金。现在很多骗子来到农村，天花乱坠地编造各种不存在的"有政策支持、专家背景、内部神秘、机会难得"的投资项目，且宣称这些项目门槛和风险极低、收益极高、稳赚不赔，要求农村居民不断发展亲戚朋友等下线参与，并让这些人相信通过发展下线可获得更高收益。当骗子积累到一定数额后就会跑路。该类非法集资往往能通过亲戚朋友互相介绍，将一个村庄或周边几个村庄的资金席卷一空，危害极大。

三是借用身份证使农村居民背上巨额借贷。不法金融机构以"好处费"、免费旅游等为诱饵，借用农村居民的身份证办理信用卡或贷款等业务，居民在毫不知情的情况下背上巨额贷款。例如，2016 年曝出的多家医疗分期平台联合非法中介，去农村以支付几千元至一万元的辛苦费，拉着多名农村居民到医疗整形机构申请整容分期贷款，诈骗金融机构数亿元。直到金融机构上门要求还款或收到法院传票，居民才明白其遭遇用身份证申请贷款的骗局。

四是根据农村居民信息泄露编造故事骗钱。有些不法机构根据泄露的农村居民相关信息，编造其在外地打工的子女遭遇车祸、遇到安全事故或有违法行为等，要求家中亲人汇款进行营救。还有机构编造虚假中奖、电话欠费、支付医疗保险等费用，要求受害者转账或汇款至指定账户。

五是个别农村金融机构违规经营。个别农村金融机构由于管理、风险控制等漏洞，由内部人利用伪造或变造的印章票据、对账不及时、密码器管理不严等管理漏洞实施作案，或采用高息揽储、伪造相关材料、"调包"、盗用客户信息、"飞单"等使农村客户遭受损失。

（二）农村金融诈骗后果严重

农村金融诈骗会对农村居民、金融机构、金融行业甚至整个国家的经济运行造成危害。

一是损害农村居民的财产权益，甚至威胁其生命安全。农村居民被诈骗的资金往往是多年的积蓄，甚至是"种子钱""化肥钱""农药钱""养老钱""救命钱"，农村居民不仅是财产权益受到损害，其生命安全也可能遭到威胁。除此之外，被中介欺骗获取银行贷款的农村居民，会被银行加入黑名单，将来其从事金融消费活动会受到一定影响。

二是对金融业的声誉、资金、发展趋势造成不良影响。金融诈骗的发生可能使正规金融机构的任何经营瑕疵或关于声誉的传言在短期内被迅速传播，甚至被别有用心之人利用，从而对经营资金、发展趋势造成不良影响。由于农村居民对金融机构是否正规和风险的甄别能力较差，经历过金融诈骗后，可能对所有金融机构产生不信任，影响正规金融机构在农村的经营和发展。

三是扰乱农村金融秩序和经济形势。许多农村居民在遭遇金融诈骗后，为维持生活或偿付所欠款项，不得不"借新债还旧债"，甚至部分农村居民采用借"高利贷"的方式来还债，导致"高利贷""地下钱庄"等不法组织在农村死灰复燃。也有农村居民在高收益的诱惑下，不再从事正常的农业生产，而是到处"拉人头"获取收益，导致更多居民被骗，严重影响农村的金融秩序和经济稳定。

四是社会影响面广，影响社会稳定。许多公司在农村违法开展金融活动，往往通过"拉人头"的形式，致使一个村或附近几个村居民全部受骗，受骗人数众多，极易演变为群体性事件，社会影响面广，影响社会稳定。

(三) 农村金融诈骗的防范与治理

一是严厉打击金融诈骗犯罪。成立严厉打击金融诈骗行为工作组，由各地金融局（办）牵头、公检法职能部门参与，负责严厉打击金融诈骗行为的决策部署、统筹协调、推进实施和督促落实。各部门要加强协调沟通、互相配合，同时要建立长效机制，常态化打击金融诈骗犯罪。

二是鼓励传统金融机构下乡，鼓励合规互联网金融公司扶持"三农"发展。鼓励传统金融机构提供相关农村金融创新服务，支持金融机构增加县域网点、下放县域分支机构业务审批权限，对农业银行、邮政储蓄银行、农村信用社、村镇银行等农村金融机构提供支持政策。鼓励传统金融机构运用互联网技术，为农业经营主体提供小额存贷款、支付结算和保险等金融服务，积极推进信用户、信用村、信用镇建设。鼓励合规的互联网金融公司通过网络借贷、股权众筹融资等工具，运用技术优势消除金融的地域歧视，吸引城市富余资金回农村。同时，运用大数据技术，有效甄别具有潜在偿还能力的农村居民，将信用进行资本化，通过对缺乏信用记录和抵押品的农户进行授信和小额贷款支持，建立农户信用记录。

三是加快农村基础设施建设。加快农村基础设施建设，加快农村信息化建设、网络建设，引导农村居民通过互联网了解金融最新发展、通过合规互联网金融公司办理业务。加快农村有线电视和文化建设，鼓励农村居民通过报纸、杂志增加金融知识。

四是加强农村金融监管。加强农村金融监管，落实主体责任，形成齐抓共管的治理合力。明确金融局（办）的主体责任，推进政法系统防范和处置金融诈骗专业化队伍建设，推动公安机关设立防范打击涉众型经济犯罪侦查支队，检察院设立金融检查部门，法院设立金融法庭。

五是提高农村居民金融知识普及，提高防范意识。金融机构要加强投资者教育和金融消费者权益保护，提高投资人的风险防范意识和风险识别能力。金融机构可制作面向广大农民的宣传材料，在营业网点摆放供取阅；通过在网点悬挂宣传横幅、在液晶公告屏幕滚动显示宣传标语、张贴海报等形式宣传防诈骗知识，定期组织开展防诈骗宣传月活动，普及最新金融诈骗形式和防骗要领；借助电子化载体，利用微信等社交软件，通过视频、漫画等方式，采用通俗易懂的宣传方式，传递防金融诈骗知识、举报途径等。同时，公检法机关、大学生志愿者群体可先向外出务工人员普及，再由其向家人传递防金融诈骗知识。

5.2.2 减少机构面向农村贷款的限制性条款

（一）农户担保贷款拓展中的制约因素

一是农业保险体系不健全，制约着农户担保贷款业务的拓展。农业保险针对的是农业生产的保险业务，是指通过农户投保在更大范围内分散经营风险、在受灾后及时得到损失赔偿的制度形式。据调查，辖区农业不上保险，就保证不了受灾后农民的收益，因而制约了担保贷款的拓展。

二是农业的分散经营和高风险性，制约了一些金融机构的信贷投向。目前农户的分散经营方式，使得面向农户的贷款工作琐碎而复杂，且盈利不易，也从客观上给进一步加大金融支农力度带来了难题。如果没有政府引导或者其他组织协调和农户的融资关系，农信社很可能会因为风险大而不予贷款。

三是农村专业合作组织的缺乏，制约了信息的准确传递。农民对于银行之所以缺乏信用，除了抵押物不足外，主要原因是两者之间信息不对称，管理半径过长。没有农村专业合作组织提高农民的组织化程度，就不能依托地缘、业缘关系发展和规范农村金融，包括发展和规范合作金融业务。当前某些地方自发成立的农村专业合作组织虽然在一定时间内起到了作用，但由于缺乏专业性的指导及运作不规范，作用难以真正显现。

四是农信社信贷员队伍超负荷运转，限制了其对农户贷款的支持力度。农信社办理的贷款大部分是农户小额信用贷款，具有点多、面广、额小的特点。据调查，一个信贷员平均负责 5 个村左右的信贷业务，业务分散，在客户管理方面很难到位。

五是农村信用环境差和资金需求日趋多元化，使信贷管理体制亟须改观。当前，农村社会信用体系建设不完善，制度也不健全，在部分农村地区还存在一些问题，大量强壮劳动力外出务工，剩下妇女和儿童，信用意识淡薄，还款能力有限，农村信贷业务难以开展。随着经济结构和收入结构的多元化、复杂化，农村各经济主体的需求呈现多样化的特征，现有的信贷管理方式、信贷业务品种和金融服务水平滞后，难以满足农业经济持续发展的客观需要。

(二) 发展农户担保贷款的新思路

一是以农业保险来分散信贷风险。农信社应与保险公司建立合作关系，在具体运作中，农业保险保单如指定银行作为第一受益人的，保单可作为质物质押给银行从而获得贷款。

二是建设多层次、多元化的农贷担保体系。通过建立政府引导型担保基金，进行市场化运作，具体的运作方式可以采取从中央和上级政府下拨给农村的扶持资金中划出一部分、地方政府财政收入中挤出一部分的办法建立县、乡镇两级农贷担保基金。农贷担保基金专户存储在农信社，专人负责管理，专门为农户大额贷款提供担保。

三是因地制宜，发挥农村金融机构的优势。农信社应将传统的信贷业务向支持农业产业结构调整的方向转变。主动引导农民改变传统的耕作模式，优化种植结构，发展高效农业、特色农业、生态农业和观光农业。在支持畜牧养殖业方面，应以发展标准化规模养殖为重点，把信贷资金投向效益高、风险小、潜力大、市场稳定的绿色环保养殖项目上。

四是推进农民组织化。农村金融问题与农民组织化问题是一个硬币的两面。破解农村金融问题需从提高农民组织化水平入手，反之，提高农民组织化水平要从发展金融组织入手。信用合作社以金融为核心，以信用为脉络，通过支持和引导农民发展合作组织，并在合作社与合作协会平台上开展农村信用评级和信用联保，实现与现有银行体系的对接和互补，将社会资本有效转化为经济资本。

五是创新服务方式，打造特色金融服务。坚持以农户为中心，围绕支农重点，拓宽服务领域，结合市场对不同的客户"量体裁衣"，提供个性化、差异化信贷服务。

六是建立科学的人力资源管理体制。加大人才培育力度，建立一支高素质的信贷管理队伍。要采取"引进来、派出去、上下交流、异地交流"等方式，多渠道培育信贷管理人才，逐步优化信贷队伍。

5.2.3　深化与产业发展相关的金融法律法规

乡村振兴战略的实施进一步释放了农村经济的活力，大大促进了农村产业的发展。当前，我国农村地区主动结合新政策、新科技，补足自身的短板，以创新和高质量发展的姿态融入市场经济。但是，由于农村经济产业主体存在自身的薄弱性，难以应对加速变化的市场经济，滋生了诸多经济方面的法律问题，影响到农村产业的良性探索。对农村产业发展过程中实施法律援助既是我国司法公平与公正的体现，同时也是社会主义法治国家建设的要求。农村经济发展过程中的法律援助既要和整个农村经济发展相适应，同时也要能够主动引导农村产业主体的法律意识，以此来形成法律与经济在农村地区的有效互动。

（一）我国农村经济法律援助存在的现状

法律援助是司法实践公平性的体现，通过法律援助的实施能够为弱势群体提供有效的司法支撑，弥补城乡地区、低收入与高收入群体之间的司法差异。在农村产业发展过程中，农村地区逐渐完善了自身的产业链条，在市场经济中发挥着越来越重要的作用。并且，在相关政策的支持下，农村地区也积极融入互联网经济体系，主动进行高质量农村经济主体的探索，这也就进一步推动了农村经济法律援助的需求。但是，农村产业的发展又进一步推动农村法治建设从以农村为核心转向以市场经济为核心，自此，我国现有的农村法律援助面临着新的挑战。

一是农村经济法律援助供给不足。农村经济法律援助的供给主体是律师群体，我国在 2007 年以后进一步明确，律师从业者必须具有执业资格证书，这就使得原有的基层法律工作者逐渐退出行业范围，推动律师行业垄断性的形成。到 2025 年，全国执业律师将达到 75 万名，但这只是总体的律师数量，而不是能够提供法律援助的律师数量，其中大部分律师群体并未投入法律援助的行列。从数量对比来看，我国提供法律援助的律师只有两万多人，占据整体律师从业者的二十分之一。这就使得法律援助律师数量与整体的援助需求不相适应，多数基层乡镇地区法律援助律师只能配置一到两个，影响到农村经济发展过程中法律援助工作的开展。

二是农村经济法律援助质量有待提升。在农村经济发展过程中，法律援助的质量不高，这也是农村地区法律援助工作开展的短板之一。这主要体现在：首先，农村经济发展过程中提供法律援助的重要主体是社会律师与法律援助机构的工作人员，但是法律援助本身的公益性和无偿性，导致部分社会律师在援助工作开展的过程中难以尽心尽力，甚至存在敷衍了事的现象，影响到农村经济发展过程中法律援助开展的质量。此外，由于法律援助机构的在编人员相对较少，在农村经济产业主体遇到需求的过程中，多数法律援助机构难以进行全面的服务，甚至对于农村产业经济主体的法律援助服务难以兼顾，进一步影响到农村产业发展过程中法律援助的质量。其次，农村产业发展过程中的法律援助服务存在"磨刀石"的现象，即社会律师事务所在承接法律援助案件的时候，有时会将其交给新手律师进行练手。刚刚执业的律师或者实习律师在司法方面的经验相对不足，而农村经济方面的司法事件又具有一定的复杂性，尤其是农村产业发展过程中农业在市场经济中的竞争问题，更需要有经验丰富的援助律师来解决。新手律师的经验与农村经济方面司法问题的复杂性之间的矛盾进一步降低了农村经济法律援助的质量。

三是法律援助缺乏完善支撑。在乡村产业发展的背景下，农村经济的法律援助开展也需要有法律和相应的制度作为支撑。从当前来看，农村经济的法律援助在开展过程中的主要依托是 2003 年颁布的《中华人民共和国法律援助条例》，而条例本身的法律位阶较低，属于行政法规的行列，这就造成农村经济法律援助在开展过程中缺乏权威性，影响到对法律援助开展的支持力度。同时，在该条例中，尚未专门规定对农村地区以及农村经济的法律援助问题，但是在乡村产业发展的过程中，涌现出了大量的农村法律问题，如农村内部的土地流转、安置等，以及农村产业与市场经济接轨过程中的法律纠纷，这就进一步影响到了农村经济法律援助的开展。

从农村经济法律援助的实施标准来看，我国法律规定，法律援助开展的主要标准是受援人的经济困难情况，但是对于农村产业发展过程中的经济主体来说，其与原有标准不完全符合，如产业主体的困难度和受援人的经济困难度两个标准的执行问题。法律援助的开展本身就是针对弱势群体，而农村产业相对于城市产业也存在明显的弱势，尤其是农村产业经济主体在刚刚起步的阶段，更是存在资金不足、规范不足和经验不足等问题，同样需要法律援助的帮助。

从农村经济的实际法律援助情况来看，在实施过程中的标准体系存在着弹性不足、门槛较高的问题，部分经济困难的产业主体难以纳入法律援助实施的对象范围，这就造成法律援助制度在农村经济产业发展过程中的覆盖范围不足，影响到法律援助在农村经济发展过程中的成效。

（二）我国农村经济法律援助的优化策略

一是充分发挥高校作用，解决法律援助数量不足问题。在农村经济法律援助开展的过程中，针对援助数量不足的问题，应当充分发挥我国各个高校的作用，这样不仅能够为高校法律专业学生提供实习与实践的机会，同时也能够探索农村经济发展与地方高校互动的路径。高校法律专业的学生有着丰富的法律知识，引导其通过实习等方式深入农村地区，能够为农村产业经济发展过程中存在的法律问题的解决提供支撑，对农村经济发展过程中法律援助资源不足的空缺进行补足。

由于法律专业的学生在实践方面有所不足，需要在服务的过程中发挥专业教师、地方法律援助机构的作用，加强对学生援助过程中的指导与把关，以此来保证法律援助本身的质量。一方面，各个高校要能够对参与农村经济法律援助的学生进行把关，如学生的学习情况、学历层次等；另一方面，要能够结合具体的服务案件，发挥教师与法律援助机构专业人员的指导与监督作用。

地方司法部门要能够积极与地方高校进行对接，搭建法律专业学生为农村经济提供法律援助的制度体系，如在高校组建农村经济法律援助社团，由地方法律援助机构、高校教师进行指导，在假期内为农村经济主体提供法律援助服务。同时，高校和地方司法部门也应当围绕农村经济法律援助的开展，为学生提供一定的奖励，如根据服务时长、服务质量提供相应的证书等，以此来调动学生的积极性。

二是提高法律援助人员整体素质。针对当前农村经济法律援助开展过程中质量不足的问题，需要地方政府、司法部门、法律援助机构、社会律师等共同发挥作用，提高法律援助人员的整体素质，以此来满足农村地区经济发展过程中法律援助的需求。

应当通过定期培训提升现有法律援助队伍的质量。各地司法部门和法律援助机构要能够为援助律师制定定期的培训方案，并结合农村产业经济发展过程中突出存在的司法问题，围绕问题解决、法律条文、司法程序等进行培训，并对培训的过程安排相应考核，以此来促进法律援助队伍能力的提升。

应当支持并引导组建专业化农村经济法律援助团队，对农村经济发展提供法律援助，这样不仅能够有效解决农村地区的法律问题，也能够进一步促进农村经济与产业的发展。因此，各地政府要能够通过宣传、政策支持等方式引导社会律师等群体积极参与农村地区的法律援助，建设以法律援助机构为核心的专业化农村经济法律援助团队。同时，为了调动社会律师的积极性，政府应当实施补贴制度，为参与农村经济法律援助的社会律师提供相应的补贴，以此来调动社会律师援助的积极性，进一步提升农村经济法律援助过程中的服务质量。

三是健全农村经济法律援助支撑体系。农村经济法律援助的优化也需要有健全的支撑体系，主要包括法律支撑和制度支撑。这也是农村经济法律援助良性开展的关键保障。

要完善当前的法律援助条例，结合农村经济在发展过程中呈现出的实际问题和特点，将原有的援助条例上升至具有针对性的法律体系，制定专门的法律援助法，并对农村经济法律援助的问题进行明确，从而为农村经济法律援助工作的开展提供关键性保障，更好地维护农村经济产业的发展。

要能够围绕农村经济法律援助的开展，对原有的制度标准进行健全与完善，以此提供专门的制度支撑。一方面，要能够结合农村经济的特点，出台农村产业主体法律援助的制度标准，如以农村经济产业主体的债务程度、盈利程度以及地方政策等为标准，确定受援经济主体的范围，提升法律援助为农村经济产业发展服务的针对性；另一方面，要能够有序扩大农村经济法律援助的范围，在原有法律援助的基础上，将市场经济发展过程中呈现出的新问题纳入法律援助过程，如农村土地问题、农村经济主体的市场问题等，搭建起农村经济法律援助的网络。

5.3 加强我国乡村振兴信用体系

5.3.1 当前我国农村信用体系建设的五种模式

（一）具体内容

一是政府主导模式。这一模式主要由地方政府统一推进信息采集、共享和应用。如广西田东县依托农村信用体系建设工作机制，组织开发农户信用信息采集系统，建立了完善的信息采集与应用保障机制。湖北咸丰县通过整合政府部门大数据搭建信用信息平台，推动涉农信息的联通与共享，取得明显成效。

二是"政府+人民银行"模式。在政府主导下，人民银行分支机构联合多部门共同推进信息采集与共享。如重庆巴南区由政府财政出资，当地人民银行牵头开发农村征信系统，实现信息的定期持续更新。湖北省钟祥市、崇阳县由人民银行具体推动，借助农村网格化管理平台，实现信用信息采集、更新和共享的可持续化。

三是"政府+专营机构"模式。这一模式主要由政府主导推进信息采集与共享，并成立专业化机构负责具体信用平台的开发和运维。如浙江丽水市成立金融服务中心，具体负责农村征信体系建设。

四是人民银行主导模式。这一模式主要由人民银行分支机构主导建设和运维，协调各部门及金融机构采集和应用信息。如湖北省松滋市、江苏省仪征市等地人民银行分支机构主导建设了当地农村信用信息平台，主要采集各金融机构涉农信息及其他政府部门公开信息等，为金融机构提供信息服务。

五是涉农金融机构主导模式。这一模式主要由涉农金融机构主导信用平台的建设和运维，协调各部门采集和应用信息。如湖北枝江市依托主办银行和农村信用合作联社，采集或整合四类新型农业经营主体的信息资源。湖北竹山县农商行整合保险、权证、收支等涉农信息资源，并对信息采集质量和定期更新情况进行考核。

（二）运行效果

政府主导模式的政策支持力度大，信息采集、资金来源、平台运营有保障，信用平台建设进展较为顺利，取得了一定成效，但缺乏激励约束机制。

在"政府+人民银行"模式下，信用平台建设成效差异较大，能否建立长效机制很大程度取决于人力物力保障程度及部门协调难度。

"政府+专营机构"模式，不仅具有政府主导模式的相关优点，而且有专业机构负责信用产品的开发和应用，更贴近需求，具有较强的可持续性，但该类信用平台数量相对较少。

在人民银行或涉农金融机构主导模式中，金融机构网络部署和系统接入更便捷，但缺乏政府强有力的政策支持，部门协调难度较大，信息采集较为困难。

表5-1　我国农村信用体系建设五种模式的优缺点

基本模式	主要优点	主要缺点	成效评价	代表地区
政府主导模式	信息采集、资金来源、平台运营有政策保障	缺乏激励约束机制	较好	广西田东县，湖北咸丰县
"政府+人民银行"模式	有政府政策支持，具有一定的组织保障	因政府政策支持程度不同而导致成效差异较大	较好	湖北钟祥市，湖北崇阳县

续表

基本模式	主要优点	主要缺点	成效评价	代表地区
"政府＋专营机构"模式	组织保障充分，平台运营具有长效机制	平台运营成本较高，需要长期资金支持	最佳	浙江丽水市，广东梅州市
人民银行主导模式	网络部署和系统接入便捷，实施较快	政策保障不足，部门协调困难，一般信息采集面临问题	一般	湖北松滋市，江苏仪征市
涉农金融机构主导模式	容易实施，成本较低	政策保障不足，信息采集存在困难，难以全行业共享	一般	湖北竹山县，湖北枝江市

（三）各地农村信用体系建设存在的主要问题

虽然全国各地在探索农村信用体系建设路径方面取得了一定进展，部分"政府＋专营机构"模式下的农村信用平台建设在局部区域内取得了较好成效，但总体上讲，当前全国各地农村信用体系建设仍然存在一些问题。

（1）法律制度建设滞后，信用平台建设及应用存在法律风险。

部分信用平台采集的家庭户籍、信贷、纳税、社保、公积金等信息属于非公开信息，按照法律法规，相关部门和单位应履行为信息主体保密的义务，不得对外提供相关信息。根据我国《征信业管理条例》，信用平台采集个人信息应当获得信息主体同意。

由于信息主体授权机制不完善，信用平台通过系统交换采集上述信息时难以获得信息主体同意，存在违规采集农户和涉农企业信息的法律风险。而且，少数信用平台内部管理制度不健全，对金融机构查询应用情况缺少长效的事后监管机制，存在金融机构违规查询个人信息的风险隐患。此外，有关政府部门和公共事业单位在地方信用平台建设过程中，职责定位、权责划分不清晰，同时承担了裁判员和运动员的双重职责，在法律上存在一定的身份冲突。

（2）信用平台性质定位不清，不利于信用平台长远健康发展。

根据我国《征信业管理条例》的规定，农村信用平台从事信息采集、整理、保存和加工，向信息使用者提供服务，应当视为征信业务，只有获得个人征信机构经营许可资质才能运营。

在当前特殊条件下，绝大部分农村信用平台较难获得个人征信机构许可资质，一定程度上存在信用平台运营的合规风险。当前部分农村信用平台既履行一定的公共管理职能,同时又提供公益性质的征信服务;部分农村信用平台仅定位于对外提供征信服务,促进银农信息对称和"三农"融资;部分农村信用平台建设缺少战略规划和机制设计,对信用平台建设的基本方向和运营性质认识不清,不利于信用平台长远健康发展。

(3) 以县域为主体的信用平台重复建设严重,成效不佳。

全国大部分农村信用平台均以县域为主体建设。由于县级信用平台在开发主体、技术标准、运维方式、功能定位以及产品服务等方面差异较大,信用平台之间互联互通不够,"信息孤岛"和重复建设比较严重,普遍存在小、散、弱的问题。少数地方还存在为建而建、为完成任务而建的现象,无法实现信息持续更新,造成平台认可度不高、实效性不强、使用率偏低。加之不同地区政府支持力度和运营模式差异较大,信用平台建设的政策和资金保障不到位,市场需求不足,开发技术不成熟,内部管理不规范,运行成效不理想。

实际上,不管是否跨区域建设,农村信用平台都面临着同样的法律风险,部门信息采集面临相同的工作难度。金融机构是信用平台的主要使用者,其信贷准入政策和要求在一个地市甚至在一个省份内都是基本一致的,以县域为主体建设信用信息平台,难以嵌入金融机构信贷管理流程,限制了信息应用的规模效应。

(4) 部门信息采集与共享困难成为制约平台建设发展的主要因素。

信用平台建设是一项系统工程,包括软件开发、信息采集、产品设计、运维管理等,其中信息采集是最为关键的因素。

实践中,只有少数政府主导或"政府+专营机构"的信用平台实现了多部门信息采集与共享,其他多数信用平台的信息主要来源于当地涉农金融机构,仅采集贷款农户基本信息和涉农企业注册登记等基本信息,缺乏金融机构更为关注的能反映农户生产经营、收入支出的信息,以及能反映涉农企业生产经营情况的纳税、水电交费、不动产抵押、企业账户、诉讼、社保缴纳等相关信息。

其主要原因,一方面在于缺乏顶层设计上的制度规定,缺乏长效的激励约束机制,基层难以有效协调相关涉农政府部门和单位开展涉农信息采集和共享;另一方面在于农村经济主体分布分散且数量较多,农村常住人口尤其是青壮年劳动力大量外出,部分涉农信息采集难度较大、成本较高,即使加大采集力度,也难以实现信息的持续更新。

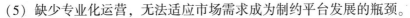

（5）缺少专业化运营，无法适应市场需求成为制约平台发展的瓶颈。

市场需求是信用平台建设和发展的根本动力，只有依靠专业化的征信信息服务，才能不断适应市场需求。当前多数信用平台为人民银行或金融机构主导模式，缺少专业化、市场化的运营机构和团队，技术力量薄弱，市场化激励机制不足，信用平台功能体验较差，信用产品开发滞后，无法适应市场需求变化，也难以满足互联网金融对征信产品的需求。

部分地方虽然设立了专门的运营机构，但组织架构不健全，机制设计不完善，缺少资金和技术保障，市场驱动发展动力不足，而且由于规模和区域局限，平台应用的市场空间相对狭窄，有的尚不具备形成市场化机制的可行性，平台建设应用受到较大限制。

（四）推进我国农村信用体系建设的政策建议

（1）完善法治建设，加强信用平台建设的顶层设计。

一是建议推动制定"社会信用促进法""个人信用信息保护法"等法律制度，全面规范个人信用信息的收集和使用、信息主体权益的保护，明确政府公共服务平台的职责定位，厘清政府和市场的边界。

二是研究制定"全国公共信用信息管理条例""征信业务管理办法"，推动信息分类管理，明确非公开政务信息的交换与使用规则，为信用平台建设提供法律保障。

三是尽快制定全国统一的个人公共信用信息目录、分类标准和共享交换规范，对个人公共信用信息的采集、共享、披露、使用方式和范围进行明确规定，为各地平台互联互通和信息共享创造条件，避免形成数据烟囱和"信息孤岛"。

（2）鼓励市场力量参与信用平台建设，强化激励机制。

一是充分利用现有征信市场资源，推广实施"政府+市场"双轮驱动的有效模式，推动中国人民银行征信中心与地方政府的合作，推进行业信用信息、区域信用信息之间的信息资源交换与共享；完善中国人民银行征信中心等机构参与地方农村信用平台建设的工作机制与合作模式，探索行之有效的地方信用平台建设的工作路径，推进征信市场健康持续发展。

二是鼓励涉农金融机构、农民专业合作社等机构充分利用现有渠道资源，依托现代互联网技术，拓宽信息采集渠道，建立完善农村经济主体信用档案，为农村金融提供服务。

（3）信用平台建设要以省级统筹为主、重点地市为辅。

建议按照"标准统一、安全可靠、功效突出、互联互通"的原则，明确省级统筹是地方农村信用平台建设的主要方式，鼓励有条件的地市进行探索。

统筹好省级与市县级信用平台建设，做到上下协同、互通共享、边界清晰，避免信息重复采集。省级统筹开发平台，可避免各市县多头建设和重复建设，节省人力、物力、财力，推动市县工作重点转向属地的信息采集和共享。

加强地方政府对信用平台运营的组织保障和资金投入，建立信用平台运营的长效机制，按照"公益为主、专业运营、市场服务"的理念，向金融机构提供信用产品和服务，缓解银农信息不对称问题，降低"三农"融资成本，提高"三农"融资效率。

（4）加强信息主体隐私保护，强化信用平台监督管理。

一是建议从中央层面统一规范各省区市信用平台管理制度，加强信用平台建设中信息主体权益保护机制设计，探索通过法律和技术双重手段推进信息采集、共享和应用。通过建立事前授权采集、事中数据脱敏、事后授权查询等工作机制，切实保障信息主体合法权益。

二是加强对数据脱敏与隐私保护的研究，制定数据脱敏后共享和使用的规则，探索运用掩码、阶梯量化、模糊统计等数据脱敏技术加工处理数据的方法，破除信息采集与共享的法律障碍，协调处理信息使用与隐私保护的关系。

三是建议出台信用平台监管制度，建立异议处理、投诉办理和侵权责任追究等制度规范，指导人民银行分支机构实施属地监管，推动信用平台规范运营。

（5）充分利用现有地方政府公共平台的信息资源，助力农村信用体系建设。

农村信用体系建设是社会信用体系建设的有机组成部分，是推进行业信用建设、地方信用建设的重要支撑。信用平台是农村信用体系建设的基础，也是地方政府公共平台的重要组成部分。

当前部分地方政府部门如社会治安综合治理委员会等已经建立起较为完整的农村人口信息数据库，基本掌握了所有农村家庭成员、生产经营、财产收支、违法犯罪、社会评价等情况，建立了稳定可靠的工作网络和信息更新机制。部分省级信用信息公共服务平台也初步建立了全省人口基础信息库，应用前景广泛。

这些政府公共平台都是农村信用体系建设的重要基础资源。建议从中央层面统一领导，加强与公安、国土、发展改革委等部门的沟通联系，统筹开发和利用人口资源信息，推进我国农村信用体系建设。

5.3.2 完善和建立信贷保险覆盖机制

农业具有天然的高风险性和脆弱性，很容易受到自然环境影响，因此农户极易陷入融资困难的处境。资金短缺限制了农业生产，进而制约了农业经济结构的升级。农村信贷以服务农户、增加农村资金供给、丰富农村金融市场为导向，最大程度上推动了乡村振兴发展。农业保险为农村金融市场重要的组成部分之一，且其自身具有较强的风险管理能力，可以有效解决农户所担心的生产风险等问题。在理论支持下，将具有风险管控能力的农业保险与具有资金融通能力的农村信贷相结合可最大程度上促进二者的共同发展，为农业金融市场增加活力。经过较长时间的探索与发展，二者协同发展取得了良好成效，促进了农村金融发展。但是，在整个探索过程中，还有一些问题亟待解决。

（一）相关概念的界定

一是农业保险。农业保险是对保险标的在生产、生长过程中受到突发事件等因素影响导致经济受损，为其提供损失补偿的一种保险。农业保险标的包括农户在生产过程中农作物遭遇的自然风险，也包括农民遇到意外事故身体健康遭受威胁的风险，还包括农业企业在生产经营过程中农产品价格波动、原材料供给不足等风险。

二是农村信贷。总体来说，农村信贷是指为"三农"生产、生活、经营、周转、建设等目的从银行、农村信用合作社等金融机构获得的贷款。本书关于农村信贷这一概念的理解，主要分为涉及农民个人的农村小额贷款和涉及农业企业的农业贷款。农村小额贷款主要是支持农户生产、生活，农业贷款主要是为了解决与农业企业经营有关的原料收购、设备扩充、技术引进、扩大生产、扩大销售等方面的问题。

（二）我国农村信贷和农业保险互动模式发展现状

"探索建立农村信贷与农业保险相结合的银保互动机制"是我国在 2009 年中央一号文件中首次提出的。要想让农业可持续发展，首先就需要有资金支持，而农户最缺少的就是资金，所以我们需要满足农户的融资需求。但是农业生产本身就是一个周期性长、季节性强的产业，会给农户带来很多不确定因素，银行贷款资金也将面临信用风险。然而农业保险的出现会在一定程度上保障农户的收入，减少银行不良贷款。就目前来说，我国农业保险、农村信贷互动模式主要分为 3 种。其中，"保险、信贷财政补贴"是指强制农户购买保险且由政府给予保费补贴，把购买农业保险列为农户信贷审批内容。"政策性农业保险、利率优惠信贷"是指凡是购买政策性农业保险的农户及农业协会会员，在申请农业贷款时利率可下浮 5%，优惠的利率可有效提升农业保险的需求。"贷款损失保险和信贷组合"是指在这一模式下第一受益人是银行，对于贷款金额低于 3 万元的农户采取自愿投保模式，对于贷款金额超过 3 万元的农户采取强制购买贷款损失险。以上 3 种模式可有效提升农业保险投保率且有效减少农业贷款不良贷款比率。

（三）农业保险与农村信贷协同发展中面临的问题

一是资源共享机制匮乏。现代协同合作的重要基础是资源共享，但就目前情况来看，农业保险和农业信贷二者之间并没未建立起资源共享机制。农业保险机构和农业信贷机构二者之间缺乏共享的合作模式，导致双方合作水平较弱，主要表现在以下几个方面：农业信贷结构并未关注客户情况，或是将其作为是否可发放贷款的重要参考内容；并未主动设计专属于农村信贷产品的专属险种，无法第一时间了解和保障农村信贷情况与风险；大多数地区农业保险机构相对注重成本，不愿借助发达的农村信贷网络拓展业务。

二是金融产品的创新力度不足。就目前情况来看，无论是信贷机构还是保险公司均是按照其内部要求和实际需要为首要任务来制定发展策略的，二者在产品设计上均有不匹配的情况，但由于产品的服务与创新力度由上级领导所掌控，农业保险为农村信贷提供的风险保障程度有限，导致基层的金融产品缺乏自主创新意识，创新力度不足。

三是农业保险保障范围有限。目前，我国农业保险仍然存在保障范围有限、保障水平低等问题，其保障范围仅局限于粮食作物，然而要想农业经济快速发展，主要还是依赖经济作物和畜禽等养殖业。农户能够满足自身的粮食需求，但农村经济发展仍需要经济作物为支撑，农业保险缺乏在此方面的覆盖强度，导致农户扩大生产规模受限制且面临较强的生产经营风险，不利于乡村经济的发展。

四是农村银行机构效率较低。农村的信用环境复杂，缺乏完备的金融基础设施和足够的信用评价体系，且金融机构与农户之间信息不对称，因此获取农户的信用信息、自然信息等较为困难。金融机构因较难识别客户风险、资金放贷、回收困难及预期收益率降低等，不愿给农户发放贷款，从而加重了农村资金缺口。

（四）农业保险与农村信贷协同发展的解决对策

（1）建立农业保险与农村信贷的协同发展机制。

协同发展农业保险与农村信贷，不仅仅是两家的合作关系，更是涉及金融机构、保险企业、农户、政府四方的利益。应加强政府引导，建立并推进农业保险与乡村信贷的协同发展机制，其主要从四个方面分析。第一，实现产品之间无差异对接。二者应各自发挥长处，把农户的需求放到第一位，共同开发出满足农业生产全过程的所有金融产品，做到从根本上解决农户困难。通过共同产品之间的密切联系，正确合理地分配金融机构、保险企业、农户、政府四方的利益。第二，实现资源共享。快速有效地解决二者在合同方面存在的各种问题，最大程度上降低农村金融风险。第三，协同模式需加强创新意识。要将农业保险与农村信贷的协同发展纳入农村财产保险及涉农抵押贷款等项目，尽可能更好地满足农业产业需求。第四，建立解决问题协调机制，由政府、村委会、金融机构及保险企业共同参与协调机制，维护正常秩序，保障农业的可持续发展。

（2）加强农村保险的扶植政策。

第一，强化社会责任报告制度。公开披露对保险业的贡献，提高各企业的社会责任感，因地制宜，精准施策，调动积极性。通过创新机制，推动保险机构由被动转主动。在重大疾病保险方面，通过鼓励保险公司为贫困人口补充医疗保险，减少人民群众因疾病导致贫穷的可能性，同时推动各地通过提高报销水平、放宽报销范围、降低起付线等措施，切实解决因病致贫的问题。在种植业保险方面，农业保险保额主要保生产成本，农户对保险赔付有着较高的预期，保险公司的赔付与农户的预期不符容易引起理赔纠纷。

第二，加强村镇银行的扶植政策。在防范风险的基础上，鼓励村镇银行提高技术水平，通过多种渠道介入网上支付跨行清算系统及电子商业汇票系统。在此基础上，可参考其他金融机构的先进经验，建立集中支付清算，既可提高资金清算效率，又可降低接入系统成本，真正提高村镇银行支付系统水平。村镇银行的服务对象主要是农村经济发展、农民及农业，应多关注助农贷款业务、政府扶贫业务，结合地域特色积极推动业务创新，开发出更符合乡村振兴的金融产品。一是做好银行卡等传统业务，利用云闪付、助农贷款等方式加强电子支付，促进村镇银行的升级换代，切实做到助农、扶农、惠农，尽可能满足群众的各种金融需求；二是积极创新，在特色和优质服务方面下功夫，发挥自身低成本和经营灵活的优势，不断拓宽服务范围和业务种类；三是始终坚持"客户至上，服务至上"的理念，从银行网点的服务质量入手，增加网点办理业务的便捷性。

（3）扩大农业保险保障范围。

以广西为例，广西保监局在 2016 年 7 月针对农业保险精准扶贫方面提出了意见，具体内容可归纳为三项财政配套措施和三个扩大保障重点。三项财政配套措施如下：第一项是主动与政府部门及扶贫办协调对接，积极实现精准对接；第二项是安排扶贫基金，推动落实农业保险配套基金，精准运用农业保险扶贫资金；第三项是协调政府为建档立卡贫困户出台农业保险保费补贴倾斜政策，精准阐述农业保险扶贫。三个扩大保障重点分析如下：第一点是明确农业保险精准扶贫链条，开展全面覆盖农业产业链的保险服务，提供全产业链、全方位的农业风险保障，扩大保障范围；第二点是针对扶贫对象，精准补位农业保险扶贫，扩大保障范围；第三点是针对特色农业产业、特色种养业，精准扩大保障范围，制定特色种养业发展规划。

（4）建立农业保险与农村信贷的正关联机制。

保险机构与金融机构间应加强合作，建立农业保险与农村信贷间的正关联机制。以保险与信贷为基础构建的关联机制可以促使农业保险与农村信贷两者之间的良性协调发展。保险公司可以对农户进行风险设计，为银行机构提供足够的有关农户的信用信息，以便金融机构发放贷款。此外，保险公司与银行机构应共建信息共享平台，通过对农户的信用信息、投保信息等信息资源的整合，降低双方成本，提高使用效率。政府相关部门应发挥重要作用，促使保险公司与银行机构在农业农村领域建立合作关系。

5.3.3 加强审慎监管机制，完善同伴监督体制

近年来，农户联保贷款因其无需抵押物、融资门槛较低、手续便捷等优势，在一定程度上解决了农户贷款难的问题，助推了农业产业化进程。但在推广过程中，农户联保贷款还存在一些突出的问题，组建高质量联保

小组难度大，联保约束缺乏有效性，这些问题制约了该项业务的健康发展。

在实践中，联保贷款存在的问题主要有：一是贷款申请要求"联保小组成员一般不少于 5 户"，由于受责任牵制，农户普遍存在"联强不联弱、联亲不联疏"心理，部分农户很难找出符合条件、自愿组合的联保农户，常出现"拉郎配"或动员亲友组建等现象，造成信用风险加大。二是联保协议对违约成员缺乏有效制约，"联而不保"、中途退保等现象突出。联保小组成员贷款不能按期偿还，其他成员逃避连带保证责任现象时有发生。三是部分联保小组成员集借款人与担保人于一身，贷款看似风险分散，但往往形成"互连保""连环保"，人为造成责任推诿和风险隐患，增加贷款清收难度。

贷款易形成集中度风险，资金流向难以有效把控。一是从实践经验看，地域集中且从事相同或相似经营项目的农户更易组成联保小组，而当发生自然灾害、疫情或市场价格波动时，会影响所有成员的还贷能力，造成贷款风险集中。二是由于农户联保贷款金额较小，信贷资金实行自主支付，银行对资金流向难以控制，贷款资金易被挪用。部分联保小组成员互为担保，多头贷款，名义上是联保，实际上贷款为一户所用，形成事实上的"垒大户"。

贷款风险管理粗放，贷款发放积极性较低。一是贷款成本与效益不匹配。联保贷款额度小、点多分散，信贷审查、授信、贷后管理等需要付出较高成本。二是信息采集不细致、维护不及时、掌握不准确，部分客户经理未开展实地调查，对农户生产资金需求、经营项目及家庭收入等情况未作全面深入的了解，无法真实掌握联保农户信用状况。三是部分客户经理违规操作，埋下联保贷款到期无法收回的隐患。四是随着信贷责任追究力度加大以及贷款违约率较高，部分机构发放联保贷款积极性不高。

相关配套措施不健全，持续发展缺乏保障。一是农村地区信用体系建设滞后，一些农村金融消费者信用意识薄弱，逃废债现象时有发生。二是农户联保贷款的政策支持没有从授信、统计制度、服务机构等方面进行细化。三是对银行机构发放联保贷款在税收、费用补贴以及风险补偿等方面缺乏机制保障和制度支撑。

要应对如上困难，需要做到：

第一，坚定服务"三农"定位，强化联保贷款管理机制。强化支农服务意识，不断满足"三农"发展合理资金需求，实现社会效益与经济效益双赢；建立完善联保贷款各项制度，强化信贷人员合规管理、依法经营意识；健全联保小组成员的信贷准入机制，完善联保贷款风险过滤、预警机制及联保贷款正向激励和绩效考评等机制，以适应新形势下农户联保贷款发展的需要。

第二，积极推动联保贷款创新，增强贷款稳固性和安全性。探索交叉担保，鼓励农户跨区域跨行业进行交叉担保，有效解决当前农户担保区域、行业过于集中的问题，降低规模性风险。同时，银行机构可通过实地调查、组织农户召开座谈会等方式，为具有联保贷款意向的农户搭建沟通平台，解决联保小组内成员缺乏了解和信任的问题。同时，也要将探索与产业链担保相结合。联保贷款运用"公司+农户"的产业链担保方式，由银行机构、联保小组、农业企业三方签订协议。除此之外，规定责任条款，将小组联保与产业链担保结合起来，由农业企业加固贷款担保，提高贷款的安全性。

第三，建立完善贷款风险补偿机制，提高贷款风险控制和保障能力。一是探索建立农户联保的风险补偿机制，由政府设立补偿基金，以财政贴息的形式对农户联保造成的不良进行补偿，切实增强银行和农户的风险承受能力。二是建立健全涉农贷款保险制度，以抵御农业生产经营中出现的自然灾害和市场变化等系统性风险，为涉农贷款提供互助性的保险保障，切实增强农户的风险承受能力。

第四，加快农村信用体系建设，优化贷款经营环境。一是继续深化农村信用体系建设，逐步建立全体农户信用档案，做好评定信用等级等基础工作，解决信息不对称问题。加快创建信用户、信用村、信用镇，形成诚实守信的社会风气，营造良好的农村信用环境。二是定期对现有联保小组进行金融知识辅导和宣传，普及金融知识，引导广大农户树立风险意识，增强其防范风险的能力。

5.4 改进地方政府对我国社会主义新农村的服务水平

5.4.1 构建金融扶贫长效机制

金融始终是经济建设的重点，能够在解决贫困问题方面发挥不可替代的作用，我国绝大多数贫困地区都存在金融信息不充足、竞争不完善的问题，政府部门有必要发挥宏观调控职能，对贫困地区金融行业进行干预，使贫困地区金融资源得到有效配置，从而为扶贫工作提供强有力的支持。金融支持精准扶贫最主要的目标就是利用扶贫资金优化贫困地区信贷资金运作模式，提升风险防控能力，为贫困人口提供获取资金脱贫致富的渠道，从而带动贫困地区第一产业及特色产业的发展。想要达到这一目标，必须使金融支持精准扶贫长效机制尽快成型。

(一)　金融支持精准扶贫长效机制构建中存在的问题

一是金融支持精准扶贫的动态监测机制不完善。现阶段，我国已经建立了明确的贫困人口标准，然而在贫困人口动态监测方面还存在一定的问题，贫困人口经过扶贫后是否脱贫、脱贫人口是否出现返贫等问题没有得到及时有效的监控，一些已经脱贫的人口受重大疾病、自然灾害等原因的影响很容易返贫，这种现象并不少见，只有加强金融支持精准扶贫的动态监测机制建设，才能杜绝脱贫人口返贫现象，使我国精准扶贫工作取得切实稳定的成效。

二是金融扶贫效果评价机制不健全。现阶段，我国的金融扶贫效果评价机制仍然存在一定的漏洞。更重要的是，效果评价机制不健全还会使金融扶贫正向激励无从下手，使金融精准扶贫工作陷入困局。

三是信用担保机制不完善。担保基金筹措难度大、贷款风险分担机制不合理等问题，始终给金融精准扶贫工作带来负面影响。从实际情况来看，金融机构只有在有抵押物的情况下才能向群众提供贷款，而抵押物主要是房地产和土地等固定资产，贫困人口很难拥有这类可抵押的资产，自然就无法从金融机构获得贷款。在信用担保机制方面存在问题的同时，财政风险防控金的额度相对比较低，导致了金融机构不愿意发放无抵押贷款，最终造成贫困人口无法自主脱贫的问题。

四是贫困地区人口严重缺乏职业技能。贫困问题存在于各个地区，然而贫困人口的特点却如出一辙，比如绝大多数贫困人口没有接受过高等教育，没有专业技能，外出务工找不到技术性工作，只能出卖体力获取微薄收入，在家务农学不会新技术、农作物产量比较低，在这种情况下想要脱贫致富无异于天方夜谭。一些贫困人口在获得扶贫贷款以后，无法利用这笔资金进行投资并创造价值，一旦贷款消耗完，贫困问题又重新出现。同时，在城市化进程不断推进的今天，大量的农村人口进入城市务工定居，实现了脱贫致富，然而必须认识到，这部分进城务工人员往往接受过教育，具有优质劳动能力，而剩余的农村留守人口则难以找到脱贫方法，致使产生严重的农村空心化问题。这不利于金融精准扶贫目标的实现。

（二）金融支持精准扶贫长效机制的构建策略

（1）完善精准扶贫项目的政策环境要明确精准扶贫项目责任。

为保证金融精准扶贫效果，政府有关部门需提升自身组织领导水平，架构与地区实际情况相符合的扶贫联动体系，使政府部门、金融机构、扶贫对象都参与该体系中去，达到明确精准扶贫项目责任的目标。另外，需帮助体系中的各个主体角色明确自身职责、完成任务规划，保证扶贫体系发挥应有的作用。

（2）要优化贫困地区金融基建设施。

贫困地区金融精准扶贫面临的最大问题是基础设施建设不到位，导致金融信息不对称、扶贫信息传达不到基层。因此，务必要重构金融服务网络，加强金融机构基础设施建设，引导和鼓励金融机构在贫困地区设立服务网点，为贫困人口提供金融服务。针对比较偏远的贫困山区，可安排金融服务流动车、无人银行等，实现贫困地区金融服务全覆盖，每隔一段时间进行一次金融到村服务，提升贫困地区金融服务质量。

要完善精准扶贫法律制度。法律具有强制性，能够有效保障金融市场的稳定性，提升金融监管水平，优化金融机构的金融行为，从根本上降低金融损失风险。另外，需根据不同金融机构、不同金融服务制定有针对性的法律法规及配套标准，让金融精准扶贫目标成为现实。

要加强扶贫对象的识别与管理。要做到精准扶贫，就必须对扶贫对象进行准确识别，否则扶贫工作将会陷入抓不住重点的困境。因此，在今后的金融精准扶贫工作中，工作人员需着力做好贫困情况调查，对贫困地区人口的收入水平、健康情况、居住条件、受教育程度等信息进行综合分析，准确判断贫困户。为避免贫困人口识别误差，还可以与当地村干部联系了解情况、组织贫困人口自主申报、贫困人口推选，从而提升扶贫对象识别精准度。同时，要加强贫困人口数据信息的跟踪式管理，利用信息化系统完成信息数据的自动更新，每年进行一次贫困人口情况调查，确定脱贫致富数量、因故返贫数量等，为下一年的金融精准扶贫工作提供数据参考。

（3）构建金融长效机制。

金融精准扶贫机制的构建有一定难度，想要在这方面取得实质性进展，就必须在不断协助贫困人口脱贫的前提下，避免脱贫人员因故返贫，帮助他们寻找获得收入的有效渠道，实现金融精准扶贫目标。

要做好输血式扶贫。所谓输血式扶贫，是指在一定时间内为贫困户提供生产生活资料帮助他们快速脱贫。这种扶贫方式具有突出的应用价值，在过去一段时间的应用中取得了阶段性成果。而想要保证输血式扶贫效果，有关部门必须要建立资金投入机制，优化资金倾斜方向，设立专门的扶贫资金，每年通过财政拨款充实扶贫资金。利用这笔资金，扶贫工作人员就能够强化贫困地区基础设施建设，为金融机构扶贫信贷提供利息补贴，保证金融精准扶贫的效果。输血式扶贫方法一般适用于环境恶劣的集中贫困地区，能够在短时间内实现人口脱贫，保证基本生存需要的目标，在扶贫工作中占据重要地位。

要做好造血式扶贫。相较于直接给予生产物资或资金的输血式扶贫，造血式扶贫更加偏重于开发，政府部门可对贫困地区的生态资源进行研究，利用特色资源、特色产业带动贫困人口致富，以此为基础实现贫困地区的扶贫目标。造血式扶贫显然具有提升贫困人口自主脱贫能力、激发贫困人口脱贫热情的作用。一般来说，造血式扶贫需要很长时间才能初见成效，一旦成功就可从根本上解决贫困地区的问题，扶贫效果非常可观，在一些自然资源丰富的地区，有着极高的应用价值。政府部门必须要提升贴息力度，鼓励金融机构为贫困地区人口提供信贷支持，从而让贫困地区的自然资源能够转化成贫困人口的致富基础，实现贫困人口的根本性脱贫，避免因故返贫现象的发生。

要做好活血式扶贫。金融支持扶贫工作已经成为我国精准扶贫项目中必不可少的重要举措，经过一段时间的发展以后，金融精准扶贫机制已经比较完善，但是在具体落实过程中仍有一些问题亟待解决。比如，金融支持精准扶贫机制离不开金融机构的响应，然而部分金融机构考虑到金融风险，无法提供信贷资金，这与金融精准扶贫需求之间形成了严重的冲突，给本就困难重重的扶贫工作带来了巨大的挑战。而活血式扶贫在这种情况下更显重要，政府部门、金融机构都需要充分考虑精准扶贫所带来的社会效益，主动承担起应尽的社会责任，为贫困人口提供一定的支持，降低金融精准扶贫的难度。同时，要尽快建立金融风险担保机制，优化精准扶贫激励方式，让金融机构更加主动参与金融精准扶贫，解决金融机构自主承担风险的问题，同时，金融机构需要作出一定努力，对贫困人口的金融需求进行调查，开发具有针对性和实用性的金融产品，保证贫困地区金融服务的有效性。

（4）优化财政引导与金融支持的互动。

财政要引导带动金融资源的倾斜。财政能够协调、引导金融，并补偿金融风险，地方政府应尽快架构市级、县级财政扶贫资金，并加大资金投入力度，让更多的金融机构参与精准扶贫项目，实现以财政带动金融介入的目标，这样一来贫困人口就能有更多样化的渠道获取资金，进而实现脱贫致富。同时，可以积极建设财政扶贫资金竞争制度，引导风控能力突出的金融机构参与精准扶贫，让精准扶贫工作能够真正落实到位。金融机构是政府部门和贫困人口之间的联系机构，因此金融机构必须在这个过程中发挥应有作用，主动承担社会责任，给贫困人口提供更有针对性的金融产品。同时，财政还需要和其他金融机构进行合作，加强产品开发，对服务中的不足之处进行调整，从根本上优化金融资源利用效果，并以实体经济为基础，促进贫困地区市场经济的稳步发展。

要完善精准扶贫期间的职能定位。开展精准扶贫工作时，政府部门应着力提升贴现力度，让金融机构能够没有后顾之忧地参与精准扶贫，而金融机构方面也需发挥自身的资金优势，与政府部门一道实现精准扶贫目标。比如，人民银行可起到示范带头作用，从全局角度出发考虑精准扶贫资金缺口，从根本上推动精准扶贫政策落实；农业发展银行则可以对农业金融服务进行强化，为贫困地区人口提供住房贷款、水利设施建设资金等，保证贫困人口基本生活设施水平；邮政储蓄银行、工商银行等商业银行应积极响应党和政府提出的政策和要求，加大力度为贫困地区提供信贷资金，帮助贫困地区实现产业发展，促使贫困人口脱贫致富。只有政府部门和金融机构都做好自己的本职工作，并切实关注贫困地区经济建设，我国的金融支持精准扶贫长效机制才能快速成型。

（5）金融精准扶贫策略优化。

构建金融扶贫机构。政府部门不能无限制地提供财政支持，面对比较广泛的贫困问题，现有的扶贫资金显然不足，使得很大一部分贫困人口无法进行生产，因故返贫问题迟迟得不到解决。为了解决这一问题，保证我国扶贫工作质量，应通过建立专门的金融扶贫机构等方式，将扶贫工作与市场化运营模式结合起来，实现抵押品的商业化处理，为贫困人口、扶贫机构带来更加充沛的资金。这样一来，金融精准扶贫中资金不足的问题就能迎刃而解，金融机构和扶贫单位将拥有更充足的资金用于基础设施建设等，保证贫困人口都能得到妥善的帮助和引导。

要增加重点领域的支持力度。精准扶贫工作的复杂性不言而喻，通常需要多个领域协调配合，才能取得实质性突破，因此金融机构有必要加强领域划分，并对重点领域提供大力支持。具体可采取以下措施：要对农村地区基础设施建设提供有力支持，实现贫困地区硬件设施更新换代目标，为精准扶贫提供环境支持，让扶贫工作人员能够有的放矢，不断优化具体扶贫措施。要充分认识教育对扶贫工作的重要性，完善义务教育阶段助学贷款相关措施，为贫困地区的孩子提供受教育的机会，并为他们提供就业后还款的服务，使他们能够通过自己的努力进入新的人生。要加强贫困地区产业扶贫，为贫困人口提供有效、贴合实际的金融服务，协助贫困地区产业发展，彻底解决因故返贫等一系列问题。

要加强扶贫信贷监管工作。我国的精准扶贫工作具有一定的独创性，因此在初期探索阶段出现过扶贫贷款浪费、资金违规使用等问题，导致扶贫资金整体欠缺的问题，真正能够用于有效扶贫的资金数额会随之下降，不利于我国精准扶贫目标的实现。因此，务必要加强扶贫信贷监管，从全局出发，对长期闲置不用的扶贫资金进行调查，明确责任人并查明资金闲置原因对确无用处的部分扶贫资金进行回收再利用，使之在重点贫困地区发挥作用。同时，金融机构还需要从源头入手控制扶贫资金，在发放扶贫资金的时候进行信用管理，实现跟踪式资金监管，确定每一笔资金的流向，降低扶贫资金浪费概率；还可以将普惠金融推广到精准扶贫中去，为贫困人口提供有针对性的金融服务，改变过去贫困地区金融服务质量低、不完善的问题，组织员工参加涉农信贷业务培训，提升他们处理贫困地区金融业务的能力，改变过去金融行业从业人员与贫困地区金融服务需求脱钩的问题，保证金融支持精准扶贫长效机制的构建效果①。

5.4.2　高标准选定农田 PPP 项目

2013 年 12 月，国家发展改革委发布《全国高标准农田建设总体规划》，提出该规划的总目标：到 2020 年，建成集中连片、旱涝保收的高标准农田 8 亿亩。该规划的实施离不开完善的财政投入保障制度。党中央作出了实施乡村振兴战略的重大部署，中共中央、国务院印发的《乡村振兴战略规划（2018—2022 年）》明确指出，要加大金融支农力度，健全金融支农组织体系。高标准农田建设的财政资金采用 PPP 模式，可以大大提升资金使用效率，对促进乡村振兴具有重要意义。

① 何畏. 试论金融支持精准扶贫长效机制的构建 [J]. 营销界，2021（9）：70-72.

（一）高标准农田 PPP 项目的可行性分析

PPP 模式是政府与私人组织之间为提供某种公共物品和服务，以特许权协议为基础，彼此之间建立伙伴式合作关系，通过签署合同来明确双方的权利和义务，进行利益共享、风险共担的模式。资金不足在长期上困扰着我国高标准农田建设的有序发展，引用 PPP 模式，有助于减轻财政压力，同时通过政府财政资金引导社会资本投入，使高标准农田建设为农村发展、改善农民生活、提高农民经济收入带来更大助益。高标准农田 PPP 项目的可行性分析具体表现为以下几方面。

（1）政策环境良好。目前，PPP 模式已多次应用于我国基础设施建设和公共事业领域，获得成效较佳，因此，有关 PPP 模式的运营经验较为丰富，对我国高标准农田 PPP 项目开展具有较高的可借鉴性。同时，我国政府鼓励高标准农田 PPP 项目，国务院、财政部、发展改革委相继出台各类指导意见，推广并鼓励政府和社会资本相互合作，促进高标准农田建设。

（2）项目实施资金需求量大。高标准农田建设是保证我国粮食安全和推进农业现代化的重要途径。国家统计局资料显示，全国已建成 5.6 亿亩高标准农田，抵御自然灾害的能力有了明显进步，耕地质量和粮食产能不断增强。但从另一层面来看，其资金需求量也随之有着大幅增长，资金不足使得高标准农田建设始终与预期目标存在一定差距。因此，应促使资金供给与需求相均衡，给社会资本的投入提供有利条件。

（3）社会资本实力强。其一，长期以来，中国是一个高储蓄率的国家。2018 年中国国民储蓄率为 44.91%，尤其是自 2020 年新冠肺炎疫情暴发以来，居民的储蓄率进一步上升。总体来看，高储蓄率为高标准农田 PPP 项目社会资本提供了有力保障。其二，改革开放以来，我国民营企业发展速度迅猛，民营经济成为推动我国投资增长的主要力量。据国家市场监督管理总局统计，截至 2018 年底，全国实有市场主体达 1.1 亿户，其中企业是 3474.2 万户，2018 年新增市场主体 2149.6 万户，其中新增企业 670 万户，平均每天新增企业 1.83 万户。民营企业在资金、技术、管理等方面一直寻求创新，且已具备较强实力。其三，目前我国处于经济新常态环境，资本收益率持续走低，拓宽民间投资渠道，可以有效推动供给侧改革，高标准农田 PPP 项目具备较大的长期性经济效益潜力，私人资本更乐于通过该项目获取更多经济效益。

（4）实现多方共赢。社会资本投入高标准农田 PPP 项目，使得参与其中的政府部门财政压力得以减小，腾出的公共财政资金可以用于其他公共服务及基础设施建设等项目中，使民众获得更大益处。社会资本参与高标准农田 PPP 项目，可以获得合理的投资回报；对于金融机构而言，投资高标准农田 PPP 项目也可以获得经济收益，同时，由于银行本身涵盖多方面服务，在参与高标准农田 PPP 项目的同时，还可以提供更为全面的金融服务，促使银行在其他业务方面获取经济效益。

综上所述，高标准农田 PPP 项目在政策、经济及技术方面都具备可行性。我国政策性金融为高标准农田 PPP 项目提供强有力保障，以农业发展银行为例，不仅表现在信贷产品与高标准农田建设 PPP 模式的资金需求相符，其雄厚的客户基础也为项目发展提供支持，同时，农业发展银行对开展 PPP 项目具备丰富经验，为项目专业知识储备及实践提供坚实后盾。然而，政策性金融在支持高标准农田 PPP 项目过程中，依然存在一定问题，致使项目建设受到不利影响，下面将对具体问题进行探讨。

（二）政策性金融支持高标准农田 PPP 项目存在的问题

政策性金融是政府参与创立或提供担保而成立的金融机构，政策性金融的基础是信用原则，表现出的是金融行为，而非财政行为，同时，它的金融行为是专门响应政府特定政策的，以实现政府特定经济发展目标，而不是以追求利润最大化为经营目标。当前，我国政策性金融支持高标准农田 PPP 项目主要存在的问题表现在以下几个方面。

一是政策性金融功能缺位严重。我国政策性金融由于功能缺位严重，导致支持高标准农田 PPP 项目力度受限。其一，政策性金融的综合性和深层次性开发能力有待加强。现阶段，我国政策性金融支持高标准农田 PPP 项目主要业务重点在于资金供应及流通方面，以此保证耕地质量及产能提升，然而建设高标准农田 PPP 项目中，农村其他资源的有效整合及深层次开发相对较少。其二，政策性金融的全局引导作用未能有效发挥。我国政策性金融缺乏真正落实引导商业性金融及其他资金投入高标准农田 PPP 项目的措施，导致政策性支持的引导作用未得以有效发挥。其三，资金来源与运用的限制，使政策性金融对高标准农田 PPP 项目的资源优化配置受到不利影响。

二是资金来源单一。高标准农田 PPP 项目需要各方资金投入，以确保项目实施的稳定性。政策性金融作为项目资金来源的重要部分，自身却缺乏稳定的资金来源。我国政策性金融一般是通过政府财政划拨、中央银行再贷款方式和定向发行金融债券的方式筹集资金，而财政划拨、中央银行再贷款的资金到位及时性和全面性并不能得到保障，资金积累能力与高标准农田 PPP 项目实际需求无法对等，使得政策性金融机构在支持项目过程中无法最大化地发挥效用。农业发展银行的经营资金很大一部分来自中央银行，从另一个层面来说，高标准农田 PPP 项目中政策性金融资金的主要筹资者是中央银行，导致中央银行在货币政策的影响下，被迫承担其政策性金融机构负债的责任，这对中央银行自身发展也具有一定的影响。

三是资金运用结构不合理。一方面，政策性信贷资金地区分布不协调。我国高标准农田 PPP 项目的政策性金融投入主要用于农业综合开发的土地出让收入、新增建设用地土地有偿使用费、用于农田水利建设的土地出让收益以及耕地占用税等方面，在信贷资金地区分布方面，其主要偏向于农业生产区域，一般集中分布在河南、山东、黑龙江等生产大省，其他地区获得政府性金融的信贷资金比例相对较小，虽然这种信贷资金的分布对生产大区具有很大保护性质，维护该地区的农民利益，但从全国整体农村经济发展来看，显然需要对其予以协调，以达到整体综合水平的提升。只有这样，才能推动高标准农田 PPP 项目对农村经济的作用不断深化。另一方面，政策性金融贷款质量低。政策性信贷资金的政策性行为特征使其无法向商业性信贷资金一样具有可选择性，因此，造成贷款质量缺乏有效保障。

（三）政策性金融支持高标准农田 PPP 项目的策略

（1）完善政策性金融体系。

需要确立我国政策性金融在高标准农田 PPP 项目中的核心金融地位，构建并完善政策性金融体系，促使支持高标准农田 PPP 项目的力度及范围得到有效发挥。农业发展银行是我国农业政策性金融的主要执行机构，其业务范围不应局限于高标准农田 PPP 项目的信贷资金发放。在新经济形势下，农业发展银行应主动承担政策性金融的扶持、引导及调控职能。

首先，成立政策性保险公司，为高标准农田 PPP 项目提供必要的保险、担保等服务，致使高标准农田 PPP 项目贷款渠道得以疏通。其次，注重将商业金融资金引入高标准农田 PPP 项目，使其充分发挥杠杆作用，引导商业性金融及社会资本投入与项目建设。最后，与合作金融机构建立合作关系，为高标准农田 PPP 项目资金需求提供更好的支持。

（2）拓宽融资渠道。

从目前中国农业发展银行的资金来源来看，长期债券占比相对较小，且自身筹资能力不强。拓宽融资渠道，对政策性金融支持高标准农田 PPP 项目具有重要意义。首先，通过国家财政获得资金，提升农业发展银行的自有资本的充盈度，同时，积极探索适合中国农业发展银行及时补充资金的有效方式，确保农业发展银行在自身业务水平不受影响的同时，还能提高资本资金比例，其应对高标准农田 PPP 项目的风险能力也有所提升。其次，主动向中央银行借款，结合国家政策向中央银行再贷款，可以有效缓解银行的资金周转压力。鉴于政策性金融对高标准农田 PPP 项目的贡献度，国家已制定相关政策促进政策性金融支持高标准农田建设。再次，积极性吸引社会资本的投入，例如企事业单位、社会团体等，将众多社会力量贡献的资金投入设置为高标准农田 PPP 项目专项资金，进一步补充政策性金融资本，提升其支持力度。最后，借鉴国外政策性金融融资的成功经验，将社保基金、保险基金、住房公积金等纳入银行融资范围。

（3）加强政策性金融监管。

中国银行保险监督管理委员会肩负着政策性金融参与高标准农田 PPP 项目的监管责任，主要目的在于提升政策性金融支持高标准农田 PPP 项目的有效性。监管内容主要包括：监督政策性金融机构是否存在渎职与越职行为，财政划拨的金融支持高标准农田 PPP 项目是否按规定发放，具体运用是否保持在合理水平，监督管理政策性金融支持高标准农田 PPP 项目的服务质量。由于农业发展银行自有资金不足，借贷风险相对较大，在实行监督管理的同时，还需要对政策性银行的经营目标、年度计划以及绩效考核实施监管，以此提升政策性金融支持高标准农田 PPP 项目的有效性[①]。

5.4.3 创新金融产品和服务方式

（一）在创新手段上，以"互联网+人工智能"提供差异化金融产品

互联网给金融投资创造了便捷的条件，带来了极大的便利。2019 年末，我国固定互联网宽带接入用户 44928 万户，比上年末增加 4190 万户；全年移动互联网用户接入流量 1220 亿 GB，比上年增长 71.6%。由此可知，我国的固定、移动互联网宽带的普及程度较高，农村居民能够随时随地利用互联网开展金融投资活动。

---

① 杨高武．政策性金融支持高标准农田 PPP 项目［J］．区域治理，2019（32）：186-188．

通过"互联网+金融"手段，金融机构在一定程度上可以缓解信息不对称问题。金融机构可以通过收集农村客户的社会声誉、相关生产数据和软信息，对农户的还款能力与投资潜力进行甄别。农村金融机构可与大型电商平台或互联网企业合作，利用后者获取数据流量的优势，凭借大数据、云计算技术搜集、分析与利用农村消费者的金融活动数据，客观准确地确定其金融风险等级与需求结构，进而针对不同的客户群体制定专属性、特色化的金融产品。在互联网金融平台上，金融机构能为农村居民提供快捷、低成本的金融服务，投资者不管在何时何地都可以购买其所需的金融产品。金融机构需推广网络银行与手机银行等新型投资工具与智能设备，向农村居民提供便捷、高效、优质的金融服务，提供种类齐全的金融产品"菜单"。

金融机构利用"人工智能"能够提供差异化、量身定做的金融产品。因为人工智能能够利用大数据挖掘相关的客户信息，根据客户面临的风险、资金实力与闲置时间、风险偏好与承受能力、收入结构、家庭状况以及未来规划等设计出其所需的金融产品，甚至制定出中短期投资规划。例如，保险公司可以基于市场调查开发出农产品质量险、农产品价格波动险、农作物收益险和天气指数保险等产品；基金管理公司推出的基金智慧投资组合就具有智能化、费用低与到账快的特点。投资者可以根据自己的风险偏好与理财特性，通过智能投资系统随时设定或改变投资于股票基金、债券基金与货币基金的比例。每类基金由若干个基金组合而成，能够较好地规避非系统性风险。投资者可以根据股市行情、债券市场行情与现金需求的变化来适时调整基金的比例，以实现在控制风险的基础上提高投资收益。

（二）在交易方式上，积极创新使用远期交易、期货与期权交易

远期交易、期货与期权交易具有价格发现和套期保值功能，进而有利于调节生产结构，促进规模化、标准化生产。在农村创新使用远期交易、期货与期权交易可以避免农产品价格大幅波动的风险，对买卖双方都是一种保障。这对于一些新型的农业经营主体更有现实意义，如专业大户、家庭农场、农民合作社等，由于它们的交易量较大，保值需求更为强烈。因此，我国农村需要大大增加农产品远期、期货与期权的种类，使更多的农产品能够实现套期保值。

西方发达国家农产品期货与期权已得到广泛推广。以农业较发达的美国为例，作为期货市场的发源地，它已经发展成为全球上市农产品期货品

种最多的国家，在芝加哥交易所集团上市的农产品期货品种多达 15 种以上。几乎所有成熟的农产品期货品种都有相应的期权交易，农产品金融交易的多层次市场体系相当完备。可供借鉴的还有巴西的农村金融创新：CPR 是一种非标准化合约，它承诺只要在未来某个时间、某个地点，交付若干数量产品的相关凭证，农民就保证交付相应的农产品，从而提前从商业银行、买主或市场上获得融资。这样不仅大大降低了信息不对称程度，也降低了农产品交易成本，解决了农民融资难题，丰富了农村可流通、可投资的金融产品。

（三）在增信依据上，关注应急与担保制度、集体信用、订单等因素

鉴于农村信贷市场风险相对较大，我国应加快建设农村金融信用数据服务平台，中国人民银行、工商、农业及税务等部门应利用大数据、云计算及区块链等新技术合作共建农村信用数据生态圈，为农村金融活动提供必要的信用数据支持。在此基础上，综合考虑切合实际的因素作为增信依据。

首先，应当建立起农村信贷风险互助应急与担保制度，如果农业信贷风险爆发，地方政府储备针对的应急资金能够及时救助，帮助渡过难关。在此制度保证下，相关金融机构会增强提供信贷的信心与积极性，促使农业信贷、农村经济与农民收入之间形成良性循环。同时，政府通过担保支持农村的融资活动也有事半功倍的作用。如 2017 年 1 月，农业银行贵州省安顺分行推出的"惠农脱贫贷"依托政府增信机制，由政策性担保公司提供担保或风险补偿基金，其涉农贷款损失补偿模式受到了农村客户的欢迎。截至 2018 年底，其贷款余额为 3.49 亿元。与之形成鲜明对比的是 2017 年 3 月另一大型银行安顺分行推出的"富农贷"，由于不享受政府优惠政策，其相应的贷款余额为零。国外经验也可借鉴，日本政府直接参与建立农业信用保证制度，对已承保的农协经营损失与相关债务进行赔偿；农协之间也建立了相互援助制度，通过农林中央金库统一管理与运用专项储备基金提高农协的偿付能力。

其次，单个农民与农户的经济实力和信用较为有限，难以确保提供信贷的金融机构及时作出放贷决策。若以多个农户和其所在的集体的力量与信誉度为增信依据，将大大促进融资活动的顺利推进。有的地区农业产业链涉及几十家农场、成千上百家农户和若干家农业合作社。它们之间通过协作与农产品交易形成了稳定的价值链，该链条上的主体自然更容易获得融资帮助。金融机构需要首先审慎分析农产品供应链中的各个环节的风险与收益，确定以其中的龙头企业作为金融活动的主要接洽方，然后针对链条中的资金薄弱环节提供流动性支持，使得资金链紧张的局面得以缓解。可供借鉴的经验有贵州省的"三变三合"模式（资源变股权、资金变股金、农民变股民以及农民专业合作、信用合作、供销合作"三社合一"），积极创建信用镇、信用村、信用户，以集体为单位增进信用。这样，金融机构的放贷有了多因素的决策基础，还贷有了多重保障。

最后，仅以传统的房地产抵押权为放贷条件将使融资活动极为受限。金融机构应当结合农业生产经营的具体特点，以农地经营权、各类农产品订单等作为增信依据。金融机构可以将订单农业供销双方视为统一的征信对象，因为订单农业下的农户所借资金主要用于订单项目，农户收益主要从采购该农产品的企业获得。故订单农业中企业一方的资信状况直接影响农户的贷款偿付能力。为此，金融机构若建立"订单企业+农户"型联保贷款机制，就能以企业的信用值来调升农户授信额度。

（四）在金融产品创新上，需结合需求、地域与形势推陈出新

我国农村幅员辽阔，自然条件与社会环境千差万别，金融需求也各不相同，金融创新也就需要因地制宜、因时制宜。

一是结合农村保险、融资与投资需求而量身定制金融产品。不同农村在保险、融资与投资的需求数量和结构上存在明显差异，同一个农村的客户在生产经营周期的各个领域和各个环节的金融需求也有所区别。

二是结合地域特点规划地方特色金融产品。不同地域农村的资源优势、经济特色、产业链构成、收入来源均有一定差异，金融机构在设计相关融资产品时要结合地域特点，规划出一系列具有浓郁地方特色的金融产品。有的地区需要信贷支持脱贫攻坚、粮食生产或第一、第二、第三产业融合发展，有的地区需要发行绿色金融债券用于污染防治、节水节能、生态保护或发展绿色农业等。为此，商业银行应当主动对接农村的龙头企业、特色产业与农地改革，结合当地农村特点与产业特色，不断创新金融产品类型，动态满足不同层级客户的金融产品与服务需求；还应当主动融入 PPP 模式（政府和社会资本合作），创设与发行农村发展债券或信托产品，使社会资本更多地流向农村，从而与政府合力提供当地急需的公共产品和服务。同时，农村还需有效发挥融资租赁、商业保险、基金管理等子公司的协同效应，与农信担保公司、资金互助组织、小额贷款公司、村镇银行等主体

形成合力，通过联合金融支农扩大规模效应。从各地保险公司提供的品种来看，应重点开发与推广了地方主打农作物保险、主要畜产品保险、重要"菜篮子"保险等，但还需要结合各地常发性自然灾害的差异而调整保险保障的内容。

三是结合形势推出性价比较高的金融产品。以金融产品中的证券投资基金为例，当股市处于持续上涨的牛市时，金融机构可积极创设有主题特色的股票型基金，宣传、推进股票型基金的销售。因为牛市中股票型基金往往获得超过股票指数的收益率，远远超过同期债券的收益率，反之，若股市处于阴跌不止的熊市时，金融机构需要更多推出保本基金、债券型基金和各类债券及其组合以满足农村居民稳健投资的需要①。

综上所述，我国农村的金融需求日趋多元化，金融机构需要借力"互联网+人工智能"，创新使用远期交易、期货与期权交易，丰富增信依据，因地制宜、因时制宜地开发与供给金融产品。新颖、丰富、差异化的金融产品与服务将大力助推农业现代化、农村经济增长、农民脱贫与致富。

5.4.4　加强政府、银行和保险的业务合作

信贷产品的完整性与风险防范和风险分散机制有关。政府、银行、保险三方各自承担一定比例风险的模式可以保证保险贷款实行，一般分政府参与方式和非政府参与方式两种模式。

非政府参与方式具体表现为：贷款出现风险后，由保险公司按照不低于70%的比例先行代偿，农商行承担风险部分不高于30%。政府参与补偿保险公司的具体表现为：由政府财政部门拨款设立贷款保证保险风险补偿专项资金，贷款出现风险后，由政府、保险公司、农商行按2∶6∶2的比例承担贷款本息损失风险。对保险公司赔付率超过130%的超赔部分，由风险补偿专项资金按不超过80%的比例给予保险公司补偿。对保险公司赔付率超过150%后的超赔部分，由风险补偿专项资金全额补偿保险公司。同时，借款人的合伙人、主要股东、实际控制人等重要关联方也必须为贷款提供连带保证担保责任②。

保证保险贷款模式因无须担保，以及制定了风险防控联动机制，又具

①　童元松，马娟. 农村金融产品需求与产品创新策略研究［J］. 现代金融，2020（8）：26-31.

②　刘仁军. 政银保合作开启小微融资"无担保"时代［J］. 中国农村金融，2016（9）：77-79.

有多方参与、通力合作、协同风控的特点，受到了小微企业的青睐。但由于涉农和小微企业贷款的固有风险大，特别是涉农企业等农业新型经营主体管理制度不健全、财务制度不规范、抵御风险能力弱等，保证保险贷款在风险控制方面的技术和经验仍然较为薄弱，防范和控制保证保险贷款的风险是该模式未来的努力方向。

5.5 以绿色金融为抓手，推进五年过渡期向乡村振兴转向任务的完成

当前，我国农村正处在脱贫攻坚目标任务完成后的五年过渡期全面转向乡村振兴阶段。巩固脱贫攻坚成果是五年过渡期的中心工作，过渡期任务的核心就是守住坚决不能出现规模性返贫，这是一个底线，战略目标是顺利过渡到乡村振兴。我们认为，绿色金融是一个有力的抓手，可以把过渡期任务的完成同实施乡村振兴战略结合起来。所谓绿色金融，是指金融机构在农村地区开展信贷业务时，对有助于农村资源环境及生态保护、节能增效、资源可循环利用等方面的有机农业、生态农业及其相关产业发展实行优先支持。现阶段绿色金融不但可以为绿色产业发展和绿色技术推广提供强有力的资金保障，而且在向乡村振兴转向过程中可以将我国长远的绿色发展目标及绿色环境因素纳入其中，引导农户、企业等更加注重绿色产业的发展，确保未来社会主义新农村建设融入国家"碳达峰"和"碳中和"战略目标的实现。所以，建议在过渡期阶段一定要以绿色金融作为抓手，做好以下工作，推进五年过渡期向乡村振兴转向任务的完成。

5.5.1 以绿色金融为抓手推动新农村供给侧改革和产业结构调整

一是通过绿色金融资金对过渡期农村的支持和引导，推动实现从较为单一的种养殖业发展，向建立农村绿色农业产业转变。目前，金融对"三农"的支持基本上是通过给一定小额资金帮助发展种植养殖业，但用好绿色金融资金特别是绿色贷款，可以引导全国不同农村地区将具有优势的种植业和养殖业做成一个产业，将产品优势发展成为产业优势，将产业优势转变成为供给侧结构性改革优势。过渡地区农民的生产和经营基本上以家庭为单位，规模小、盈利能力有限、抗风险程度较低，很难将产品优势上

升为产业优势,更难将产业优势转换成经济优势,其中,没有发挥金融的引导作用是一个重要的成因。从过渡期到乡村振兴战略实施的关键是要培养产品经济,并且将产品优势转化为产业优势,最终转为经济优势,以此带动乡村振兴战略的实施。

二是加大绿色信贷资金对脱贫后过渡期项目支持力度,推动乡村供给侧改革。目前,从过渡期到乡村振兴战略实施过程中对于已经脱贫的乡村和脱贫的人口,除了继续保持财政资金支持力度外,应加大绿色贷款的支持力度,解决农村发展趋同性的问题,通过绿色信贷支持的项目推动乡村供给侧改革。过渡地区一般以发展种植业和养殖业为主,使得产业发展呈现出较强的趋同性。比如陕西已经脱贫地区及脱贫农民多以种植苹果和猕猴桃以及养鸡养羊为主,广西和四川已脱贫地区和脱贫农民一般也是以种植猕猴桃、苹果、柑橘以及养鸡鸭为主。从对这些地区典型调查的结果看,由于这些脱贫地区的产品大致相同,结果产品产量上去了,但价格下来了。比如,2005 年优质猕猴桃每斤价格为 8~10 元,但随着中国大部分省份都种猕猴桃,其产量激增,到 2020 年末,收购价格降到了每斤 1~2 元。养殖业的收益大致也处于同一种状况。绿色金融在巩固过渡地区扶贫成果向乡村振兴转变时,要充分考虑乡村供给侧改革的可能和需要,通过绿色金融促使乡村种植业和养殖业供给侧结构调整,形成不同的产品优势,使我国农村和农民真正能达到增收的目的。

5.5.2 把绿色小额信贷作为过渡期助推乡村振兴战略实施的主要手段

一是以绿色小额信贷作为过渡期的抓手,助推乡村振兴战略的实施。乡村振兴战略的实施,在于让所有农民特别是刚刚脱贫地区的农民能从振兴中受益,由于过渡期地区乡村的生产规模一般较小,绿色小额信贷无疑是目前助推乡村振兴战略最好的金融工具。从确保过渡期任务完成看,绿色小额信贷可以成为帮助已经脱贫地区和完成脱贫人口确保不发生大规模返贫的主要金融手段和金融工具。我国已经脱贫的乡村和已经脱贫人口一般固定资产较少,用来抵押和担保的资产也较少,金融机构作为企业必须考虑信贷投入的风险性。为了确保过渡期巩固脱贫成果任务的完成及向乡村振兴的过渡,完成脱贫任务的地方政府应拿出一部分财政资金作为绿色小额信贷的引导资金和担保资金,解决金融机构绿色信贷资金投入安全性的后顾之忧,金融机构则通过积极向过渡期的农村及农民发放绿色小额贷款，解决脱贫乡村和人口项目投入的资金需求以及发展当地农业生产的需求。通过绿色小额信贷，获得可持续的经营收入，能够确保过渡期任务的完成，加快助推我国乡村振兴战略的实现。目前，过渡期的一些地方政府有一些较成功的做法，比如拿出一定的财政资金做担保，将一家一户的小额信贷款集中起来，交给地方具有一定规模的企业或者龙头企业集中运作，每年将贷款利息收入中一部分返还给脱贫农民，农民再用这部分收入来扩大再生产。

二是绿色金融支持过渡期任务的完成并助推乡村振兴战略的关键在于绿色小额信贷资金跟着项目走，推动脱贫地区特色产业发展。过渡期任务的完成及向乡村振兴转变的关键，在于脱贫乡村真正形成具有地方特色产业，并将特色产业转化为地方经济发展优势。首先，地方政府要在过渡期内帮助过渡地区寻找适合当地发展的有前途的项目，不但要帮助已脱贫农民解决销路问题，更为重要的是帮助过渡地区乡村尽快将当地特色产业转变成为经济优势。如广西部分县的脱贫村通过成立合作社，根据不同村寨的自然条件分别建立起了油茶、柑橘、火龙果、牛大力等中草药以及生猪、林下养鸡等产业基地，不但解决了过渡期不出现规模性返贫问题，而且还通过扶贫建立了可持续发展的产业链。从过渡期任务看，金融机构发放的绿色小额贷款一定要立足于促进特色产业向区域经济优势的转变，不能仅限于绿色小额贷款对项目的支持，绿色小额信贷如果仅限于支持具体项目，很难长久保证绿色信贷的使用效应和成果的长期化。在确保过渡期任务完成并向乡村振兴战略转化的过程中，不但需要绿色小额信贷资金确保扶贫成果稳定，更需要通过小额绿色信贷资金帮助乡村发展特色产业，优化乡村产业结构，最终形成乡村经济优势。

5.5.3 通过不断改进绿色金融支持方式助推五年过渡期任务的完成及向乡村振兴战略的转化

一是绿色金融要选择高标准的项目和产业进行支持，为乡村振兴战略的实施打好基础。对过渡期乡村和农民的扶持应从项目需求入手，开发符合过渡地区特色农业产业化、规模化经营需求特点的绿色金融产品，支持过渡地区新型农业经营主体和高水平农业项目的发展。在过渡期内，必须考虑脱贫地区生态环境脆弱性，高标准选择当地优势绿色项目，帮助过渡地区走出一条既增强经济实力，又保护好环境的绿色新乡村建设之路。首先，大力支持和改善过渡地区基础设施建设。过渡地区地方政府财力一般都较为有限，交通、水利、能源等基础设施建设欠账较多，成为制约这些过渡地区经济发展的瓶颈。绿色金融应以国家"碳达峰"和"碳中和"为目标，引导过渡地区符合国家绿色发展导向并具有显著绿色环保特点的水利、公路、水流域治理和整体城镇化建设的资金投入，并以此为抓手，促使过渡期地区高质量发展并为新农村建设奠定良好基础。其次，大力支持过渡地区农业绿色项目向绿色产业化发展，支持过渡地区绿色优势产业，特别是支持能够增加大量就业人口又绿色环保的过渡地区畜禽、水产、林业、茶叶、中药材、蔬菜、水果等特色项目发展，将这些优势项目做成规模大、辐射带动力强、品牌响的特色产业，并转化为过渡地区经济优势。再次，以绿色金融为抓手，着力推进过渡区优势农产品向优势产业集中、生产加工向龙头企业集中，走"公司+基地+农户"的产业化经营之路，带动过渡地区脱贫农民增收致富。最后，积极支持过渡地区农产品物流体系建设，搞活农产品流通。按照党中央、国务院制定的全国统一市场建设的要求和标准，促使过渡地区农副产品和特色产品进入全国统一的物流市场，将产品优势转化为经济优势。

二是金融机构应创新过渡地区农村绿色金融产品和服务方式，为乡村振兴战略做好金融准备。首先，创新过渡期农村生产要素担保方式。抓住深化农村改革契机，积极参与开展农村"三权"抵押试点的金融服务，协助过渡期地方政府开展确权、登记、颁证工作，创新"三权"抵（质）押绿色金融产品。鼓励将产权归属清晰的农村集体房屋和土地等不动产、机器设备、产成品等都纳入绿色金融担保品范围，充分激活过渡期地区的"沉睡"资产，扩大农业企业和农民抵押品、质押品范围。其次，以绿色信贷为抓手、以土地为基础资产，通过土地增减挂钩提升信贷质量，增加还款来源，将具备复垦条件的集镇、村庄、农村居民点和零星分散的宅基地，纳入拆旧区规划，以绿色金融支持搬迁地区土地价值互换、有序流转。积极对接服务农村产权流转交易平台，打造多维度农村金融服务体系，为农村承包土地经营权、集体经营性建设用地使用权、林权等农村产权抵押贷款提供鉴证、流转、抵押评估、登记、贷款办理等统一标准的配套服务渠道。最后，积极开发专属金融产品支持新型农业经营主体和农村新产业、新业态，构建丰富的线上贷款产品体系。加强银行、保险、融资担保机构的绿色金融业务合作，形成三者之间的协同效应，充分发挥政府、市场、中介组织的作用，探索助农贷、助保贷、助贫贷等信贷产品，积极探索开展"银行+政府+农户""银行+担保公司+农户""银行+合作社+农户""银行+信用村镇+农户"等模式,分担贷款资金回流风险,解决融资瓶颈问题。

三是大力推进过渡地区金融生态环境建设,为乡村振兴战略实施做好环境准备。首先,加快过渡地区农村信用体系建设。完善农村信用环境评估体系建设,完善农户信用信息征集与评价,加快建立和完善过渡地区市场经营主体电子信用档案,健全针对市场经营主体的信用评价体系。其次,深入开展"信用户""信用村""信用乡(镇)""农村信用示范户"等创建活动,严厉打击各种逃废债行为,提高贫困地区各类经济主体的信用意识,营造良好的农村信用环境。最后,培育过渡地区实体经济和个人信用意识,提高地区信用程度和个人信用度。地方政府应通过警示教育,帮助过渡地区农村实体和个人树立信用意识,增强个人信用保护意识,当好诚信客户。加快推进县、乡、村、户四级城乡信用体系建设。

5.5.4 需要解决的几个主要问题

一是重点解决过渡期绿色金融创新力度不足的问题。完成精准扶贫任务后,金融对于农业改革发展的支持的力度虽然没有减少,但在绿色金融支持过渡期创新力度方面还需要进一步加强和改进。由于一些金融机构对过渡期重要性的认识不足,认为扶贫任务已经完成,可以停下来歇歇脚,没有及时转变经营理念,对现有的农村金融服务模式没有进行改革与提升,缺少与创新性发展相匹配的金融措施。特别是部分农村金融机构为"三农"服务以及支持过渡期的金融创新产品开发能力较弱,怕担风险,没有开发出新的绿色金融产品和绿色金融服务模式。

二是我国金融机构涉农贷款融资成本与其他行业相比仍然偏高,与城市金融服务相比,提供服务的效率又较低,在一定程度上造成了过渡期"三农"融资难、融资贵的问题,增加了过渡地区"三农"的负担。如何在过渡期进一步降低过渡地区农村和农民融资难、融资贵的问题是一项紧迫的任务。

三是尽快解决过渡期我国农村绿色金融发展配套机制不健全的问题。目前金融体系对贫困地区农村的信贷以及金融服务不健全,一些金融基础服务与功能都不完善,比如征信制度、资产登记、评估以及流转等。金融相关的制度建设进程较为缓慢,导致金融机构介入难度增大,农村承包土地的经营权、农民住房财产权等资产难以盘活。

四是应该进一步加大政策性金融支持力度。由于农村现有的政策性农业担保以及涉农贷款风险补偿基金等配套措施都比较有限，单靠商业性金融很难做到，必须依靠国家的力量建设具有全国意义的政策性担保机构和保险机构，只有有效的政策性涉农机构的介入和参与才能真正夯实乡村振兴工作的基础。

五是需要大力发展农村资本市场和其他有关金融市场，彻底改变农村融资结构失衡的问题。从目前的情况来看，我国农业金融供给主要模式还是间接融资的模式，其中涉农信贷资产证券化等新型业务严重缺乏，平台建设发展较为缓慢，"三农"融资仍然以银行贷款为主，农村金融市场不发达，融资渠道单一，出现了融资结构失衡现象。

5.5.5　建议采取的措施

一是进一步完善相关绿色金融政策，加强货币政策与财政政策的配合。在五年过渡期内，建议财政应继续加大对脱贫人口和脱贫地区的资金补贴力度，货币政策应进一步强化对扶贫成果的巩固，包括扶贫再贷款、扶贫信贷政策以及相关金融服务措施的完善和改进。继续发挥直达实体经济货币政策工具作用，降低乡村振兴融资成本，刺激和释放农村经济金融资源需求，促使金融机构提供可持续性的绿色金融产品。

二是加大政策性金融对过渡期"三农"支持力度。由于支农资金回报率较低，风险较大，在一定程度上制约了农村金融的供给。建议对过渡期及向乡村振兴转变提供资金的金融机构给予政策性支持，在机构设置、法定存款准备金率以及流动性管理方面给予优惠政策，从政策层面支持农村领域的金融机构，为支持"三农"的金融产品给予风险托底，帮助金融机构建成支持乡村振兴战略的可持续、长期良性发展机制。

三是有效解决农业发展中的金融市场相对滞后的问题，通过完善金融支持农业供给侧结构性改革，促进农业经济的发展。在服务与产品方面，应该根据实际的需求情况综合运用不同的贷款以及融资方式支持农业供给侧结构性改革，拓宽农业发展的融资渠道，全力支持辖区农业生产结构的调整与改革。

四是改革绿色金融风险担保模式。在过渡期转向乡村振兴战略过程中，由于支持对象更为广阔、领域更为广泛，大量产业尚处于萌发或培育阶段，担保对象不明晰，目前的风险担保模式可能造成担保的逆向选择和低效率，建议提供政策性保险，提高金融机构支持乡村振兴的积极性，降低金融机构支持乡村振兴的风险。

　　五是以市场需求为导向推动数字金融与乡村振兴需求有机融合。加快农村金融科技建设，充分利用大数据、互联网等现代信息技术，有针对性地开发新的金融产品，适应乡村振兴需求。以数字金融为载体，大力开展农村小额信用贷款、保单质押、农机具设施抵押贷款，构建丰富的线上贷款产品体系。围绕支持农村经济结构调整和农业产业化经营，积极探索开展"银行+政府+农户""银行+担保公司+农户""银行+合作社+农户""银行+信用村镇+农户"等农村金融供应链模式，分担绿色贷款风险，解决融资瓶颈问题。

　　六是加快推进农村信用体系建设。积极对接服务农村产权流转交易平台，打造多维度农村金融服务体系，为农村承包土地经营权、集体经营性建设用地使用权、林权等农村产权抵押贷款提供公证、流转、抵押评估、登记、贷款办理等统一标准的配套服务渠道，加快推进县、乡、村、户四级城乡信用体系建设。

本章参考文献

　　[1] 何畏. 试论金融支持精准扶贫长效机制的构建 [J]. 营销界, 2021（9）：70-72.

　　[2] 杨高武. 政策性金融支持高标准农田 PPP 项目 [J]. 区域治理, 2019（32）：186-188.

　　[3] 童元松，马娟. 农村金融产品需求与产品创新策略研究 [J]. 现代金融, 2020（8）：26-31.

　　[4] 刘仁军. 政银保合作开启小微融资"无担保"时代 [J]. 中国农村金融, 2016（9）：77-79.

第6章 加大我国乡村振兴融资模式的创新

6.1 继续加大开发性金融支持力度

农村贫困地区的金融资源往往十分匮乏。商业性金融机构的逐利性，决定了其发放贷款主要依据风险和回报的相对水平。农村经济风险和不确定性更高并且利润率相对偏低，贫困地区和贫困户的可抵押资产少、质量差，财政贴息和风险补偿资金有限，导致商业金融对于发展普惠金融和农村金融的内生动力不足，贫困个体和小微"三农"企业长期以来面临融资难、融资贵的问题，严重制约了贫困地区的发展。

仅凭市场机制难以实现金融资源向贫困人口和地区的合理覆盖，存在"市场失灵"，需要政府出面解决商业性金融供给不足的问题。早期为应对市场失灵，我国采取政策性金融的方式，由政府意志直接配置信贷化的财政资金，近乎不计成本地投入扶贫事业，但实施过程中存在资源配置效率低的问题，出现了"政府失灵"。

因此，介于市场和政府之间的开发性金融应运而生。开发性金融机构是政府建立的具备国家信用、能体现政府意志的金融机构，其资金主要来源于市场化发行债券，主要用于向经济发展中的薄弱环节和国家重点关注的领域提供贷款，是政府和市场之间的沟通桥梁。在我国，国家开发银行及其各地支行承担了开发性金融的作用和责任。自成立以来，国家开发银行本着保本微利的原则，为贫困地区基础设施建设、特色产业发展、农户脱贫致富以及教育卫生等领域提供大金额、中长期、低利息、批发式的贷款，既可以提高贫困地区金融资源可得性，有效缓解贫困地区个人和小微企业贷款难、贷款贵的问题，又可以引导社会资本向贫困地区倾斜，以市场化运作机制建立健全贫困地区金融体系，真正实现以信贷资金激发经济活力。

6.1.1 开发性金融扶贫取得的成果

经过多年的实践和总结，国家开发银行在基层金融领域开展了多种尝试、探索，创新形成了"四台一会"、转贷款等极具开发性金融特色的做法和模式。"四台一会"包括管理平台、统贷平台、担保平台、公示平台和信用协会，通过政银合作，完善贫困地区的融资体系建设，用"打包"的方式支持地方特色产业的发展，强化市场、信用、制度各方面的有效对接，是开发银行克服机构、网点短板，在县域开展民生业务的抓手，也是开发银行在县域基层的机构延伸和合作基础；银行转贷款模式，是指先由国家开发银行审慎挑选优秀的中小法人银行，搭建流动性合作机制，提供长期批量资金并指定用途，再由合作银行转贷给企业或农户，将批发式批量转贷款精准延伸至零售式单户直接贷款，惠及大量中小企业，有效降低中小企业融资成本，提高收入水平，促进减贫脱贫。"四台一会"和银行转贷款两种模式在我国消除绝对贫困、打赢脱贫攻坚战的过程中提供了巨大的金融支持，取得了卓越的成果。①

在福建，国家开发银行福建省分行协助地方政府以"一县一策"支持产业扶贫，推动"产业+""旅游+""龙头企业+"等模式落地，截至 2020 年 1 月，累计发放扶贫贷款 70 多亿元、助学贷款近 2 亿元，惠及贫困人口逾 3 万人、学子近 2 万人。

在安徽，国家开发银行协助安徽省六安市金寨县大力发展油茶产业这一县重点产业，以产业扶贫带动脱贫，与当地政府共同培育了一大批油茶生产、加工龙头企业，组建近 20 家油茶合作社。2019 年，全县油茶面积达 22 万亩，年产油茶干籽 5000 吨，年培育良种油茶嫁接苗 400 万株以上，年加工油茶干籽近万吨，综合产值达 2.2 亿元，形成了集种苗培育、基地生产到产品加工于一体的产业化发展格局，被授予"全省发展油茶生产先进县"，全县油茶龙头企业、合作组织链接农户 1.1 万户，其中贫困户 1300 余户，每年约带动 400 余贫困户发展油茶脱贫。同时，依托白塔畈镇 2 万余亩油茶基地打造"茶山花海"主题景区，定期举办节庆及山地自行车赛等赛事活动，每年吸引游客 20 多万人次，既带动了当地农家乐等发展，又为贫困群众提供了销售农副产品、务工等渠道。

---

① 肖志明，赵昕，赵学荣，等.建设政府性融资担保体系探索"四台一会"支持产业扶贫[J].开发性金融研究，2018（3）：81-87.

在海南，国家开发银行海南分行主动策划、积极协助海南省扶贫公司、贫困市县推动易地扶贫搬迁，截至 2018 年，就全省"十三五"易地扶贫搬迁项目授信 2.4 亿元，累计签订合同金融达 6000 万元，发放长期低息贷款 4100 万元，易地扶贫搬迁贷款市场份额达 100%，有效保障了白沙黎族自治县道银村、坡告村、高石老村、翁村三队等贫困村 121 户 517 名农村人口的项目资金需求。搬迁后，每户获得政府划拨的 10 亩橡胶林及 1 个护林员就业岗位，人均年收入由 2000 元增加至 1.5 万元，脱贫致富内生动力不断凝聚。

在新疆，国家开发银行新疆分行作为自治区扶贫开发工作领导小组成员，聚焦南疆四地州深度贫困地区主战场，紧扣"两不愁三保障"精准发力，截至 2019 年，累计发放精准扶贫贷款 539 亿元，其中向南疆深度贫困地区发放 360 亿元，实现对全疆贫困县特别是深度贫困县的综合融资全覆盖。其中发放产业扶贫贷款 104 亿元，支持纺织服装以及畜牧养殖等产业类龙头企业，带动贫困人口就业增收；发放重大基础设施扶贫贷款 289 亿元，惠及贫困人口逾 500 万人；支持农业农村优先发展，积极服务农村第一、第二、第三产业融合发展、农业供给侧结构性改革等重点工作，累计发放贷款 428 亿元，其中发放贷款 252 亿元支持农村公路、农业灌溉节水等项目建设。

在广西，国家开发银行广西分行以融资支持广西脱贫攻坚战，截至 2020 年 2 月，累计投放扶贫贷款 1614 亿元，对广西贫困县实现全覆盖，助力打赢脱贫攻坚战。积极推动普惠金融，累计发放民营企业专项贷款 38 亿元，惠及民企超过 470 家；发放转贷款 45 亿元，惠及区内小微企业超过 2000 家次，覆盖广西 27 个国家级贫困县。发放生源地助学贷款 199 亿元，惠及 119 万名贫困学生，累计发放额连续 6 年位居全国第一。

在重庆，国家开发银行重庆分行通过与龙头企业合作，与国家开发银行山东、浙江、福建等分行开展东西部扶贫协作等方式，推动贫困户与企业签订用工协议，以土地入股等形式，构建稳定的利益联结机制，截至 2020 年底，累计发放产业扶贫贷款 77.2 亿元，贷款余额达 51.9 亿元，累计帮助 860 个贫困户脱贫增收。向重庆市林业生态建设暨国家储备林项目投资约 125 亿元，用于实施造林基地建设、改扩建种苗基地、新建林区公路，并通过护林员、劳务雇佣等方式带动林区贫困人口脱贫。推动城口县修齐镇的集体林权经营权流转，惠及约 500 名建档立卡贫困户。建卡户可以向重庆林投公司流转集体林权经营权，每亩可获得 1850 元的收入，每户林农持有 50 亩至数百亩集体林权经营权，流转后即可做到稳定增收脱贫。此外，林农通过造林、管护用工，每年还可获得上千元的劳务收入。

6.1.2　开发性金融怎样助力乡村振兴

在脱贫攻坚中，国家开发银行以造血式扶贫代替输血式扶贫，以大额长期低息贷款向贫困地区给予大量金融资源的扶持，发放贷款重点用于扶持贫困地区特色产业发展和基础设施建设，帮助其产品"走出去"、资金和人才"引进来"，促进了贫困地区经济结构的改善，带动了大批贫困人口脱贫。消灭绝对贫困后，需要巩固已经取得的成果，未来几年，在农业现代化、农业基础设施、特色产业、易地搬迁后续发展等重点领域建设，国家开发银行从以下几个方面继续加大对乡村建设的支持，助力乡村振兴。①

跟踪脱贫效果，与乡村振兴无缝衔接。一是针对前期缺乏系统规划、效益不高的脱贫项目，主动协助地方政府梳理项目短板，因势利导支持转型发展。二是针对摘帽时间较短的地区，持续培育产业做大做强，增强发展内生动力，提升脱贫质效、脱贫不返贫、振兴不掉队。三是针对摘帽时间较长的地区，积极参与当地乡村振兴规划编制，因地制宜创新金融产品，动态调整金融服务模式，逐步建立常态化、长效化的金融服务机制。

扶持龙头企业，培育融资主体。针对合格融资主体不足、产业链带动效应差的痛点，开发性金融将龙头企业作为重要抓手，通过做强做优龙头企业培育合格融资主体，从而带动产业链上下游开发，助力产业融合创新发展。全方位服务、培育农业龙头企业，增强产业链带动效应。针对已有的农业龙头企业，提供贸易融资、债券发行、现金管理等服务，全方位满足龙头企业金融需求。针对缺乏农业龙头企业的地区，设立以政府为主导的产业基金，通过产业重组、企业并购等资本运作，提供并购重组顾问和融资服务，助力经营规模扩大、产业链延伸和产业整合，壮大培育能成为合格融资主体的潜在企业。②③

建设基础设施，加强公共服务。开发性金融具有"稳定、期限长、优

---

① 尹燕飞. 开发性金融精准扶贫经验、模式和发展路径——以国家开发银行为例 [J]. 农村金融研究, 2019 (5)：27-31.

② 李昱呈. 开发性金融支持乡村振兴可持续发展路径探究 [J]. 开发性金融研究, 2021 (5)：41-48.

③ 张娟娟. 建立健全巩固拓展脱贫攻坚成果长效机制 [J]. 宏观经济管理, 2022 (3)：38-43.

惠、大额"的信贷优势,同时能通过 PPP 融资引导和筹集社会资金,服务农村基础设施转型升级和公共服务提质增效。以中长期贷款和创新模式助力基建转型升级,依托开发性金融中长期融资优势,对农村公路、水电、通信和农业生产加工基地、仓储物流等一次性投入大、回收周期长的领域,提供大额长期资金支持,同时为中标的施工企业、设备供应商提供流动资金支持。

深度资源整合,实现互利共赢。一方面,向内整合综合化经营优势,加强总分行联动、分行间协同、母子公司配合,利用金融全牌照优势,完善涉农企业联动营销机制,提升产品覆盖度和客户价值贡献度;另一方面,加强与各层级政府和监管部门的沟通合作,加深与政策性银行、全国性商业银行、地方法人银行等同业合作,深化与农业保险、担保机构合作,整合同业涉农资源,提升综合服务能力。

搭建东西部合作平台,实现产业优势互补。搭建协作对接平台,调动东部地区先进的技术等优势资源向西部梯度转移;持续为东西部协作项目提供资金支持,促进西部省份农、林、牧及文旅等产业项目发展。将东部企业技术人才资金等优势力量与西部企业丰富的农业资源相结合,增强西部乡村振兴内生动力和"造血能力"。

发展绿色金融支持污染治理和生态修复。加强资源倾斜,优选绿色金融项目,为其提供 PPP 贷款、财务咨询等全流程金融服务,重点支持农业污染治理、化肥农药减施增产等关键技术领域,为绿色农业科技企业、项目及园区建设运营提供多样化融资支持;重点支持农村人居环境整治项目,如农村生活垃圾、污水治理、畜禽粪污资源化利用、农作物秸秆综合利用等绿色发展项目,助力"美丽乡村"建设。

6.1.3　继续深化创新的着手点

为了开发性金融在乡村振兴中更好地实现资金向农村的倾斜,深化创新,增加"三农"企业可得金融服务的深度和广度,应加大对乡村地区直接融资的支持力度,如债券融资和权益融资。

债券融资具有募集资金规模大、成本低、期限长的优点。对于金融机构而言,发行金融债券可以有效解决金融机构资产和负债期限错配问题,对于企业而言,发行企业债券可以充分满足融资需求,降低融资成本。对于政府而言,有政府信用背书的债券的发行具有一定外部性,可以形成示范效应,引导更多社会资本投向特定领域。

乡村振兴中许多基础性、长远性、战略性的重大项目需要长期大量金融资源支持，无论是从期限上、成本上还是社会效益上，债券融资这一渠道都能满足乡村振兴融资需求，有利于尽快补齐农业农村发展短板，完善基础设施，盘活各类资源，加快农业农村现代化进程。

因此，开发性金融在乡村振兴中应该进一步重视债券融资的作用，加大对债券融资的支持力度。一方面，国家开发银行自身可以向社会募集更多资金专项用于乡村振兴，推动涉农贷款增量降价，解决贷款难、贷款贵的问题，如发行乡村振兴专项金融债券；另一方面，也可以借助全牌照运营的优势提高对"三农"企业直接融资的支持力度，拉近资本市场与农村的距离，让"三农"企业也能充分利用资本市场融资，如积极承销"三农"企业发行乡村振兴债券或票据。

从乡村振兴债券发行情况看，2021 年共有 126 个发行主体发行了 395 只乡村振兴债券，规模达到 15399 亿元，其中有 11804 亿元是中国农业发展银行发行的政策银行金融债券，占比达 76.7%，2413 亿元是由地方政府发行的专项债券，由民营企业发行的信用债券仅有 1182 亿元，占比仅为 7.6%，且所有主体均为信用评级 AA 以上的民营企业，乡村振兴债券的发行主体结构略有失衡，民营企业参与占比有较大的提升空间。国家开发银行可以与中国农业发展银行一同形成合力，优势互补，扩大乡村振兴中直接融资支持的覆盖程度。例如，可以考虑为信用评级稍低一些、目前尚未参与乡村振兴债券发行的主体提供承销发行债券的服务，这有利于形成多层次、均衡的市场结构，避免农业企业资源和实力的两极分化。

从乡村振兴票据发行情况看，2021 年 3 月，首批乡村振兴票据由国家开发银行承销发行，截至当年 10 月 31 日，共有 91 家企业累计发行 111 期乡村振兴票据，金额合计达到 813.72 亿元，其中用于乡村振兴用途的金额为 338.42 亿元，占总金额的比重为 41.59%。乡村振兴票据的前身是募集资金用于精准扶贫项目建设、偿还精准扶贫项目借款或者补充精准扶贫项目营运资金的扶贫票据。自 2017 年 3 月首批扶贫票据成功发行至 2020 年底，银行间市场交易商协会累计支持 33 家企业发行扶贫票据超过 500 亿元，涉及 19 个省份 100 多个贫困县的扶贫工作，灵活结合当地实际，因地制宜找准扶贫切入点，支持关键产业建设，精准对接当地贫困人口，为金融市场支持脱贫攻坚探索了"债市方案"。其中，国家开发银行承销了多个扶贫票据的发行。彻底消除绝对贫困后，为了保持扶贫政策的连续性，平稳实现由脱贫攻坚向乡村振兴的过渡，需要确保支持政策不断档，继续做好存量扶贫票据的接续工作，推广乡村振兴票据，支持企业筹集资金用于乡村振兴领域，鼓励募集资金向国家乡村振兴重点帮扶县倾斜，将摆脱贫困的地区"扶上马"后还要再"送一程"。因此，开发性金融也应继续保持并努力扩大对债务融资途径的支持力度，让更多企业可以通过发行乡村振兴票据或债券进行融资，并重点支持龙头企业。

目前，乡村振兴票据所筹资金的用途主要有以下几类：一是直接向农户采购，促进农村种养殖业发展。如新希望六和股份有限公司发行的 20 亿元票据中有 10 亿元用于向农户采购玉米、大豆等饲料原材料，助力农户稳收增收。二是加强农村基础设施建设，提升运输效率。如山东高速集团有限公司发行的 10 亿元票据中有 3 亿元用于日兰高速巨野至菏泽段改扩建项目建设，可提高高速公路沿线村庄农副产品运输效率。三是保障脱贫摘帽地区基础医疗用药，提升农村公共卫生服务水平。如重庆医药股份有限公司发行的 2 亿元融资券中有 0.67 亿元用于偿还发行人为脱贫摘帽地区卫生机构采购各类药品产生的到期银行承兑汇票，保障了当地医院、乡镇卫生院、村卫生室、诊所等基层医疗机构的用药需求，提升了农村公共卫生服务水平。四是支持农产品园区及服务业基础设施建设。如苏州苏高新集团发行的 3 亿元票据用于支付与乡村振兴相关的巩固拓展脱贫攻坚成果项目的剩余工程款项，可以高效整合农产品物流节点资源，降低物流转换成本，提高物流服务质量，创造规模集聚效应。五是通过农副产品采购，促进农贸发展，提升农村人口收入。如北京首农食品集团有限公司发行的 10 亿元融资券中有 3 亿元用于向国家级贫困县、贫困村采购生猪，对欠发达地区农副产品销售提供帮扶，有利于提高采购地区农户收入。

除了债务融资支持以外，开发性金融还可以通过创新型权益融资工具推动乡村振兴。比如，国家开发银行可以探索承销或出资购买与乡村振兴相关的不动产信托投资基金（REITs），支持乡村振兴融资渠道多元化，加大对乡村振兴的支持力度。

国家开发银行与政府的合作在多年间都是通过地方融资平台以借贷的形式开展，地方政府积累了高额负债，在当前财税体制下存在一定偿债压力，存量债务风险不容忽视，容易形成系统性风险。而公募 REITs 通过将项目投资本金权益化向全社会公开发行、绝大部分收益按份额分红的形式，不仅可以有效分散高度聚集在银政合作体系内部的风险，降低地方政府杠杆率，而且可以使社会资本参与到经济建设中的更多领域，完善市场经济制度，丰富资本市场。

乡村振兴中 REITs 可以有多种参与形式。其中一种是基建 REITs。目前农村地区基础设施相对薄弱，一方面，农村地区的能源、交通、通信等传统基建的覆盖率和质量与城市地区相比有一定差距，并且仍存在地域差异，有一定完善的空间。另一方面，5G、特高压、大数据等新基建虽然短时间内将主要以覆盖城市地区为主，但在未来也必将逐渐覆盖至农村，有着广阔的建设空间。对于部分可以产生稳定现金流的基建项目，可以将其资产证券化，以 REITs 的形式公开发行，即基建 REITs。另一种是在我国尚未出现的农田信托投资基金（F-REITs）。农村土地经营权流转制度在农村经济中有巨大意义，在实践中出现了多种土地流转模式，其中包括土地信托。假设由一个政府成立的土地信托平台，首先通过土地流转获得大面积的土地经营使用权，然后向社会招标供给，既可以将其出租给新型农业主体收取稳定的租金，也可以直接成立农业主体进行经营，大面积的土地可以进行集约化、机械化生产，在规模经济下，相较于传统农业利润率更高。将信托存续期间的现金流证券化并公募发行，就是农田信托投资基金（F-RE-ITs）。①

无论是基建 REITs 还是 F-REITs，抑或其他创新形式，国家开发银行都可以在项目成立之初作为主要出资方购买初始发行的 REITs 份额，并吸引社会资本的投入，在存续期间可以根据情况选择是否长期持有份额，在理想情况下，REITs 的底层资产有一定投资回报率，作为一种投资工具而言，社会资本愿意持有，国家开发银行持有一段时间后可以平价或折价出售份额并逐渐退出，最终实现完全由市场配置资源。

虽然我国 REITs 仍处于起步探索阶段，但这一融资方式具有无尽的发展前景，国家开发银行在这个过程中完全可以起到推动作用。但是，资产的定价、发行、交易等一系列工作要审慎开展，在摸索中逐渐找到适合我国的 REITs 模式，同时不断完善相关的制度设计和市场建设。

6.2 进一步完善政府扶贫资金担保模式

我国的金融结构是以银行等金融中介为主导的，发展农村金融、加大金融对乡村振兴的支持的责任主要落在了银行身上。

---

① 刘标胜，刘芳雄. 发展农田房地产投资信托基金 F-REITs 的思考 [J]. 金融理论与实践，2020（1）：102-107.

　　我国乡镇分布着大量的小微企业，这些企业由于自身实力较弱、财务压力较大、违约风险偏高等原因，难以从银行获得信用贷款或者直接发债，因此需要外部的支持。国家近年来一直大力支持中小企业的发展，尤其是提出要解决中小企业融资难的问题，因此要求银行加大普惠金融力度、支持中小企业发展；但是，风险是客观存在的，在行政安排下要求银行加大风险偏高的贷款（小微企业贷款、涉农贷款）显然会加大银行的风险，也会导致实体经济的风险过多集中于银行业。为了维护金融系统稳定性，防止出现系统性金融风险，需要引入并推广融资担保制度，起到稳定金融体系、推行普惠金融、分散金融风险等作用。融资担保行业作为我国的金融体系中的重要一环，肩负着重要职责，其初衷就是为了使得更多小微企业可以获得融资。政府性担保机构由政府出资或参与出资成立，不以盈利为目的，资金主要来自政府预算，主要为符合国家产业政策与国家扶持鼓励对象的中小企业贷款提供担保，为企业融资与社会发展带来了较大的正外部性，但其自身承担了较大与收益不匹配的风险，具备准公共物品属性。类保险的业务特征与公共物品的政策属性共同形成了其高风险、低收益的特征。

　　而为了应对这种不匹配的风险—收益水平，在制度设计上，国家一方面采取免征营业税和准备金税前扣除等政策，并通过财政资金补贴、注资等形式对融资担保机构承担的风险进行资金补偿；另一方面则建立了有效的三级（国家担保基金、省级再担保机构、地方性融资担保机构）风险分担机制，部分地区也将县级担保机构纳入体系。而聚焦于微观层面上，担保公司进行担保业务时，不仅应用了风险分散原则，在主要服务于小微企业和"三农"企业的前提下，对不同行业、不同体量、不同性质的众多融资主体进行担保，充分降低违约风险的损失，还建立了充分的反担保措施与风控措施。风险应对措施主要包括抵押、质押、保证和提取准备金等。

　　在乡村振兴中，要充分发挥政府性融资担保的作用，扩大政府性融资担保企业的覆盖度，降低担保成本，简化担保流程，放宽担保条件，给更多乡镇小微企业获得担保融资的机会，有效促进乡村振兴。近年来，我国出台了一系列相关政策和规定，促进政府性融资担保机构加大对"三农"和小微企业的支持。

表6-1 近年来我国出台一系列政策性融资担保相关政策一览

时间	事件	影响
2015 年 5 月	《关于调整完善农业三项补贴政策的指导意见》	决定将 20%的中央财政支持粮食适度规模经营补贴资金用于支持各地建立农业融资担保体系,推动形成覆盖全国的政策性农业融资担保机构网络
2015 年 7 月	《关于财政支持建立农业信贷担保体系的指导意见》	提出以建立健全省级农业信贷担保体系为重点,力争用 3 年时间逐步建成覆盖粮食主产区及主要农业大县的农业信贷担保网络
2017 年 10 月	《融资担保公司监督管理条例》	加大了对于小微企业及"三农"企业的倾斜力度,并将债券担保也同样纳入融资担保的范围
2019 年	《关于有效发挥政府性融资担保基金作用切实支持小微企业和"三农"企业发展的指导意见》	政府性融资担保重新聚焦金融支小支农、履行政策性职责、回归设立初衷
2020 年 3 月	《关于充分发挥政府性融资担保作用为小微企业和"三农"主体融资增信的通知》	规范严重偏离支小支农主业、擅自扩大业务范围、违规开展股权投资和政府融资平台融资担保的行为
2020 年 6 月	《政府性融资担保、再担保机构行业绩效评价指引》	明确了政府性担保机构定义,并对担保机构实行名单制管理,此外,加大政策扶持力度,并在盈利、国有资本保值增值方面适当放宽考核,并优化绩效评价标准
2020 年 8 月	《关于做好政府性融资担保机构监管工作的通知》	要求开展政府性融资担保机构确认工作,要求政府性融资担保机构坚守准公共定位,聚焦金融支小支农主业

与此同时,为支持政府性融资担保体系,2016 年,财政部会同农业部、银监会建立了全国农业信贷担保体系。这些年,由国家农业信贷担保联盟有限责任公司牵头,建成了紧密可控、完整高效的全国农担机构框架体系。经过几年的努力,全国农担机构体系基本建设完成。截至 2021 年 9 月末,该公司设立自有分支机构 1041 家,对全国县域范围的业务覆盖率达到 97%;截至 2021 年 12 月末,33 家省级农担公司累计担保项目超过 217 万个,累计担保金额超过 6800 亿元。我国农业融资担保体系的资金主要由财政对农民的一次性补贴资金转化而来,正是通过资金功能的调整,原本为消耗性资金的 642 亿元补贴资金已成功撬动了超过 3710 亿元的增量金融资金,充分

发挥了财政与金融的协同作用。

2018 年 7 月，经国务院批准，注册资本达 661 亿元的国家融资担保基金有限责任公司（以下简称国家融资担保基金）成立，采取股权投资的形式支持各地开展融资担保业务，直接对接各省、自治区、直辖市层级的再担保公司，由再担保公司统辖本地区的政府性融资担保公司，自此，我国从中央到地方的政府性融资担保体系初步形成，融资担保行业向着更完善的方向迈进。随着各地政府对政府性融资担保体系建设工作的落实和推进，国家融资担保基金持续推进与各省级融资担保、再担保机构股权投资方面的合作。2021 年 12 月，国家融资担保基金完成对首批 10 家省级再担保机构股权投资，与浙江、江苏、安徽、北京、宁波、广西、湖北、湖南、陕西、山西 10 地的省级政府性融资担保机构签署投资协议，并支付 9.2 亿元投资款项。

在由国家融资担保基金牵头建成的国家融资担保基金、国家农业担保公司等风险分担的再担保机构成立后，各省、市、县国有控股的融资担保机构加快建设，初步形成了从中央到地方的政府性融资担保体系，风险分担机制日益完善，国家、省、市多级再担保风险分担机制实现无缝对接。

省—市—县三级政府性融资担保体系具体的运行方式如下：第一，各级政府发挥财政直管的优势，通过层层划拨实现对各级政府性融资担保公司的资本金注入，从股权关系上进行紧密的、组织化的管理。第二，各级政府性融资担保公司可以通过项目推荐、风险分担进行日常业务上的相互合作和扶持，也可以通过资金注入等方式实现股权上的紧密关系，从而为业务合作奠定基础。第三，各级政府性融资担保公司为开发银行对地方投融资主体的融资进行信用上的支持，落实信用结构，实现政府引导、金融机构支持、地方发展的良好局面。

有了自上而下的支持，各级担保机构就有底气扩大业务规模、减费让利。2021 年前三季度，国家融资担保体系内再担保合作业务平均担保费率已降至每年的 0.82%，已实现政策要求的"逐步将平均担保费率降至 1% 以下"的目标。

但市场经济下的政府性融资担保的准公共品属性、银担合作的业务模式使其必将面临一系列挑战，如政策性和持续性的矛盾、风控和担保能力的两难，以及银担合作中的风险分担问题等。

6.2.1　政策性与持续性

2015 年国务院印发的《关于促进融资担保行业加快发展的意见》把融资担保定位为破解小微企业融资难、融资贵问题的重要手段和关键环节，并提出要尊重行业的"准公共产品属性"。因此，担保公司面临的是定位尴尬的问题：一方面承担了扶持小微和民营企业发展的重要功能性任务，不断为经济社会薄弱环节提供"准公共产品"服务；另一方面却要完成日益增长的营利性、市场化目标任务。两者之间的矛盾变得难以平衡。

一般来说，在经济增速较快时期，市场主体产销顺畅，融资担保的违约率相对较低，融资担保机构利润可期。然而，随着我国近年来经济下行压力的逐步加大，不少相对弱势的市场主体产销受阻，信用违约事件频发，代偿率越来越高，同时，银行全面收缩对中小企业的贷款，中小企业经营困难，也压缩了担保公司的业务空间。整体融资担保行业的利润越来越低，即使政府性融资担保不以营利为目的，也难以承受长期亏损的压力。[①]

在现有制度设计中，担保公司的费率很低，又承担了几乎全部信贷风险，无法支撑担保公司的持续经营。在信贷风险爆发时，担保公司就会承受巨大的代偿压力；往往一笔代偿的出现，就会"吃掉"几十笔业务的利润。由于担保公司的收入实际上难以覆盖风险准备和经营成本，也影响了提供融资服务的效率。另外，担保公司为规避风险，降低风险敞口，只能对客户提出反担保要求，要求贷款客户进行抵（质）押，加重了中小企业的融资负担。

事实上，担保公司增信的借款人大多不具备银行直接授信条件，并非传统意义上的优质客户。银行通过第三方担保将次级客户群体的信贷风险转嫁给担保公司，担保公司客户的违约率自然大幅攀升。因此，传统模式下的融资担保公司必然承担异常巨大的代偿压力和违约风险。在乡村振兴过程中，政府性融资担保机构要持续加大对"三农"企业的支持，势必面临更加严峻的持续经营压力。在这种压力下，怎样做好同时兼顾融资担保的政策性和持续性，既实现资源对"三农"企业的倾斜，降低服务费率，又保证不过度依赖财政补贴并实现持续经营是一道必须攻克的难题。

在过度承担的风险、巨大的代偿压力和微薄的利润下，政府性融资担

---

① 赵全厚，孙家希. 促进融资担保业高质量发展的政策建议 [A]. 中国财政学会. 中国财政学会——财政与国家治理决策参考 2020（下）[C]. 中国财政学会，2020：10-18.

保机构还要接受绩效考核和评价。而绩效考核指标很大程度上会影响到担保机构在考核期内的行为。以农业担保体系为例，由于考核指标设计不合理，出现了农民"首贷担保率"下降的趋势。

"首贷担保率"是指对第一次向正规金融机构申请贷款的借款人进行担保的业务在总业务规模中的占比。农业信贷担保政策的初衷，是解决新型农业经营主体因缺乏有效抵（质）押物而难以从正规金融机构获得贷款的问题。然而，目前的考核制度对在保余额放大倍数存在硬性要求，但由于农担体系建立时间较晚，农业担保业务经验积累和农村基础设施建设进程与目标要求并不匹配。为了达到考核要求，一些农担公司不得不把精力从以前难以得到金融机构支持的客户身上转移到银行的存量客户上来，通过分担银行的存量业务风险，把银行的存量客户转化为担保客户，从而快速上量，这就导致了农担公司的新型农业经营主体"首贷担保率"出现下降趋势，并且一定程度上加大了银行向农担体系转移存量风险的可能性，也违背了农担政策的初衷。

同时，由于债券担保尤其是城投债担保往往风险较低，代偿率也较低，收益率要高于贷款担保，在利润的刺激下担保机构有动机开展这方面业务，而挤出了对"三农"企业和小微企业的担保资源，可能影响财政扶持政策的实施效果。例如，少数担保公司虽定位于省级政府性融资担保机构，但其存量债券担保业务也具有一定规模，两类业务混同或导致其业务结构偏离国担基金合作机构的准入条件，影响财政扶持特定对象的效果。针对这一问题，2019年开始出台的《关于有效发挥政府性融资担保基金作用切实支持小微企业和"三农"发展的指导意见》等一系列文件，使得政府性融资担保机构逐渐回归于专注支小支农业务的初衷，逐步压降或退出债券担保业务。根据《关于有效发挥政府性融资担保基金作用切实支持小微企业和"三农"发展的指导意见》提出的国家融资担保基金和省级担保、再担保基金（机构）的合作机构"支小支农担保金额占全部担保金额的比例不得低于80%，其中单户担保金额500万元及以下的占比不得低于50%"的要求，政府性融资担保机构将不断提高支小支农业务比重，逐步压降债券担保业务的数量和金额，主动剥离债券担保业务。这也就代表着国家对于政府性融资担保平台有着明确的定性，即坚持政策性不动摇。

那么，在代偿率上升、利润下降的趋势下，政府性融资担保机构想要渡过这一艰难的时期，就需要有充足的资本金，保证能够正常代偿，维系自身信用。但是，目前资本金的补充存在困难，财政资金紧张，市场化资金由于投资回报率不足，进入意愿也较低，资本金补充机制尚不明朗。对于全国农担体系而言，其资本金主要来源于财政注资，截至 2020 年 10 月末，全国农担体系 33 个公司资本金合计为 642 亿元，每个公司平均为 19.5 亿元，而当时在保余额合计已达 2005 亿元，每个公司平均为 60.8 亿元，是平均资本金的 3.1 倍，有些省级农担公司甚至已超过资本金的 5 倍。随着业务规模的快速增加，省级农担公司资本金不足的问题逐渐显现，产生制约农业业务发展的瓶颈。另外，未来随着全国农担体系代偿规模的增加，国家农担联盟公司 150 亿元的资本金规模也将难以满足再担保业务的需要。因此，需要从制度上进一步明确全国农担体系资本金的来源渠道和保障机制。①

做大、做强政府性融资担保机构，一方面，要壮大政府性融资担保机构的资本金规模，在国家层面和省级层面对地方政府性融资担保机构给予一定的支持，地方政府可以通过一次性或分批注资的方式将融资担保机构的注册资本金增加到合理的规模，需要开拓多渠道吸引社会资金，吸引长期资金进入。另一方面，要在准备金提取政策、税收政策方面给予政府性融资担保机构更大的优惠力度，特别是在经济下行阶段。同时，要建立常态化的担保代偿风险补偿机制，将风险补偿列入各级政府预算，提高担保机构的抗风险能力。融资担保机构既要执行政策又要进行市场化运作，需要专业的人才队伍，需要在对政府性融资担保机构的人才引进、培养、薪酬方面给予相应的优惠政策。

但是，从目前面向乡村振兴中重要的参与方新型农业经营主体融资增信的主要模式看，主要依靠政府行政资源来推动，无论是贷款贴息、保费补贴，还是风险补偿、信用担保，都需要不断增加相应的财政投入。如果每一项融资增信政策的出台，都主要依靠财政支出来保障，不能有效引导社会资本投入，形成政府与市场协同共赢的长效投入机制，那么，完全依赖政府"买单"的融资增信模式是不可持续的。② 因此，需要优化农业经济环境，完善制度设计，促进农业产权交易流通，加快农业现代化集约化发展，提高农业利润率，降低农业信贷风险，让商业性融资担保机构"有利可图"，吸引更多社会资本进入融资担保行业，最终实现政府性融资担保逐

---

① 吕孝武. 关于完善我国农业融资担保体制机制建设的研究 [J]. 财金观察（2020 年第 2 辑），2020：404-409.
② 陈军，帅朗. 脱贫攻坚中新型农业经营主体融资增信统筹机制研究 [J]. 四川农业科技，2020（3）：14-18.

渐退出，由市场发挥资源配置的决定性作用。

6.2.2　风控与担保能力

政府性融资担保的政策性要求其服务于支农支小的政策目标，不断扩大担保的覆盖面，降低担保费率。为了完成政策目标考核，容易有意无意地忽视经营的可持续性，放宽了融资担保业务风险控制标准。由于融资担保行业典型的收益前置、风险后置特征，如果盲目扩大业务规模，通常也意味着承担了更多的或有负债，现实收益是否可以覆盖潜在义务的不确定性大幅增加。

由于寻求担保的客户往往是无法顺利从银行取得贷款的"次级客户"，整体信贷风险偏高。因此，对于融资担保机构而言，其承担了高风险，同样需要债务人提供抵押或质押来进行反担保对冲风险，提高客户违约成本和增强对信用风险损失的覆盖，可在出现代偿违约事件时回收部分成本。这些反担保措施，实际上也是一种获得融资担保的条件和门槛，当不能达到这一门槛时，企业事实上难以获得担保。因此，在融资担保过程中，抵押物标准的确定同样是需要关注的问题。抵押物要求过高，申请贷款的企业难以满足，无法起到政策性担保的作用；抵押物要求过低，担保机构面临的风险过高，出现代偿时损失过大，不利于持续经营。

担保物可以分为不动产和动产。不动产方面，小微企业和"三农"企业大多经营规模较小，往往采用租赁房产和土地的方式开展生产经营，自有房产和土地较少，并且农村不动产抵押目前仍在试点阶段，未在全国范围内开展，同时，农村不动产抵押面临确权登记不到位、产权不明晰的问题，以及流动性不足的问题，因此很难开展。不过所有小微企业和"三农"企业基本都有一定的原材料、存货、应收账款、生物资产等动产，因此，需要大力发展动产和权利质押担保，扩大担保物范围，助力企业担保融资。

但是，动产的产权往往不如不动产的产权易于确认，确权问题是一项艰巨的工作，也成了阻碍动产担保的一大难题。为了解决这一问题，我国从 2021 年 1 月 1 日起，在全国实施动产和权利担保统一登记，对生产设备、原材料等动产和权利担保进行统一登记，可以有效解决此前各项动产担保权益登记系统分散、规则不统一的问题，有助于金融机构全面掌握企业动产和相关权利信息，提升企业担保融资的意愿。原由市场监管总局承担的生产设备、原材料、半成品、产品抵押登记和人民银行承担的应收账款质押登记，以及存款单质押、融资租赁、保理等登记，改由人民银行统一承担。同时成立了全国动产融资统一登记系统和应收账款融资服务平台，为中小企业开展线上供应链融资和动产抵押融资提供信息确权登记服务，促进银行向与产业链相关的中小企业精准投放信贷。

但是，动产抵（质）押担保在运行中依然存在一定问题。由于动产相对于不动产而言更易于处置，因此动产抵押担保中，债务人依然占有抵押物，存在将其挪用、转移、变卖的可能，使得债权人的权益受到侵害；在动产质押担保中，债权人即担保公司取得并占有质押物，但质押物的储存和保管需要租赁仓库，加大了成本。在应收账款的质押中，商业银行具备对企业的应收账款优先受偿的权利，但是这种担保方式的门槛较高，企业的融资综合成本高。解决这些问题，需要全面加强融资担保抵（质）押物监管，探索与物流企业合作进行长期专业的质押物托管，并且大力发展金融机构应收账款保理业务，消除融资担保机构和银行的后顾之忧，有效拓宽乡村振兴中众多农村中小企业合格抵（质）押物的范围，使企业更容易获得融资。

为了降低担保难度，2020年，财政部发布《关于进一步加大创业担保贷款贴息力度全力支持重点群体创业就业的通知》，规定经金融机构评估认定的信用小微企业、商户、农户在申请10万元及以下的个人创业贷款时可免去反担保要求，一定程度上缓解了乡村振兴中农户创业担保物不足的困难，加大了金融机构对乡村振兴的支持力度。

6.2.3　风险分担机制

对于许多规模较小的融资担保机构而言，由于规模小、业务量小，难以通过有效的风控措施降低信息不对称来识别客户，实质上在银担合作关系中处于弱势地位，对于风险定价的能力不足，尽管政策层面上政府提出要与商业银行之间建立风险分担机制，但存在银行在实际业务中把所有风险都转嫁给担保公司的情况。担保公司取得的保费收入相比于银行的利息收入而言更少，却要承担更多的风险，打击了担保机构开展业务的积极性。同时，一旦被担保企业经营不善引起代偿，银担双方系统内逐级上报的环节冗长、手续繁杂，降低了合作效率，滋生了银行和融资担保机构之间的摩擦，存在银行主动或被动"去担保化"的趋势。①

在此背景下，为了畅通银担合作渠道，优化银担合作模式，妥善实现风险共担，国家融资担保基金联合银行机构创新设计了银担"总对总"批量担保业务模式。2020年4月，《国家融资担保基金银担"总对总"批量担保业务合作方案（试行）》（以下简称《方案》）出台，明确在"总对总"批量担保业务模式下，银行依托银行服务网络、风险控制和技术能力，按照规定的业务条件对担保贷款项目进行风险识别、评估和审批；政府性融资担保机构仅需对担保贷款项目进行合规性审核确认，不再做重复性尽职调查。《方案》规定，银担双方按比例分担合作业务风险责任并事先锁定合作业务总体担保代偿率上限，进行担保风险总量控制（银行和政府性融资担保体系分别承担担保贷款本息20%和80%的风险责任）。在之前，贷款违约时担保机构要向银行代偿，然后向债务人追索债权，银行基本不承担风险。而《方案》规定银担双方共同负责对担保代偿项目进行债权追索，追索获得的资金，在扣除追偿费用后按业务风险分担比例进行分配。为了充分支持小微企业和"三农"企业融资，《方案》要求支小支农担保贷款金额占全部担保贷款金额的比例不得低于80%，且单户或单笔500万元及以下担保贷款金额占比不得低于50%，担保费率仅为1%。

自国家融资担保基金主导开展银担"总对总"批量担保业务以来，以银担风险、风险补偿、见贷即保等要素为核心的批量担保模式成为政府性融资担保机构业务主要开拓方向，融资担保机构充分利用政策红利扩大自身担保业务规模，只要在代偿率可控且可持续的前提下，银行推荐的业务照单全收，针对符合政府保费补贴的项目及时申请补贴，实现了保本微利，既消除了银担合作中的制度性不利因素，也破解了担保机构风控能力不足的困局，同时可以实现合理的利润，保证了政策性担保的持续性，很大程度上解决了融资担保行业的主要问题。② 目前，各地"总对总"批量担保业务规模已超过300亿元，较好地发挥了政府性融资担保的逆周期宏观调控政策工具作用。

但是，任何制度上的安排落实到最终都是为了服务于实务。如果不能

① 王成进. 地方政策性融资担保机构的困境与对策——基于十堰X担保公司的案例分析 [C]. 中国财政学会2019年年会暨第22次全国财政理论研讨会交流论文集（第三册），2019：448－459.

② 禹法鑫. 融资担保机构可持续发展路径研究——基于"银担总对总批量担保"模式 [J]. 现代商业，2022（8）：106－108.

增加担保机构对于风险的识别和管控水平，都只是将风险在金融系统内部转移。批量担保模式尚没有有效解决因为信息不对称而导致的小微企业整体融资风险较高这一融资担保核心功能和目标；并且，批量担保业务进一步提高了获客、授信、风控、贷后管理各项工作对银行的依赖度，基层担保机构仅对银行推荐业务进行合规性审核，不掌握一手信息，某种程度上成为银行业务的复制和传导工具，未完全发挥担保机构功能价值。

因此，担保机构仍然应该更加密切、深入与市场、行业和企业建立关系，在掌握更全面、真实、有效信息的基础上缓解信息不对称，将资金尽可能多地引导至尚未获得银行认可或银行尚未触及的优质企业，优化社会信贷资源配置，只有这样才能提升担保机构在金融行业中的实力和话语权，实现企业、银行、政府与担保机构之间的多方共赢。

6.2.4　数字化转型

为了更全面地掌握企业和行业的真实信息，消除金融系统和实体经济之间的信息不对称，需要担保机构在强化自身能力建设的同时，引入大数据公司、金融科技公司、评级公司等外部专业机构赋能，协同合作，弥补在信息、风控等方面的不足。

目前，在数据采集方面，很多担保机构更多依赖于手工作业，不具备完善的数据报送系统，业务效率较低。对于一些"三农"企业来说，由于没有发生销售、自有资本金不多，也没有相关抵押资产，因而没有相应数据，不能达到银行授信条件，也不能解决融资需求问题，难以突破"首贷户"问题。

首先，政府性融资担保借助大数据、物联网等进行数据采集应用，打通金融场景与乡村场景，可以有效解决融资担保中信息匮乏的问题，显著提高效率。比如，建立农业大数据平台，通过该平台做好担保前数据采集工作，如做好"三农"调研调查工作，并与银行、动产和权利担保登记网站、省再担保公司等做好外部数据对接，建立企业基本信息及信用信息库，实现客户基础信息、经营信息、关联信息、纳税信息、银行授信信息等数据的集成，集合客户历史报送记录及客户关联体的报送记录，自动计算可用担保额度，提升业务申报及审查质效等。其次，根据采集到的信息上传、整理数据，对数据进行评估及分析，并对数据进行跟踪、监管，保证采集到的数据真实合理，通过该平台对接"三农"融资需求，快速地实现个性化、智能化服务。最后，数据采集后，全面、动态了解借款人是否存在融资需求，能获得多少额度贷款，对贷款的使用进行跟踪分析，等等，更精准、高效地为"三农"提供融资担保需求，进一步实现业务高效审批、风险可防可控、规模快速增长。

打通大数据，创新以智能风控为核心的融资担保模式，是分散风险和抑制风险的关键，能大幅降低融资担保成本，提升政府性融资担保机构服务小微、"三农"主体的能力。中央和地方政府应为智能风控提供大数据支撑，监管部门也应制定相应的监管政策。

此外，政府部门应当利用其在不同涉及融资担保的平台和业务中的主导地位，打通银行、保险、担保等相关机构相互联通的环节，实现抵（质）押物登记信息、投保信息、担保数据、征信记录等与融资增信相关资料的比对、印证，同时，避免各部门之间数据的重复采集，充分挖掘不同融资增信机制间彼此嫁接、融通的可行性，对适合整合叠加的增信机制，通过财政资金的统筹，引导增信资源的聚合，提高财政投入的使用效率，减轻各级财政增信的支出压力，提高政府性融资担保的可持续性。

6.3 进一步提高扶贫增信

融资增信是指当融资主体自身信用水平不足或信息披露不充分导致其信用级别较低，金融机构出于风险的考虑不向其放贷时，通过采取行政化或市场化措施，帮助融资主体提高信用等级，减少放贷机构贷款损失风险，从而提升贷款的可获得性。

增信的方式和途径较多，从发挥作用的机理看，可大致分为两类。一类是信息增信，旨在解决信息不对称问题。主要做法是在贷前促进信息交流和共享，为信贷决策提供更完整、更充分、更具认可度的参考信息。另一类是风险补偿增信，主要是解决贷款损失风险高的问题。主要做法是在贷前进行风险分担，在贷后发生违约时按一定比例对贷款损失进行补偿，从而实现信用增进。[①]

风险补偿增信又可以分为两类：内源性增信和外源性增信。内源性增信主要是抵（质）押的形式，外源性增信则主要为融资担保的形式。在前些年的扶贫过程中，许多贫困个体或小微企业由于可抵押的资产不足，内源性增信手段匮乏。因此，自2015年以来，政府主导设计并建立了政府性

---

① 王晓明. 增信助力中小微企业融资 ［J］. 中国金融，2020（Z1）：165-167.

融资担保体系、农业信贷担保体系和风险补偿基金，为商业银行对农户、农民专业合作社、个体工商户、小微企业等特定对象发放贷款提供担保或风险补偿，进行外源性增信，很大程度上解决了金融机构在普惠金融中对于风控方面的后顾之忧，提高了贷款的可获得性，融资主体获得了流动性支持，得以纾困或者扩大生产，利润增长并带动其雇用的农村贫困人群收入增长，促进贫困人群脱贫。这种以政府信用为背书的外源性增信在我国金融扶贫中起到了巨大作用，在金融助力乡村振兴的过程中，应保持既往扶贫政策的延续性，将已经由实践证明有效的政府增信模式延续下来，也要继续探索、完善其他增信方式。例如，一方面，鼓励社会资本进入融资担保行业，引导商业性融资担保机构更多参与到乡村振兴中为乡镇企业和农业主体提供融资担保；另一方面，外源性增信往往是有一定费用的，而内源性增信由于依靠的是融资主体自身所拥有的资产进行增信，通常成本较低，因此，充分拓宽内源性增信渠道，让农户和农企可以更多凭借自身信用就能获得贷款，降低费用负担，也是乡村振兴中提高融资增信的一条重要路径。

在上一节，主要讨论了政府性融资担保这一外源性增信手段对于乡村振兴中农业主体获得融资的重要作用，本节则讨论内源性增信的作用。

6.3.1　宅基地抵押

在工业化和城镇化的大背景下，大量农村劳动力涌入城市，大量宅基地闲置于农村，没有为农民带来财产性收入，宅基地巨大的潜在价值没有得到释放，利用效率低下。然而现有法律下宅基地不能用于抵押贷款，自身信用不足又缺乏足值抵押品的农民和小微农企不能将闲置的资源转换为资本，长期以来面临贷款难、贷款贵的窘境。

打破宅基地不能抵押的法律困境，破除传统贷款模式缺少抵押物的窘境，提高宅基地的利用效率，使农户和集体从中获得大量增值收益，有利于打破目前农村金融发展瓶颈、建立和完善农村金融体系、提高农村收入、缩小城乡差距、促进乡村振兴。

因此，2015年12月27日，十二届全国人民代表大会常务委员会第十八次会议决定授权天津市蓟县等59个试点县（市、区）在试点期间暂停执行集体所有的宅基地使用权不得抵押贷款的原有规定，由此拉开了宅基地使用权抵押贷款的序幕。2016年3月，中国人民银行等部门联合印发了《农民住房财产权抵押贷款试点暂行办法》，从而为宅基地使用权抵押贷款提供了制度基础。2018 年"中央一号文件"提出要完善农民闲置宅基地和闲置农房政策，适度放活宅基地和农民房屋财产权，放开其在使用权流转上的限制，此举在赋予农民更多财产权利的同时也表明中央高度重视宅基地抵押贷款在制度与实践层面的创新。

宅基地抵押贷款在试点区域的"解禁"提高了农民的生产性资金来源，使宅基地的利用效率更加高效，盘活了农村的资源、资金、资产，不仅鼓励了农民进行规模化经营，加快实现农业现代化的步伐，而且可以促进城市的资本流入农村以及青壮年农民回流，增强农村自身"造血"能力，打破以前城乡资本单向流动格局，实现城乡资源的双向循环。

为了促进乡村振兴，应该加快宅基地抵押在更多地方进行试点，逐步向全国放开，以激发农村经济潜能。不过，目前在试点的实践过程中已凸显一些问题，成为宅基地使用权抵押贷款道路上的"拦路虎"，增加了农民的融资难度，降低了其融资意愿，要在全国范围内推开仍需一段时间的摸索。为了推动这一模式的推广，需要妥善解决以下这些问题。

首先，农村不动产产权不明晰。对于金融机构而言，抵押对象必须是产权明晰和权属分明的，但是目前宅基地制度还存在诸如产权混乱、监督机制缺失等一系列问题，也缺少专业的宅基地使用权评估机构，不能对不同类型的宅基地进行准确的价格评估，从而导致抵押贷款工作难以进行，农民实际获得的担保资金也大幅减少。应完善产权治理机制。当前应加快宅基地的确权颁证，明确农民的宅基地使用权，有利于减少宅基地使用权抵押贷款制度实施过程中的交易成本，提高宅基地使用权抵押贷款制度的实施效率。同时，还应建立专业的宅基地使用权评估机构，以便对宅基地使用权及住房进行准确评估。以往的评估大多采取银行等金融机构为主导或者双方谈判协商的办法，在这种评估体系中，农民往往处于弱势地位，利益有可能被侵害。专业评估机构的建立可以减少双方信息不对称带来的影响，使宅基地使用权抵押贷款过程更加公平，从而切实保护农民的宅基地财产权。

其次，对抵押贷款标的物尚有争议。由于是将农民的宅基地使用权进行抵押融资，按理抵押物应当是宅基地使用权，但是目前对于是否将宅基地之上的房屋一并算入抵押物，即究竟遵循"房地一致"还是"房地分离"的原则是有分歧的。

最后，宅基地除了其经济价值外还有深刻的社会价值。宅基地自古以来就是农民的安身立命之本，是农民最后的居住保障，具有特定的社会保障功能，宅基地使用权抵押贷款本质上是将宅基地金融化，但是，将固定资产与市场进行对接显然增大了宅基地面临的风险，农民随时都有失去宅基地的可能。将宅基地使用权进行抵押贷款，要解决灵活运用"沉睡资本"与稳定农民居所二者之间存在的不可调和的矛盾。所以，需要处理好宅基地对于农民的社会保障功能与宅基地金融化之间的关系，只能在平衡宅基地多种功能变迁的基础上才能逐步推进宅基地市场化，因为一旦农民的权利受到损害，便是与国家实行宅基地抵押贷款政策的初衷背道而驰。①

基于以上这些问题，为了抵御宅基地抵押中的众多风险，应建立风险分散机制，比如风险保障基金、社会保障体系等的建立与完善能够很好地防御农民失地、担保人利益受损、金融机构坏账等风险，使得抵押贷款能够顺畅进行，活跃农村金融市场。

6.3.2　土地流转制度下的经营权抵押

除了宅基地以外，大多数农村居民的主要资产就是承包的土地。和宅基地一样，在我国城乡二元化发展的现状下，越来越多的青壮年农村人口离开农村到城市工作，导致许多农田处于闲置的状态，土地的巨大价值无法转化成经济收益。为了释放土地的价值，让土地从供给方转移到需求方，需要借助土地金融，土地金融的基础则是土地流转。土地流转自 2003 年《土地承包法》实施以来已经进行多年，2014 年底，国家提出了"坚持农村土地集体所有权，依法保护农户土地承包权，放活土地经营权"的"三权分置"改革。"三权分置"使得土地经营权可以以转包、转让、互换、出租、返租倒包、入股等多种形式流转给其他个体或主体。全国各地结合当地情况摸索出了许多土地流转的模式，大体上可以分为"土地合作社""土地银行""土地信托"三种模式。"土地合作社"模式一般是指农户自愿成立互助合作社，合作社为社员融资提供担保，或者社员之间相互担保的一种融资模式，各地的实践内容差异较大，普遍存在制度规范性不足、约束力不强等问题；"土地银行"模式是指近几年地方政府和政策性银行牵头成立类信贷公司，该公司主要从事"土地存贷"业务的一种模式，该模式具有较为完备的制度设计和一定抗风险能力；"土地信托"是地方政府与信任公司进行合作，探索商业化、信托化的土地流转与融资模式，但目前存在

---

① 韩文龙，朱杰．宅基地使用权抵押贷款：实践模式与治理机制［J］．社会科学研究，2020（6）：38-46.

着信托公司参与成本高、农业经营主体融资成本贵等问题，虽然发展潜力巨大，但目前还没有形成可复制的成熟经验。①

以上这些均是将土地经营权作为生产要素进行投资并获得经营收入或分红，在不扩大自身生产规模的情况下利用固有资产增加一定财产性收入的模式。对于想要通过贷款获得启动资金或者扩大生产规模但自身信用条件不足的农村个体或企业而言，将自有或流转而来的土地经营权作为抵押是一个很自然的想法。但是，以土地经营权作为抵押品获得贷款在 2016 年之前都是禁止的。2016 年 3 月，《农村承包土地的经营权抵押贷款试点暂行办法》的推出才使得这一模式在试点县级行政区内放开。

土地流转和土地经营权抵押贷款分别为乡村振兴打通了土地资源和金融资源的获取渠道，专业大户、家庭农场、农民合作社、农业龙头企业等新型农业经营主体则将众多要素和资源汇聚于农村进行农业现代化生产。反过来，土地流转使细碎化、平均分散到各个农户的土地集中起来，使大规模、集约化、机械化生产成为可能，在规模经济下，利润率相较于传统小农生产大大提高，催生了新型农业经营主体的诞生。可以说，农村土地流转是农村经济发展到一定阶段的产物，而农业生产从传统小农生产转变为新型农业经营主体生产则是土地流转的自然结果。新型农业经营主体通常通过土地流转流入大面积连成片的土地，具有相对较大的经营规模、较高的生产效率、较好的资源整合能力和现代化的管理组织能力，兼具生产和服务的双重功能，成为推动农业产业化、市场化、集约化及发展现代农业的重要载体，也是乡村振兴和脱贫攻坚的重要推动力量，在对接小农户与大市场过程中发挥着重要的桥梁纽带作用。② 在扶贫过程中，新型农业经营主体可通过与贫困户建立紧密的合作机制，为贫困户提供农业生产的全过程投入品和服务，包括生产所需的种苗、农资等投入品和生产中的技术服务和管理经验以及产品销售信息渠道等，也可以为那些通过提供土地股权或者劳动力等形式成为新型农业经营主体的贫困人口发放股份分红或者工资，带动贫困人口提升生产经营能力和经济效益。③ 在乡村振兴中，新型农业经营主体将会是农村产业发展、创造就业和收入的主角。因此，要加

---

① 姜琰. 土地信托——农村土地流转新模式 [J]. 法制与社会, 2016 (20): 93-94.

② 申云, 李京蓉, 吴平. 乡村振兴战略下新型农业经营主体融资增信机制研究 [J]. 农村经济, 2019 (7): 135-144.

③ 周孟亮, 李向伟. 金融扶贫中新型农业经营主体融资增信研究 [J]. 理论探索, 2018 (4): 92-97, 128.

大金融对新型农业经营主体的支持力度。

新型农业经营主体掌握大量土地使用权，在融资时用于抵押增信的效果相对零碎土地的使用权而言更好，理论上更加适合开展农地经营权抵押贷款。因此，应该放松面向新型农业经营主体的农地经营权抵押贷款，同时由政府性融资担保和风险补偿基金进行违约前担保和违约后补偿，充分调动金融机构提供贷款的积极性，让更多新型农业经营主体获得融资，充分发挥在乡村振兴中创造收入、提供就业岗位、实现产业升级、缩小城乡收入差距的作用。

五年多的经营权抵押贷款试点运行发现了制度不完善、缺乏统一的土地价值评估系统、供需错配、抵押物处置难度大等一系列问题。在金融支持乡村振兴中，只有妥善处理好这些问题，才能充分提高农村土地流动性，以土地金融实现土地价值，促进大规模集约化现代农业生产，提高农村收入和生活水平。

首先，从试点的情况看，单纯依靠农村土地、林地、宅基地抵押增信的效果不是太理想，主要是因为相关的配套改革跟进不到位，农村土地承包经营权确权登记颁证还没有彻底完成，相关的确权成果还不能真正投入实际运用。农村产权流转交易平台还处在搭建阶段，流转交易体系还不能充分满足农地、林地等抵押融资的要求。市场化的土地等抵押物价值评估、处置机制尚未有效建立，抵押产权价值评估的主观性较强，很容易造成人为地压价低估，使得银行对农地等抵押贷款"信心不足"。为此，相关部门要加快农村产权确权登记颁证、价值评估、流转交易、处置变现等配套机制和平台建设，加快各区域间农村产权交易市场的互联互通，逐步实现区域性、全国性农村产权交易市场落地，促进农村土地资产和金融资源的有机衔接，结合农村集体经济组织登记赋码工作进展，加大对具有独立法人地位、集体资产清晰、现金流稳定的集体经济组织的金融支持力度，为乡村振兴中充分发挥土地要素的作用提供制度性保障。

其次，与土地经营权相关的抵押贷款金额往往较大，超出了大部分贫困人口的实际需求。小农户农业生产的低盈利空间决定其扩大农业投资的资金需求很低，导致其农地抵押贷款意愿不强，而从事农业高附加值生产的规模经营主体才是农地抵押贷款的真正需求者。金融机构普遍存在"嫌贫爱富"的倾向，土地经营面积小、农业收益低的普通农户往往很难获得贷款，或者获取贷款的利率水平较高。① 为此，在乡村振兴中，需要继续完善土地流转相关制度，积极开展土地银行、农村合作社等多种土地流转形式，促进农村土地更大规模顺畅流转，鼓励小农户发展为或者加入本地新型农业经营主体，以新型农业经营主体为媒介撬动农村金融供给，解决供需错配问题。

最后，金融机构虽然持有贷款人的土地经营权或住房财产，但当违约发生时，金融机构作为债权人既不能取得承包方地位，也难以将抵押物在市场上快速变现，由于有关土地的权利涉及众多复杂的法律问题，目前制度上存在许多不完善之处，土地使用权抵押贷款在实际运行中一旦出现纠纷很难有明确且有效的解决办法，并且不同贷款人所抵押的资产虽然都是房屋或土地，但实际上各不相同，长期持有这些资产又难以管理，这一系列因素降低了金融机构进行这类抵押贷款的意愿。因此，应考虑将目前各地开展的"土地经营权融资"改为"权益融资"，即土地流转收益保证贷款。用于该项贷款抵押担保的是土地经营的预期收益，而不是土地的经营权，这样可以避免一部分法律层面上的问题，解决金融机构的后顾之忧，提高金融机构参与经营权抵押贷款的意愿。

6.3.3　动产和权利抵（质）押

宅基地和土地使用权抵押贷款虽然火热试行中，但几千年来以土地为生的我国农民往往并不愿意冒着失去土地的风险去开展经营。同时，目前试点区域仍然较小，全国大部分地区仍然无法以宅基地和土地使用权抵押。这一背景下，动产和权利抵（质）押融资则成了抵押品的又一选择。并不是所有企业都拥有土地使用权，但几乎所有企业都拥有农机具、大棚、圈舍、原材料、半成品、存货、生物资产等动产，同时也有大量的应收账款资产，它们不具备像土地和房屋一样的特殊社会学含义，价值通常小于不动产且更加灵活，有一定流动性，因此值得大力开展抵押质押业务。2019年出台的《关于金融服务乡村振兴的指导意见》提出："推动厂房和大型农机具抵押、圈舍和活体禽畜抵押、动产质押、仓单和应收账款质押、农业保单融资等信贷业务，依法合规推动形成全方位、多元化的农村资产抵质押融资模式。积极稳妥开展林权抵押贷款，探索创新抵押贷款模式。"扩大

① 阚立娜. "三权分置"下农地抵押贷款政策的悖论现象及实践推进研究——来自陕西高陵和杨凌两试点地区的案例分析［J］. 农村金融研究，2021（4）：34-39.

抵押担保物范围可以拓宽融资担保渠道，满足企业正常生产经营过程中的短期流动资金需求，或者用于投资扩大生产规模。但动产的确权相比于不动产而言不会更复杂，需要专业的机构和平台完成确权、登记、估值、交易等工作，如果是质押还涉及储存和运输。为了降低动产抵押融资的交易成本，我国从 2021 年 1 月 1 日起，在全国实施动产和权利担保统一登记，为乡村振兴中的农村企业开展线上供应链融资和动产抵押融资提供信息确权登记服务，可以有效提高信息共享程度，降低交易成本，促进金融机构向产业链相关的企业投放信贷。2021 年 5 月六部门发布的《关于金融支持新型农业经营主体发展的意见》，强调"相关部门要加快农村产权确权登记颁证、价值评估、流转交易、处置变现等配套机制和平台建设，支持活体畜禽、农业设施装备等担保融资业务通过人民银行征信中心动产融资统一登记公示系统进行统一登记，建立健全农村产权流转服务机制。"中央十分鼓励动产抵押融资，希望其作为乡村振兴中金融机构向农村"输血"的有效渠道。

6.4 进一步拓展金融科技创新在乡村振兴中的应用

一直以来，信息不对称和风控困难一直是抑制农村金融的主要因素，归根结底在于金融机构难以充分获得能够反映农业主体真实状况的数据和信息，并且农业主体缺乏抵押物资产以及完善的征信信息，使得传统的金融机构对农村居民的信用评估较难，难以弥补农业经济天然伴随的规模小、不确定高等劣势，因此，金融机构出于风险和效益的综合考虑，放贷的意愿较低。同时，农村金融机构覆盖率较低、农民金融知识相对薄弱，导致农村金融交易成本很高，往往真正有贷款需求的农户由于不了解自己可以获得的金融资源情况或者由于距离远、审批周期长、过程烦琐等原因，并未从金融机构获得贷款，而是寻求民间借贷甚至高利贷，而到金融机构申请贷款的往往是金融知识相对丰富、资产更多、处境更好一些的个人或企业，金融机构也更愿意向资产、支付、信用等记录更加完善的个人或企业放贷，形成了一种"逆向选择"的情况，导致了农村信贷供给和需求之间一定程度上的相对错配。这些问题共同导致了农村金融贷款难、贷款贵的局面。

金融科技的发展，为农村金融提供了解决信息不对称、风控困难和交易成本高这三个主要问题的方法。金融科技的底层技术主要包括大数据、云计算、人工智能、区块链等，金融科技将这些技术全面应用于支付清算、借贷融资、财富管理、零售银行、保险、交易结算等领域，实现服务的创新和效率的提高。例如，金融机构可以运用大数据、云计算、人工智能等技术为缺少征信记录的农户和小微企业进行全方位精准画像，解决信息不对称问题，优化风险定价和管控模型，提高客户识别和信贷投放能力，减少对抵押担保的依赖，逐步提高发放信用贷款的比重。金融机构也可以依托 5G、智能终端等技术，开发线上服务平台或移动应用程序，打造一站式金融综合服务平台，使贫困农户可以实现快捷、安全、高效的信息获取，破解农村偏远地区网点布局难题，大大降低交易成本，提高普惠金融的覆盖面，将金融服务拓展到农村"长尾"客户，打通普惠金融服务在农村的"最后一公里"。[①]

金融科技以其高效、低价、多层次的优点，充分弥补了传统金融的缺点，能够改进农村地区的金融机构的商业模式，在支农惠农、助力乡村振兴中可以发挥巨大的作用，利用好金融科技，全面提升金融服务效率和水平，是乡村振兴中农村金融全面发展的绝佳机遇，可以把更多金融资源配置到农村发展的重点领域和薄弱环节，充分释放农村信贷需求和经济活力，推动农业发展和产业融合，带动农村经济腾飞，助力乡村振兴战略的实施。

6.4.1　农业综合信息平台与信用体系

金融科技使金融机构对数据的深度挖掘和分析能力提高到新的层次，尤其在破除信息壁垒、实现信息共享、降低农村金融信息不对称等主要方面大有可为。具体有以下两个方向上的应用。一是搭建三农数据共享平台，在农业农村数据平台中全面覆盖各项涉农数据，包括政府平台的农业农村土地、房屋数据、气象数据、遥感数据、农产品加工业数据、农产品价格信息、农产品进出口数据、市场波动事件等，并提供对相关数据接入、管理、共享交换等服务，实现涉农数据资源的融合共享。二是整合社会信用体系，分级分类建立农业企业征信系统，采集农企特别是农业中小企业的生产销售信息、工商活动登记、金融业务、税费缴纳、市场诚信等记录，以及农户、新型经营主体的生产活动信息记录，累计信用并建立信用标记，

---

① 江世银，冯瑞莹，朱廷菁，等 . 金融科技在乡村振兴中的应用探索［J］. 金融理论探索，2022（1）：72-80.

得到可查可用的信用记录并实现信用增值功能。①

整体而言，我国农业和农村大数据建设相对滞后，数据积累较少，技术及管理水平也较低。尽管政府部门已经进行了多年的信息化平台建设，初步形成了系统完备的政府业务网，然而各单位、各部门数据系统之间仍然存在信息壁垒，数据库之间始终缺乏有效整合，导致数据无法充分流动，形成诸多"数据孤岛"。② 同时，农业数据采集与过滤尚缺乏准确有效的数据提取技术和预处理方法，导致数据格式上不统一、时间上不连续、结构上不完整，很难进行交叉验证，数据可用性较差。

为了提高数据获取、整合、利用全过程中的有效性，以信息化、数字化形式助力乡村振兴，政府各部门和金融机构可以推动原有数据系统云化升级，综合相关金融机构信贷数据采集的口径和要求，对涉农大数据、政府大数据、消费大数据以及其他第三方大数据进行收集汇总，尽快统一不同来源的数据标准，整合农民在银行、司法、税务、社保、医疗等各部门的信息资源，构建农户信息云平台。这些数据涵盖农户土地权证信息、农户个人信用信息以及农户家庭经营状况等基础数据信息，可以借助国家卫星遥感技术绘制农村土地卫星云图，详细标识和分析农户土地的位置、大小以及经营情况，还可以依托互联网消费大数据，分析计算出农户个人消费偏好和资产信用等情况。③

在融资担保过程中，基于金融科技技术的数据库同样重要。在每一种融资增信模式下，相关机构都必须采集经营主体人员、住址、工商登记、流转土地等基础信息。但是，由于目前没有全国性的新型农业经营主体基础数据平台，相关数据还基本处于碎片化的状态，在同一时空范围内，针对同一家经营主体，不同的增信机制相互之间联系交流有限，也分别按照各自的程序开展相应的尽职调查等审核活动，带来相当程度上的数据重复采集，不仅增加了融资主体的增信成本，也造成了增信资源的不必要浪费。④

---

① 尹燕飞，吴比. 数字金融在农业供应链领域的应用研究 [J]. 农村金融研究，2020（4）：16-21.

② 高强，高士林，孙佐. 农村数字金融发展的优势、问题与对策 [J]. 农村金融研究，2022（1）：43-49.

③ 卜银伟，李成林，王卓. 金融科技助力乡村振兴的模式研究 [J]. 西南金融，2022（4）：71-82.

④ 邓晓峰. 普惠金融视角下农村信用体系建设探索与实践 [J]. 征信，2021，39（10）：53-58.

除了搭建大数据信息平台促进信息互通共享之外，金融科技还可以通过建设农村信用体系助力乡村振兴。2021 年 7 月，人民银行等六部门联合印发的《关于金融支持巩固拓展脱贫攻坚成果全面推进乡村振兴的意见》指出，要全力推进农村信用体系建设，切实助力金融科技赋能乡村振兴。要将银行信贷资金引至贫困地区发展实体经济，最大的难题是构建合理合规的信用结构。农村金融机构在为农户发放信用贷款时经常采用"先评级后授信、再用信"的方式，所以对农户信用情况进行评估是一个非常关键的环节。[①] 构建有效的信用可持续发展的农村信用生态则有利于降低农户与金融机构之间的信息不对称，信用评级对于缓解农户信贷约束和降低乡村振兴融资成本具有较好的促进作用。从全国层面看，我国农村信用体系不健全，农村规范的信息披露机制尚未建立，也缺少统一权威的信息平台来展现农民信用信息。因此，金融机构需要花费大量成本，派工作人员收集农民不同层面的生产性和社会性信息，采集评估所需的信息难度大、成本高，抑制了农村信用贷款的发放。

金融科技的发展，为低成本、高效率地对农户信用进行真实全面评估提供了契机。通过构建全国一体化融资信用服务平台网络、完善大数据征信与智能化信用评估体系，逐步将分散的、无序的经营主体信息标准化、电子化，形成连续的、可追溯的信息记录，不仅提高数据采集时效，降低融资交易成本，也是对新型农业经营主体的一种信息化增信，在符合法律规范的情况下，各类农村金融机构可以进行联网合作，共享农民个人信用数据、生产经营数据等各方面信息，可以大大缓解农民与金融机构之间信息不对称问题，简化金融机构收集农民信息以及资产状况的烦琐流程，能够提升金融机构贷款的决策效率。例如，依托移动互联网，推动农村信用信息系统全面升级，允许农户通过手机 App 自主发起信息录入和更新，在村级"三农"金融服务室、合作企业以及相关政府部门的端口进行核验，并与银联云闪付系统对接，能够实现农村信用信息采录一体化、信用信息更新自动化、信用信息应用分类科学化。

区块链技术也为完善信用信息、构建信用体系提供了新方法。可信的、可追溯的涉农数据是良好信用的基础，也是金融机构服务农业产业的主要风控评估依据，而这正是区块链技术所能赋予农业企业的最大帮助。农业企业在生产、交易过程中会产生大量碎片化数据，包括参与者的身份、农

---

① 向玉冰. 金融科技助推农户信用贷款发展机制研究 [J]. 经济论坛, 2022 (2)：113-119.

产品的品质数据、农产品交易数据、农产品的品牌数据、贸易流程数据、仓储的动态的真实反应等。在区块链技术的加持下，农企"上链"后，这些碎片化数据会转换为可追溯的有价值的信息，可以凭借这些信息向金融机构证明自己的信用，通过产业链上碎片化的数据连接各个环节的小微企业参与者，可以构建可信的农业数据来源渠道，使金融机构加大对农企的信贷支持，同时利用区块链不可篡改及分布式的两大特性，实时跟踪授信企业的资金流向、风险状况，降低了信任缺失造成的交易成本。另外，可信、可追溯的数据作为大数据分析的数据源，可及时与市场需求对接，既保证了产品销售的稳定性，也能有效促进农民收入增加。

6.4.2 贫困边缘人口识别与动态返贫风险监测

党的十九届五中全会提出"实现巩固拓展脱贫攻坚成果同乡村振兴有效衔接"。经过多年的金融扶贫，我国脱贫攻坚战取得了全面胜利。但是需要注意到，一些地方虽然消除了绝对贫困，但脱贫基础比较薄弱、风险抵抗能力比较脆弱、产业发展程度不足，贫困人口在脱贫后并不具备较强的稳步致富的能力，返贫致贫风险仍然存在。一方面，一些地区如期实现脱贫摘帽，是在密集的政策优惠、超常规政策力度下实现的，脱贫基础还不牢固。有的脱贫地区产业发展水平低；有的脱贫地区在基础设施和公共服务等方面还比较薄弱；有的脱贫地区对易地搬迁群众的后续扶持仍需着力。特别是一些自然条件差的地区，受自然灾害或其他不确定性因素影响，再次返贫的风险极大。由于在脱贫攻坚过程中扶贫政策和帮扶措施强调精准性，许多贫困边缘群体难以享受到各类优惠的扶贫政策，缺少福利保障，对疾病、灾害等风险冲击的抵御能力较弱，很容易陷入贫困。潜在的致贫风险尚未消除，金融扶贫将进入一个以消除相对贫困和次生贫困为工作重心的新阶段，金融扶贫的对象也从绝对贫困人群转向了相对贫困和潜在贫困群体。基于这样的现状，为了巩固拓展脱贫攻坚成果，坚决守住不发生规模性返贫的底线，需要建立健全巩固拓展脱贫攻坚成果长效机制，努力消除脱贫人口返贫风险，实现可持续性脱贫。[①]

消除贫困边缘群体返贫风险，首先要做到对贫困边缘群体的精准识别。相较于绝对贫困对象，相对贫困和潜在贫困人群具有动态性，对这部分人

---

① 汪三贵，郭建兵，胡骏. 巩固拓展脱贫攻坚成果的若干思考 [J]. 西北师大学报（社会科学版），2021, 58（3）：16-25.

群的甄别和范围的界定都存在较大困难，这就需要金融机构借助金融科技的加持，精确地识别相对贫困人口，提高相对贫困人口金融服务的可得性，提升农村金融扶贫的精准度和效率。传统的通过走访调研的方式划分贫困人口的做法，需要付出巨大的财力、物力和人力，且效率较低，而利用金融科技手段，金融机构可以通过将政府部门扶贫信息与农村居民的存取款、转账、支付、金融可得性等基本金融信息加以整合，发挥大数据算法和人工智能的优势，从海量的数据中准确找到贫困边缘人口，搭建相对贫困群体的信息数据库，精准地对边缘贫困农户"画像"，对各种扶贫需求进行精准识别，将金融资源"精准滴灌"，为其量身定制如创业贷款、易地扶贫搬迁贷款、农地流转贷款等个性化的金融服务，灵活高效地配置扶贫资金资源。同时，也可以构建相对贫困人口的动态调整机制，形成相对贫困人口的有进有出。① 如果监测人口具有返贫的特征，那么可以在出现返贫风险的第一时间进行干预防治，及时提供援助。如果贫困人口具有实现脱贫的动力机制，则及时实施退出机制，避免已脱贫的人口长期占用社会资源，影响对真正贫困人口的救助。②

此外，对于成功脱贫人群而言，为了对其返贫风险进行监测并及时予以金融支持，需要建立防贫返贫动态检测预警平台，将医保、教育、民政、人社、残联、扶贫等相关部门的返贫大数据进行联动，形成农户返贫监测的"数据库"，持续收集贫困边缘人口与返贫人口的数据，通过设置相关的指标评判、综合参照系数、模块趋势研判等，准确地识别返贫风险，实现对脱贫人口实时监测预警，进行动态化的预判预估，将返贫预警、返贫阻断以及脱贫退出纳入动态精准管理机制，使金融机构可以根据实时情况制定科学合理的金融扶贫方案。通过数据比对和综合评估，研究返贫人群行为和环境特征，识别造成返贫的具体成因，从而从多样化的金融扶贫工具中选择适合的方式进行精准匹配，提升金融扶贫的整体效能。③

金融科技可以为识别贫困和返贫监测的精准度、效率和科学性带来跨越性的突破，在金融科技助力乡村振兴的过程中，一方面，需要不断健全

---

① 吴寅恺. 脱贫攻坚和乡村振兴有效衔接中金融科技的作用及思考 [J]. 学术界, 2020 (12)：147-153.

② 杜金富, 张红地. 关于进一步加大我国金融支持精准扶贫力度的研究 [J]. 上海金融, 2019 (5)：71-77.

③ 孙壮珍, 王婷. 动态贫困视角下大数据驱动防返贫预警机制构建研究——基于四川省 L 区的实践与探索 [J]. 电子政务, 2021 (12)：110-120.

完善大数据返贫风险和脱贫人群动态监测平台，进一步强化数据的共享共用，不断地拓展各类数据信息的来源；另一方面，需要不断优化监测机制大数据算法，充分发挥机器学习的作用，找到海量数据中需要关注的数据点，做到识别精准度不断提高，通过先进的信息化手段，为巩固拓展脱贫攻坚成果、全面推进乡村振兴贡献力量。

6.4.3 进一步完善数字基础设施建设

尽管金融科技在与农村金融结合、助力乡村振兴中有无限的施展空间，但是制约其快速发展的很大原因在于乡村地区的基础设施条件和网络通信条件都普遍达不到金融科技的发展要求。一方面，乡村地区金融机构数量较少并且网点在不断地减少，金融科技利用的相关设施跟不上农村金融服务的要求。另一方面，部分农村地区网络通信设施落后，甚至还未能够完全普及互联网，更不用说人工智能基础设施薄弱、运营环境支撑能力不足等问题，都使得线上金融业务顺利推广的难度加大。正因如此，行业之间缺乏数据共享现象较为普遍。农户经营活动复杂多样，数据记录少，获取难度大且成本高，且农民的数字化意识还没有形成，数字化发展有很多局限。不仅如此，由于金融数据采集时间不同、采集地点差异等因素影响，金融数据往往呈现不确定的特点，相关的单一化人工智能建模技术难以适用，为后续数据处理的相关工作造成了很大困难。

这就要求各方必须认真贯彻和落实数字乡村发展战略，加强数字金融基础设施建设，加快推进数字中国建设步伐。

一是要促进乡村数字化基础设施建设，提高网络设施基础水平。加快农村地区宽带通信网、移动互联网、数字电视网等的发展，重点推动乡村千兆光网、第五代移动通信（5G）、移动物联网与城市同步规划建设，大幅提升乡村数字金融网络设施水平。

二是要不断完善信息终端和服务供给。提高线上金融平台服务水平，开发适应产业融合发展的信息终端、技术产品、应用软件，推动金融服务向信息化、智能化、精细化、高效化发展。在农村地区投放智能终端和电子机具、设立乡村服务站等并向村民普及金融信息相关知识，尽力铺开"数字乡村"建设，为金融科技的进一步应用提供基础，同时也为延伸金融服务的范围提供便利。①

三是要加快推动农业数字化、智能化转型，为乡村产业融合发展奠定坚实的基础。积极促进农业与互联网+、人工智能、电子商务等相关技术的结合，探索特色鲜明丰富多元的应用场景，实现生产信息数字化，拓展金融科技在农业中的融入条件，促进信用评估信息更加真实可靠，利于风险动态监测，使各主体更好地运用金融科技技术，不断扩大数字金融覆盖面，积极推进乡村产业融合发展。

四是要实现农民数字化。推动现代金融科技与农民相融合，深入挖掘现代信息技术，不断推进大数据、云计算、区块链和人工智能等与乡村振兴之间的联系与使用场景之间的交叉，充分发挥金融科技的潜力作用，增加农村金融科技创新产品的供给，提高资金配置能力，让农民享受到更加便捷的现代金融科技服务。

6.5　五年过渡期内大力发展脱贫地区直接融资，为向乡村振兴转型做好准备

我们知道，农业生产的低利、长期、分散、季节等特性与商业银行的盈利性、安全性和流动性的经营原则相矛盾，农村信贷需要不同于工商企业信贷的融资形式，所以，我国农村资本市场发育受阻是农村金融不适应农村经济发展的根本原因，在过渡地区尤为突出。过渡期内，除了依靠正常的农业信用贷款外，我们认为盘活过渡地区农村土地资产，培育农村资本市场是解决农村发展资金不足问题最有效和最直接的办法。长期以来，我国脱贫地区形成的以银行为主体的间接融资模式，存在信贷支持不足但又无法有效解决的问题。其中一个主要原因在于无法建立市场主导型融资机制，即以农户土地使用权、农户生物资产和不动产融资的机制。没有形成农村长期资本市场，缺乏直接融资的渠道。长期以来，有关机构也是侧重于银行体系、间接融资的改革和完善，对如何在脱贫地区大力发展直接融资研究得较少。可以说，五年过渡期内解决我国脱贫地区资本形成不足、构建资本形成平台、促进农村地区资本形成将成为过渡期脱贫地区发展的关键问题。

---

① 何宏庆．数字金融助推乡村产业融合发展：优势、困境与进路 ［J］．西北农林科技大学学报（社会科学版），2020，20（3）：118-125.

6.5.1　发展过渡地区直接融资，推动脱贫地区经济转型

一是过渡期内脱贫地区经济发展对资金需求较大。2020 年精准扶贫任务完成后，党和政府继续加快农村经济体制的改革。主要是随着土地流转、农业机械化、产业化、精准扶贫的快速推进，一大批新型农业经营主体出现了，并对直接融资产生需求旺盛。精准扶贫任务完成后，在脱贫地区出现了大量的以家庭承包经营为基础，以专业大户、家庭农场、农民合作社、农业产业化龙头企业为骨干，以其他组织形式为补充的新型农业经营体系。新型农业生产经营主体有利于高效地普及先进农业科技，实现生产集约化、产业化和规模化经营，提高脱贫地区农民收入。在脱贫地区新型农业生产经营主体经营中，农业科技的引入、农业机械服务体系建设、企业体制机制改革和市场合作、订单农业发展都需要资金的大力支持。与传统的农村经营主体对资金的需求相比，新型经营主体在基础设施、设备购置、机械租赁等方面表现出融资金额巨大、期限长、用途广泛等特点，现有的以银行信贷为主的传统农村金融体系由于贷款资金有限、信用担保手段有限，无法满足农村经济转型升级的需要，对直接融资提出新的要求。

二是现有的银行信贷为主的传统农村金融模式，无法满足过渡时期脱贫地区农村经济发展的资金需求。农业生产的低利与风险性等特点与商业银行的安全性、流动性和盈利性的经营原则相矛盾，现有的银行信贷模式无法满足新时期农村经济发展的资金需求。虽然我国农村金融经过了几十年的发展，已经形成了以农业发展银行等政策性金融机构为基础，以农业银行和农村信用社为主体，以邮政储蓄银行、村镇银行、小额贷款公司、农村资金互助社和民间金融为补充的农村金融体系，但这种以银行信贷为主的传统农村金融体系由于贷款资金有限、手续烦琐、经营活动集中在短期信贷领域，经营方式与一般的工商企业信贷相比没有区别，无法满足过渡期内脱贫地区农村经济发展对资金的需求。主要缺陷：首先，受资金供应量的影响，银行提供的资金金额有限，单个银行贷款规模一般都有一定限制，脱贫地区整体搬迁和小流域治理需要的资金数量巨大，单个银行信贷资金很难满足。其次，贷款范围有限，受银行谨慎性原则的影响，像农业这种高风险的行业，许多银行不敢涉足或者不敢过深介入，从而导致脱贫地区深度开发不足以及基础设施建设不足。最后，信息不对称导致道德风险。银行作为债权人无法监督脱贫地区"三农"的经营活动；少数农民经营中有道德风险行为，导致资金使用扭曲或不真实，存在无法偿还贷款

的风险。

三是培育和发展农村资本市场是转向乡村振兴的关键。首先，相比传统的商业银行提供的间接融资，在脱贫地区发展直接融资具有以下优势：以股票和债券为主的证券市场作为直接融资市场，融资数量较大，资金的使用限制较少。发展农村资本市场，可以为农村经济发展提供大量长期稳定的资金。农业企业通过资本市场上市促进经营权与所有权的分离，完善公司治理结构，促进农村产业结构升级，提升公司规模和竞争力。过渡期内在脱贫地区通过多层次资本市场融资，可以促进地区产业结构调整。通过使用资本市场金融工具进行直接融资，可以提高农村地区投资转化率和社会的资本积累。其次，通过脱贫地区农村产权交易、促进资产资本化、增加脱贫人口及农民收入，巩固脱贫成果。改革开放以来，我国农民积累了丰富的资产，如土地、房屋、山林、农场、农作物、饲养物等有形资产和承包权、经营权、使用权等无形资产。通过农村产权交易，明晰农村产权，促进农村资产资本化，即通过金融中介或产权交易中介，进行出租、抵押融资或股权投资，可以将存量资产转化为流动的资金或资本，用于农村的建设与发展，增加农民收入，实现农业现代化。最后，通过农产品期货市场套期保值、价格发现等功能，规避脱贫地区农业风险、稳定收益。2022年中央一号文件提出充分发挥农产品期货市场的功能，推动期货市场在更高层次上服务于现代农业发展。期货具有套期保值、规避风险和价格发现的功能，作为农业风险管理体系的重要组成部分，农产品期货市场正在逐渐成为农产品市场价格风险管理的重要工具之一，在引导农业生产结构调整、促进农业标准化和产业化发展等方面的作用日益显现。特别是农产品期货市场的价格发现功能有利于指导农业生产经营，农产品期货交易的标准化合同规定能够引导农业经营组织种植高品质、高价格的农产品。

6.5.2　从直接融资入手拓展脱贫地区资本市场的发展路径

一是可以通过沪深证券交易所为优质涉农企业融通资金。在我国，直接融资具有比较严格的限制和较高的要求，这就给过渡地区"三农"直接融资带来了很大的阻碍。从新中国资本市场产生之日起，股票发行的要求及上市的条件就比较高。根据《公司法》和《证券法》的规定，发行债券也受到很多的限制。但是，我国资本市场经过多年的发展，已根据不同投资者和融资者对投融资金融服务多样化的需求初步建立了多层次的资本市场体系，包括通过发行股票、债券为各类股份制企业融通资金的多层次证券市场，各地为股权、债权、基金收益权、土地、房屋、林权等产权提供交易的产权交易市场，以及为大宗商品提供价格发现和风险防范的商品期货市场，此外还有银行间债券市场。深圳证券交易所和上海证券交易所是证券发行、上市和集中竞价交易的主要场所，包括主板市场、创业板市场和科创板市场。其中主板市场也就是传统意义上的证券市场，主要是为成熟的、大型企业提供融资和转让服务。主板市场对上市标准如总资产、净资产和连续 3 年盈利等指标要求较高；创业板市场又称二板市场，是主板之外的第二证券交易市场，是专门为处于幼稚阶段中后期和产业化阶段初期、达不到主板上市条件和要求，但具有成长空间，通过上市融资能提升企业经营业绩的中小企业和高科技企业提供融通资金的场所。其进入门槛相对主板市场较低，对总资产和盈利等要求相对较低。随着国家对农业的重视以及资本市场本身的发展壮大，涉农企业利用深沪交易所融通资金的潜力巨大。股票公开发行注册制的试点与全面推行，为涉农企业以及脱贫地区"三农"企业通过资本市场发行股票或债券融资打开了巨大的空间。

二是"新三版"市场为高成长性、创新性农业企业提供融资便利。新三板是我国唯一的全国性的场外交易市场，按照党的十九大关于多层次资本市场发展的精神和国务院颁布的《关于全国中小企业股份转让系统有关问题的决定》，境内符合条件的股份公司均可通过主办券商申请在全国股份转让系统挂牌、公开转让股份，脱贫地区农业企业必须抓住这一历史机遇，充分利用场外交易市场融通资金。

三是依托各地产权交易市场（四板）建立农村产权交易平台。产权交易是加快国有企业产权流转需要在资本市场作出的一种特殊制度安排，交易对象为各地国有企业产权，产权交易促进了产权流转，保障了国有资产的保值增值。目前，我国涉农的产权交易所数量达 300 多家，形成了以农村产权制度深化改革为基点，以农村资产资本化为前提，以农村信贷市场、股权市场、债权市场、农村合作基金市场及无形市场等为平台，以保护农民财产权利、提高农民收入为目标的多层次、多产品的农村资本市场。20世纪 80 年代末期以来，各地自发地开展了一系列土地产权流转制度改革，农地经营权逐渐由散户向大户集中，已形成"集体所有、家庭承包、公司经营"的农地产权新结构，确立了农地"三权"分离的产权制度。农村产权交易是农村产权交易制度改革、实现农村资产资本化的核心环节。2008年 10 月 13 日，成都成立了全国第一家农村产权交易所，随后，重庆、武汉、广州、上海、北京、杭州等地相继成立农村产权交易所，各区（市）

县分别成立农村产权交易分所（服务中心），乡村成立农村产权交易服务站，构成"三级"农村产权交易平台服务体系。目前，交易品种包括土地承包经营权、林权、知识产权、股权、房屋所有权、宅基地使用权、生产性设施使用权、二手农机具所有权等 10 个品种。农村产权交易所是将农村产权交易环节合并至交易所并以交易所信用为交易双方提供便利、服务和担保的农村产权交易创新模式。

四是期货市场为农产品交易提供风险保障。我国期货市场以 1990 年 10 月 12 日郑州粮食批发市场开业为标志至今已发展了 30 多年，其间经历过盲目发展、清理整顿、规范等阶段，现在进入持续快速发展的阶段，上市品种达 40 个，基本覆盖了粮、棉、油、糖等主要农产品，对稳定农产品市场价格起到了积极作用，促进了实体经济的发展，在国际市场中的地位明显上升。美国期货业协会统计数据显示：大连商品交易所、上海期货交易所、郑州商品交易所和中国金融期货交易所的成交量世界排名依次为第 11、第 12、第 13 和第 19，其中豆粕、菜粕、豆油在全球农产品交易排名中更是占据全球前三。产业客户参与农产品期货市场程度逐步提高，企业持仓占比近 40%；与各级农业部门加强合作，积极推动期货订单农业试点，推广了一批期货市场服务"三农"的典型模式。

五是银行间债券市场为涉农中小企业发行集合债券融资。中小企业集合债券是将若干符合债券发行条件的涉农中小企业联合起来，作为一个发行主体，统一组织、冠名、评级和发行债券，属直接融资，相比于银行的间接融资，利用银行间债券市场为涉农中小企业发行集合债券融资具有以下优势：第一，投资者来源广泛，除银行、基金等机构投资者外，还包括大量的各类非机构投资者；第二，融资成本相对较低，一般采用市场化利率，受信用等级影响，多家企业整合信用级别高、融资成本低；第三，融资期限长，一般为 3~5 年，到期还本付息；第四，融资难度相对较低；第五，流动性强，可在银行间债券市场买卖。涉农中小企业债券发行一般分为企业集合、债券担保和债券发行三个阶段，遵照"分别负债、统一担保、集合发行"的方式发行。

6.5.3　采取有效措施，进一步拓展脱贫地区融资渠道

一是大力建设脱贫地区多层次资本市场。推动脱贫地区利用不同层次资本市场融资，主要是大力发展区域性股权交易市场，按照"政府引导，市场化运作"的原则，引进国家级股权交易中心在脱贫省份设立分公司，

为脱贫地区农业企业提供挂牌转让、综合融资、股权交易转让、上市培育孵化、并购重组、发行股票及可转债等多种方式，拓展面向乡村振兴转型的直接融资渠道。

二是加大各类风投基金和产业投资基金的组建力度。创新脱贫地区产业基金组建模式，推动脱贫地区产业聚集区的发展，探索成立脱贫地区直接融资平台，组建投向农业现代化产业的天使投资基金、创业投资基金，探索成立基金小镇（可考虑与金融科技小镇相结合）。同时，建议县区政府引导民间资金积极参与政府引导的天使投资基金和创业投资基金，为处于发展初期、暂时难以获得贷款和取得直接融资的脱贫地区"三农"经营主体提供发展资金支持。

三是积极发展产业链融资模式。结合新型农业经营主体应收账款较多的特点，大力发展脱贫地区农业产业链融资模式，推广供应链金融服务平台。推动脱贫地区具备条件和实力的龙头企业参与组建产业链金融平台，利用好核心企业的资金、技术、信用等资源优势，盘活脱贫地区新型农业经营主体企业应收账款，降低新型农业经营主体融资成本，形成以大带小的综合效应。

四是拓展直接融资渠道，对融资资本市场体系进行完善。加快建立脱贫地区二板市场，可以实现脱贫地区农村企业产权社会化，促进这些企业的可持续发展。目前，我国企业的融资主要依靠银行贷款或金融担保等方式，不利于现企业的融资，对企业的道德风险也会造成一定的影响，从而导致企业的融资难度及成本增加。资金安全是间接融资体系最为重视的因素。应该吸收国内外成功运作的二板市场经验，以农村企业为基础打造一个二板市场，为脱贫地区农村企业进入资本市场给予机会。同时，对于有条件的脱贫地区，积极打造地方性的证券交易市场以及企业产权的交易市场，从而使农村企业有一个良好的场所可以进行产权交易或者进行直接融资，获得必要的资金。

五是大力发展脱贫地区风险投资。风险投资基金能够对新技术成果的转化进行推动。在西方大多数创新型企业中，以风险投资为代表的直接融资，对具有较高的技术含量、潜力大的高新技术企业起到了催化作用。在我国脱贫地区发展风险投资可以达到以下目的：首先，降低脱贫地区"三农"经营主体融资成本，减轻贫困地区农业企业财务负担；其次，风险投资融资期长，可以在较长期间内安排使用资金，这符合农业生产周期长的规律。最后，脱贫地区"三农"经营主体可以在政府的引导下，减少盲目投融资活动，促使脱贫地区经济获得可持续发展。

本章参考文献

［1］肖志明，赵昕，赵学荣，等．建设政府性融资担保体系探索"四台一会"支持产业扶贫［J］．开发性金融研究，2018（3）：81-87．

［2］尹燕飞．开发性金融精准扶贫经验、模式和发展路径——以国家开发银行为例［J］．农村金融研究，2019（5）：27-31．

［3］李昱呈．开发性金融支持乡村振兴可持续发展路径探究［J］．开发性金融研究，2021（5）：41-48．

［4］张娟娟．建立健全巩固拓展脱贫攻坚成果长效机制［J］．宏观经济管理，2022（3）：38-43．

［5］刘标胜，刘芳雄．发展农田房地产投资信托基金 F-REITs 的思考［J］．金融理论与实践，2020（1）：102-107．

［6］吕孝武．关于完善我国农业融资担保体制机制建设的研究［J］．财金观察（2020 年第 2 辑），2020：404-409．

［7］陈军，帅朗．脱贫攻坚中新型农业经营主体融资增信统筹机制研究［J］．四川农业科技，2020（3）：14-18．

［8］王成进．地方政策性融资担保机构的困境与对策——基于十堰 X 担保公司的案例分析［C］．中国财政学会 2019 年年会暨第 22 次全国财政理论研讨会交流论文集（第三册），2019：448-459．

［9］禹法鑫．融资担保机构可持续发展路径研究——基于"银担总对总批量担保"模式［J］．现代商业，2022（8）：106-108．

［10］王晓明．增信助力中小微企业融资［J］．中国金融，2020（Z1）：165-167．

［11］韩文龙，朱杰．宅基地使用权抵押贷款：实践模式与治理机制［J］．社会科学研究，2020（6）：38-46．

［12］姜琰．土地信托——农村土地流转新模式［J］．法制与社会，2016（20）：93-94．

［13］申云，李京蓉，吴平．乡村振兴战略下新型农业经营主体融资增信机制研究［J］．农村经济，2019（7）：135-144．

［14］周孟亮，李向伟．金融扶贫中新型农业经营主体融资增信研究［J］．理论探索，2018（4）：92-97，128．

[15] 阚立娜."三权分置"下农地抵押贷款政策的悖论现象及实践推进研究——来自陕西高陵和杨凌两试点地区的案例分析 [J]. 农村金融研究, 2021 (4): 34-39.

[16] 张琛, 马彪, 彭超. 工农劳动生产率趋同: 农村农民共同富裕的重要路径 [J]. 农村金融研究, 2022 (1): 28-34.

[17] 江世银, 冯瑞莹, 朱廷菁, 等. 金融科技在乡村振兴中的应用探索 [J]. 金融理论探索, 2022 (1): 72-80.

[18] 尹燕飞, 吴比. 数字金融在农业供应链领域的应用研究 [J]. 农村金融研究, 2020 (4): 16-21.

[19] 高强, 高士林, 孙佐. 农村数字金融发展的优势、问题与对策 [J]. 农村金融研究, 2022 (1): 43-49.

[20] 卜银伟, 李成林, 王卓. 金融科技助力乡村振兴的模式研究 [J]. 西南金融, 2022 (4): 71-82.

[21] 邓晓峰. 普惠金融视角下农村信用体系建设探索与实践 [J]. 征信, 2021, 39 (10): 53-58.

[22] 向玉冰. 金融科技助推农户信用贷款发展机制研究 [J]. 经济论坛, 2022 (2): 113-119.

[23] 汪三贵, 郭建兵, 胡骏. 巩固拓展脱贫攻坚成果的若干思考 [J]. 西北师大学报 (社会科学版), 2021, 58 (3): 16-25.

[24] 吴寅恺. 脱贫攻坚和乡村振兴有效衔接中金融科技的作用及思考 [J]. 学术界, 2020 (12): 147-153.

[25] 杜金富, 张红地. 关于进一步加大我国金融支持精准扶贫力度的研究 [J]. 上海金融, 2019 (5): 71-77.

[26] 孙壮珍, 王婷. 动态贫困视角下大数据驱动防返贫预警机制构建研究——基于四川省 L 区的实践与探索 [J]. 电子政务, 2021 (12): 110-120.

[27] 何宏庆. 数字金融助推乡村产业融合发展: 优势、困境与进路 [J]. 西北农林科技大学学报 (社会科学版), 2020, 20 (3): 118-125.

第7章 以项目为导向加大对乡村振兴的引导支持

我国在20世纪80年代确立了"资金跟着项目走"这一扶贫资金使用的基本原则，自此开展了多年的以项目为主导，带动资金、技术、人力向贫困地区倾斜的扶贫方式，取得了显著成效。① 在乡村振兴中，应继续以产业项目带动乡村全面发展。首先，要通过精准筛选项目，对特定产业予以扶持，打造特色产业、优势产业，增加地区经济活力和产品竞争力，增加农民收入，提高农民生活水平。其次，在项目存续期内，要开展多方位、持续、动态化监督，限制乡村振兴项目资金投向非农领域。再次，加大项目验收期绩效考核的实质性作用，因地制宜建立科学有效的绩效考核指标，有利于保证项目有效管理和效益发挥，避免出现地方政府投资的各类乡村振兴项目重申报轻管建现象。最后，要强化产业项目后期运行和管护使用，促进地方政府建立运营管护长效机制，明确管护运行主体和经费来源，加强后期管护，杜绝出现项目成果闲置废弃、无法使用甚至损毁等绩效不高的情况。

7.1 确保项目筛选精准

7.1.1 精准确定筛选依据

目前，我国正处于脱贫攻坚与乡村振兴衔接期，在农村的各个领域都需要开展建设。为了统筹规划、集中支持乡村振兴中的项目建设，要建立乡村振兴项目库，首先由地方政府各个相关部门共同进行项目规划、设计、论证、筛选，然后由金融机构和财政部门协同出资参与项目。对于潜在的需要融资支持的项目，需要根据其可行性、预期风险和收益情况，结合当

---

① 杜金富，张红地.关于进一步加大我国金融支持精准扶贫力度的研究［J］.上海金融，2019（5）：71-77.

地资源禀赋和经济基础进行全盘考虑，筛选出能够最大限度地以有限资金带动当地经济、产业、民生全面发展的投资项目，避免低效率的投资和资源的浪费，充分发挥财政、金融支农资金的使用效益，坚决杜绝以乡村振兴名义融资却将所得资金用于非农领域的行为。金融机构应健全与发展改革、农业农村、乡村振兴等部门的合作机制，加强各方在信息共享、政策制定、创新发展等方面的协调联动，为乡村振兴项目遴选提供便利条件。

筛选推进乡村振兴项目的基本原则有以下几个方面：第一，聚焦乡村振兴的本质，做有利于农业、有利于农民、有利于当地发展的项目；第二，结合当地特点，做符合当地资源禀赋条件、适合当地发展阶段的项目；第三，效益预估明朗，做产业预期好，退出渠道明晰的项目。

首先，在对融资项目所属领域的总体把控上，对一些中央明确支持的在乡村振兴中重点开展领域的项目可以考虑优先支持。

（1）基础设施建设。银行业金融机构要努力增加对已脱贫地区、边远贫困地区和农村地区的农村水利基础设施建设、新一轮农村电网改造、乡村信息化基础设施建设、农村物流现代化建设等有关项目贷款投放，加大对粮食多元化市场收购、高标准农田建设、农村重大水利工程、农村公路、农村建设用地拆旧复垦、农村环境保护、农村教育、农村医疗健康、新型城镇化发展等重点领域的金融支持力度，因地制宜推进农村卫生、生活垃圾和污水治理、村容村貌提升，加强通村公路和村内主干道连接。在风险可控前提下，鼓励根据借款人资信状况和偿债能力、项目建设进度、投资回报周期等，适当延长贷款期限，积极发放中长期贷款。对于国家乡村振兴重点帮扶县的基础设施建设项目，在不增加地方政府隐性债务风险的前提下，支持金融机构在审慎合规经营基础上，在授信审批、贷款额度、利率、期限等方面给予优惠。加大农村基础设施和公用事业领域开放力度，吸引社会资本参与乡村振兴。积极配合发行与农村基础设施相关的资产证券化融资工具，规范有序盘活农业农村基础设施存量资产，回收资金主要用于补短板项目建设。

（2）生态宜居美丽乡村建设。银行业金融机构应使用再贷款、再贴现工具，优先满足绿色农业项目信贷投放、绿色票据融资需求，严控"两高一剩"行业及涉环境违法违规企业授信。加大对符合条件的农村绿色小微企业和绿色项目的金融支持。积极发行绿色金融债券、绿色信贷资产证券化产品，支持符合条件的农业企业发行绿色债券，增加绿色农业中长期项目融资可获得性。完善绿色债券融资后续监督管理机制，切实保障募集资金用于农业发展。为农业企业绿色债券融资提供辅导、承销等市场化服务，与发展绿色信贷相互协同、相互促进。完善农村绿色金融政策体系和相关标准规则，建立健全与农村绿色金融发展相匹配的专业性中介服务体系和第三方评级评估机制，调动涉农金融机构发展绿色金融的主动性和积极性。

（3）乡村旅游产业建设。乡村旅游发展不仅能给农民带来就业机会和经济收入，还能促进农业现代化发展，改善农村基础设施和生活环境，有利于解决一揽子"三农"问题，促进乡村振兴。加大对乡村旅游项目的优惠贷款支持力度，培育和发展一批开发建设水平高、精准帮扶机制实、经营管理发展好、示范带动效果强的旅游项目，带动更多脱贫人口和贫困边缘人口增收，结合当地乡村旅游产业发展布局，强化金融资源与旅游资源对接，加大对特色产业、休闲旅游、生态宜居、文化创意等特色村镇和乡村旅游项目的金融支持，探索门票收费权质押、景区经营权质押等信贷产品创新。

（4）现代农业建设。首先，加大对新型农业经营主体的授信额度，降低利率，延长期限，降低抵押品要求，扩大抵押品范围；进一步加大对两权抵押融资的包容度，支持土地集约化生产；加大现代农业科技信贷支持力度，将更多的金融资源引入农科园区、县域和科技企业，助力推进农业农村现代化，支持国家科技计划项目实施和成果转化，提升现代农业先进科技成果转化的金融服务水平，重点支持种业创新、智能农机、农业信息化、畜禽健康养殖、现代食品加工、生物质能源等领域。

其次，在微观层面上，聚焦于项目自身，需要从多个角度考量项目的可行性和必要性，结合当地特点，做符合当地资源禀赋条件、适合当地发展阶段的项目。从经济发展基础来看，评估现有核心产业及其他产业发展状况及产业结构，判断是否具有产业链优化、延伸势能及产业融合基础；结合当地土地、资本、信息、人才等资源状况，判断是否具备推动经济提质升级的发展活力；采集村民、农业大户、村集体、合作社、开发商、地方及上级政府等多方参与主体的发展诉求，判断是否能够充分调动各参与者能动性。从环境条件来看，一方面看气候、水源、地形、土壤、热量、光照、温差等自然条件是否适宜项目涉及的农业生产，另一方面看市场需求、交通、国家政策、农业生产技术、工业基础、劳动力、地价水平等市场环境是否有利于地方农业产业结构升级。从项目规模来看，应评估项目涉及的土地总面积与项目的经济规模之间是否匹配，判断核心产业——农业是否能够向规模化、现代化、产业融合化转换升级。从区位交通基础来看，应评估地理区位、所处经济圈等基本状况，判断项目是否具有市场优势；应考量铁路、公路、民航等区域间交通资源和村镇内部路网、道路硬化情况等区域内交通资源发达程度，判断是否能够满足乡村振兴基本需求以及是否具备商贸物流条件及作为旅游目的地的交通便捷性。

在对项目可行性和必要性作出全盘考虑的基础上，可以加大金融资源对乡村特色产业建设的倾斜力度。乡村特色产业是乡村产业的重要组成部分，是地域特征鲜明、乡土气息浓厚的小众类、多样性的乡村产业，涵盖特色种养、特色食品、特色手工业、特色文化等，发展潜力巨大。《全国乡村产业发展规划（2020—2025 年）》提出要在乡村地区集聚资源建设富有特色、规模适中、带动力强的特色产业集聚区，打造"一县一业""多县一带"，依托资源优势和产业基础，突出串珠成线、连块成带、集群成链，培育品种品质优良、规模体量较大、融合程度较深的区域性优势特色农业产业集群。因此，金融机构应推进金融资源与特色产业对接，以充足的资金支持乡村地区发掘优势特色资源，发挥比较优势，增加地区收入水平，引导资金、技术、人才、信息向当地的特色优势区聚集，特别是以优惠利率引导农业产业化龙头企业与落后农村地区合作创建优质农产品原料基地，带动农民共建链条、共享品牌，让农民在发展特色产业中稳定就业、持续增收。同时，注重打造更多优势特色产业企业，注重基于优质农产品产业链的品牌化建设，以品牌溢价创造更高的价值，打造特色优势产业。

在对项目的基本情况进行综合评价的基础上，应着重加大对当地农业龙头企业的项目扶持力度，因为龙头企业是已经经历了一次市场的筛选后证明其在技术、资源、市场等方面具有一定优势的效率相对更高的经营主体，对当地经济的带动作用巨大。因此，应该依托龙头企业把当地经济做大做强，推进农业产业化。支持龙头企业参与优势特色产业集群、现代农业产业园、农业产业强镇等项目建设，提升龙头企业层次水平，发挥龙头企业主力军作用，引领小农户与现代农业有机衔接。择优选择具有地方特色的现代乡村富民产业项目，壮大龙头企业队伍。对返乡创业、自主创业给予政策和经济上的双重扶持，按需开展技能培训，加大对新型农业经营主体的培育力度，充分发挥农业经营主体的载体和辐射带动作用，让更多农民分享乡村振兴的政策红利，激发创业的内生动力。

最后，筛选效益预估明朗、退出渠道明晰的项目。对于金融支持乡村振兴项目而言，尽管在结构化宽松货币政策的支持以及财政资金贴息的保障下其资金成本相对较低，但也不能忽略对于合理收益的要求。金融系统和财政金融支农的主要区别在于前者的资金是市场化运作的，以收益性为主要考量，后者则是带有公共品性质的转移支付，以政策性功能为主。市场化资金的一个重要特征是使用收益一定要大于使用成本，否则就违反了市场经济的基本逻辑，必然是不可持续的，即使依赖政府财政资金的补贴持续下去，也必然是低效率的。虽然乡村振兴离不开政府的支持，但政府的工作重点是提供基础制度性保障和推进相关的政策改革，最终目的还是要通过市场力量引进符合要求的农业生产组织和金融机构，吸引社会资本，促进农村市场经济的发展。因此，在金融机构筛选支持乡村振兴的项目时必须以项目能够带来可预期的、能够覆盖资金成本的持续收益为基本前提，引入竞争机制，淘汰掉效率差、回报率低的项目，只有这样才能让乡村振兴在市场机制下推进，让社会资本认识到农村地区的投资也是"有利可图"的，吸引更多社会资本参与其中，扩大农业投资，激发出经济活动参与者的创新热情，不断创造出新的金融产品和金融服务，通过金融市场的价格机制有效调节农村金融机构与农村主体的市场行为。同时，市场化资金的另一个重要特征是要有结束投资、套现退出的渠道，否则本金的投入犹如"打水漂"，虽然泛起了阵阵水花，但最终"石沉大海"。这种畸形的投资机制会严重损害投资的积极性。

7.1.2　金融科技加持识别优质项目

优质项目的识别要以量化指标衡量来形成客观的评价体系，这不仅有利于形成统一的、易于延续和推广的标准，也有利于提高招标过程中的透明性。量化评估需要以数据为基础，在大量的多角度的数据的帮助下对项目的全貌有完整的掌握，既可以横向对比优质项目，又可以纵向对比和预估项目投入产出情况。

但是，在传统模式下想要充分获取数据的难度较大，金融机构和项目主体企业之间的信息不对称严重。项目相关的数据是多维度的，既涉及项目经营主体的资产、信用、纳税、技术、经营状况等多个方面，又包括气候、土壤、海拔等自然环境和行业格局、产业链格局、供需关系等市场环境方面的数据。这些数据往往是碎片化的，同时被多种不同机构掌握。企业已形成的历史数据信息分别掌握在政府各部门手中，如企业纳税相关数据掌握在税务部门手中，企业获得知识产权情况主要掌握在市场监管部门手中，土地资源情况主要掌握在国土资源部门手中等，形成了"信息孤岛"，假如没有一个能够将多种来源的数据整合到一起的平台，金融机构获取全面信息、识别优质项目的难度大、成本高，与项目主体企业之间信息不对称严重，会抑制融资支持。

为了解决这一问题，可以依靠金融科技，降低数据采集难度，将不同部门所掌握的数据进行有机整合，降低信息不对称，助力识别优质乡村振兴项目。

一是搭建"三农"数据共享平台，在农业农村数据平台中全面覆盖各项涉农数据，包括政府平台的农业农村土地、房屋数据、气象数据、遥感数据、农产品加工业数据、农产品价格信息、农产品进出口数据、市场波动事件等，并提供对相关数据接入、管理、共享交换等服务，实现涉农数据资源的融合共享。一方面，欲申报项目的企业可以通过该平台获取市场的完整信息，对于价格、供需的情况有更加全面的了解，在申报之前先开展对于项目可行性的自我评估，根据评估结果对项目设计、贷款需求进行相应的调整，将项目的建设、运营和管理相关环节充分优化，可以避免因为对市场认知不清而盲目申请情况的发生，进一步降低项目因可行性不足就草草开展而效益不佳的可能性，降低金融机构的项目资金风险，提高资金的使用效率，也提高企业项目获批的可能性。另一方面，对于已申报的项目，金融机构可以与通过平台上其他金融机构共享的本地或其他地区相似的项目进行横向对比，为提供的贷款额度、利率、期限等作出参考，避免金融机构出于谨慎的原则抬高利率，让金融机构有底气向更多项目提供融资，使金融机构对项目资金的定价更合理，既降低项目融资难度，也降低融资成本。

二是整合社会信用体系，分级分类建立农业企业征信系统，采集农企特别是农业中小企业的生产销售信息、工商活动登记、金融业务、税费缴纳、市场诚信等记录，以及农户、新型经营主体的生产活动信息记录，累计信用并建立信用标记。将这两个数据库同金融机构自身所掌握的农业主体资产负债和交易结算等数据相结合，就可以构成一个覆盖乡村振兴中各方面数据类别的信息平台，在进行项目评估和筛选时，不仅可以从该平台获得绝大部分所需要的数据，还可以大大降低信息获取的人力物力和时间成本。有了数据量的支持，还可以进行数据挖掘，深度分析项目主体历史经营状况、预测项目未来风险收益情况，进一步助力政府和金融机构识别优质项目。

7.2　保障资金投向精准

农业项目资金既包括政府为了支持农业事业建设以及农业生产而设立的专项基金，也包括金融系统的贷款资金。农业项目资金的合理、有效使用为我国加强农业基础设施建设，提高我国农业生产力，促进我国农业产业化发展等发挥了重要的作用。伴随乡村振兴的不断推进，我国农业项目资金的投入力度加大，建立合适的项目资金管理方法，提高项目资金管理效率，提高项目资金监管水平，使项目资金发挥最大的作用是当前面临的重要问题和挑战。

近年来，习近平总书记多次作出重要指示批示，要求加强扶贫等项目资金管理，优化资金配置，提高使用效率，确保每一分钱都花在刀刃上。在金融资金方面，监管部门大力整治金融乱象，银行机构许多违规经营问题得到有效遏制，但是借款人挪用贷款资金现象屡禁不止，并且出现了信贷资金的挪用逐步由借款人单独实施转变为和银行内外勾连的趋势，甚至个别基层经营行也由"睁一只眼闭一只眼"变为积极参与、出谋划策，性质更为恶劣，其造成的风险隐患和对经济调控的冲击更大。这些不仅扰乱宏观调控，增加风险防范的难度，而且会造成涉农贷款数据失真。① 在财政资金方面，国家相关部门相继出台了一系列规章制度和管理办法，对精准扶贫资金的用途做了严格的限定，但在实际的扶贫工作中，擅自改变精准扶贫资金用途的现象仍时有发生，主要体现在有些精准扶贫项目在资金使用过程中未严格按照项目计划书中的内容实施，擅自扩大扶贫资金的使用范围，甚至将其应用到与扶贫毫无关系的项目上，还有些当地政府擅自将国家划拨的用于扶助贫困农户的贴息贷款贷给了当地其他的企事业单位，严重影响了国家扶贫政策的落实。

首先，需要完善制度上的设计，加强各方监管，防止乡村振兴中项目融资挪用于非农领域的行为。扎紧制度笼子，完善个人贷款特别是消费贷、经营贷等信贷产品的监管规定，从严规范明确消费贷、经营贷资金用途等。其次，加大项目全流程动态监测机制建设，促进多方主体监督，加大社会监督。运用好科技手段，建立快速查处机制，结合投诉、舆情以及业务异常等线索，有选择、有重点地组织开展快速抽查、飞行检查，对于内外勾

---

① 许珊珊.信贷资金挪用的新变化及监管治理［J］.中国农村金融，2021（11）：36-37.

结或管理不严导致资金违规流入限制行业等行为，严格处罚问责并第一时间进行处罚信息公开。最后，切实加强支付管理。严格执行受托支付制度，严禁发放无用途、虚假用途、用途存疑的贷款。

7.2.1 加强管理防止资金截流和挪用

资金的挪用与套取是项目资金使用不到位的重要表现。项目资金的管理与使用需要经过层层审核和把关，而项目实施过程中资金的申报需要将各类单据和分管负责人、施工单位负责人的签字证明等收集起来，由于资金缺口的大量存在，如若等到票据收集完备，资金往往会被从一个项目挪用至另一个项目。这样一来，为了通过最后验收，则需要项目上下各部门关系的层层打通。因此，需要对项目资金使用方法进行规范、对用途进行监管，这是乡村振兴项目资金管理的重要组成部分，也是提升农业项目资金绩效的关键措施。

建立健全动态监测机制，避免出现监管盲区。从脱贫攻坚中的经验来看，扶贫项目往往在项目建设资金拨付初期和后续建设完成后监管力度相对较大，而项目建设中期却存在监管空白，出现问题也无法得到及时妥善处理。针对这些情况，把动态监管落实在乡村振兴项目建设全过程就显得尤为重要。

在项目资金贷款申请阶段，各级金融机构要加强放款监督管理，完善资金支付管理办法，规范贷款发放支付标准与流程，确保专款专用。明确项目资金支付时限标准，定期对基层分行放款监督开展抽查，加强督促指导，切实防止违规滞留问题。[①] 切实做好贷款调查，客户贷款额度要根据信用、生产项目、实际需求、还款能力合理确建立贷后管理办法，明确职责要求、检查重点，提升风险管理能力。对于脱贫人口小额信贷而言，坚持户借、户用、户还，资金用于贷款户进行生产，不可用于结婚、建房等非生产性支出。同时，禁止将新发放的脱贫人口小额信贷以入股分红、转贷、指标交换等方式交由企业或其他组织使用，防范户贷企用，金融机构要做好贷前审查把关工作，对"户贷企用"贷款申请一律不予审批，以惩罚措施打击"户贷企用"行为。

申请资金下达之后、正式开工之前，项目承包企事业单位或个人应该制定明确清晰的项目资金管理方案及有效、规范的资金使用方案，以便于

---

① 提升扶贫信贷管理质效助力脱贫攻坚全面胜利 [J]. 农业发展与金融，2021（3）：73-74.

及时掌握项目的开展进度、工作任务开展情况和资金绩效目标完成情况。对于无法避免的自然因素造成的项目资金使用变更的情况，需要根据项目资金使用方案的规定程序提出申请，批准通过后方可执行。其余情况下，应按照项目申请合同中的项目资金预算规划执行资金的使用方式，不能随意进行更改。在指定资金使用方案的同时，还要明确项目资金规划，实行责任落实制。项目资金管理的第一管理者与责任人，需要承担好项目资金的组织实施应用与日常管理工作，及时跟进项目的进展情况，把控项目的施工质量，发挥监督作用。

在项目建设过程中，要加强农业项目资金使用督查。一方面，在项目资金使用情况督查过程中可以采用线下实地随机调查、重点抽样、互相监督查看等方式确保项目资金使用有效、合理，进一步加强项目资金使用管理与项目建设进度监督，保证项目资金的使用安全性。针对项目资金数额较大的农业项目，可以尝试引入社会第三方审计机构进行项目审计工作，这可以在一定程度上保证项目资金的使用安全，并且提高社会监督效果。通过有效落实项目资金使用督查力度，能够避免这其中可能会出现的舞弊现象，有效强化项目资金的审核力度，进而使农村项目资金使用具有一定的依据，及时规划农村项目资金的使用渠道，进一步强化农村项目资金的使用效果。[①] 另一方面，在技术层面上可以强化对资金用途的监管力度。加快建立贷款资金用途监测拦截、提示、预警工具和机制，加大对含有地产、置业等敏感关键词的自动监测预警，对转入同名三方存款账户的操作实行自动拦截，对借款人继续转账的要开展排查，对查实的违规用款依规提前收回，甚至罚息。建立项目资金动态监控平台，进行日常监管，出现资金用途上的问题时及时发现，当地金融机构充分发挥就近监管优势，就地开展动态监控相关工作。加强对基层经营行的管理。加大内部控制和合规审查力度，切实防范基层行与中介机构违规操作、内外勾连挪用信贷资金。

在项目完成后的验收阶段，要落实上级部门监管的责任，避免由基层自行验收。省级或市级的项目主管部门要对项目验收过程进行有效监督，避免县级项目主管部门的成员在项目验收过程中拥有过大的权力和自主性，预防由同级监督和县域内部监督所容易导致的在验收中出现层层买通的现象。同时，加大基层公众对项目的知情度和参与度，加大村级组织监督机制的力度，从多层次、多角度开展项目成果的验收，以事后监督的方式充

---

① 李凤霞 . 提高农业项目资金绩效管理的探索［J］. 中外企业文化，2020（7）：67-68.

分降低项目资金不合规运用的风险。

7.2.2 丰富监督主体，提升监管效率

在项目资金投向监管过程中，各级政府及相关部门应首当其冲担负起主要监管工作，自上而下地明确责任主体，强化责任追究。各级政府的最高领导作为监管首要责任人要发挥带头作用，其他相关部门也要立足自身监管职责恪尽职守、相互配合，确保乡村振兴项目资金用途正当合规。

但是，对乡村振兴项目资金的监管，仅靠自上而下地检查监督还远远不够，要做好监管工作，就必须充分调动社会监督的力量，通过完善公示制度，提高项目建设的公开度和透明度，建立常态化的项目资金管理的信息共享机制，形成政府、社会公众、其他监督机构共同参与的多层次、立体化监管体系。一方面，这样能够有效地约束项目承包方对资金的使用；另一方面，这也有利于广泛的社会监督力量的形成。① 构建由政府、社会资本、金融机构、公众等多元主体共同参与的项目资金监管体系，可以从以下两个方面来实现：一是要明确政府、市场与社会的职能分工和权力边界，政府应积极向市场、社会放权，为多方参与监管创造条件。二是要建立健全项目信息公开制度，在保证社会资本合法权益的前提下，鼓励社会资本主动将项目信息、实施情况和项目交易合同对外披露，接受社会各方的广泛监督。

在多元主体监管体系中，来自基层群众的监管往往十分重要。村民亲身经历着乡村振兴项目从申报、开工到完工的全过程，对于其中发生的种种不合规行为有直接体会，一旦乡村振兴项目资金遭到挪用，村民可以从项目施工进度、原材料质量、涉事人员薪酬等方面直接观察到不合理之处。这种资金终端的监督所获得信息比上级监管更具有渗透力和价值。因此，应该建立健全以村集体组织为媒介的基层监督举报渠道，由当地政府和金融机构共同通过该平台公布当地的乡村振兴项目的承包单位、资金额度、施工计划和预算等细节，当村民发现本村的乡村振兴项目实际开展中存在不合规行为时可经由村委会举报，一旦核实确实存在违规行为的可以适当予以物质奖励，以此来鼓励村民积极行使对与自身息息相关的项目的监督权。

---

① 朱建永. 完善少数民族地区财政监管路径探讨——以精准扶贫资金监管为例 [J]. 商业会计, 2018 (20): 64-65.

但是，基层监管的一个巨大阻碍是基层组织自身往往存在违规使用资金的倾向，同时，现有的项目资金监管体系针对村级集体组织的监管处于缺失状态，存在违规使用资金的空间。村级单位由于思想观念、自身条件限制，在项目建设和资金管理方面存在较多问题。在资金方面，大部分未按要求设立规范的会计账簿，账务记载混乱，财务管理制度不健全；在项目方面，不同程度存在擅自改变项目建设内容，招投标流程不完整、资料不齐全等问题。一方面，这是由于村级组织有其自身的局限性，村干部文化程度较低、法律意识淡薄、风险防范意识不强；另一方面，外部监管部门没有形成合力，针对村一级项目建设和资金管理的培训、指导、监督缺位。①

因此，为了完善多元主体监督体系，保障乡村振兴项目资金的安全，应该针对村级项目资金管理的短板弱项建立制度屏障。在乡村振兴战略实施过程中，村集体应充分借鉴脱贫攻坚时期的成功经验，继续推行专账管理、单独核算、封闭运行机制在基层应用，并根据实际不断优化和完善，切实保障乡村振兴项目资金安全高效运行。

7.3　项目效果监管精准

乡村振兴是多元主体发挥专业优势，分类、分层推进的系统过程。然而，各种主体都具有各自的行动理性和自利倾向，如果缺乏必要的绩效考核和管理机制，难以约束其理性行为，很容易造成项目资金运用上的非农化，严重影响项目对农村发展的作用。

乡村振兴项目效果监管主要指对于项目完工后达成的绩效是否满足项目申报时所预期的目标的考核，需要对项目的完成度、效率、成果作出系统性的评价，对发现的违规行为进行追责，是项目管理的重要环节，从本质上看属于事后评价，在指标设定上侧重对资金拨付、分配、使用的合规性与合理性的考察。

财政部和国务院扶贫办在 2017 年发布了《财政专项扶贫资金绩效评价办法》，要求对资金投入、资金拨付、资金监管、资金使用成效等方面的情况进行评价，但是在落实过程中，对扶贫项目绩效的监管和考核并不充分，

---

① 张娇杨. 从脱贫攻坚审计谈乡村振兴资金项目管理——以宝鸡市扶贫资金管理使用情况审计为例［J］. 现代审计与经济，2021（S1）：23-25.

许多项目的绩效监管几乎处于形同虚设的状态，普遍存在"重分配、轻管理、轻绩效"的观念。①

在扶贫过程中，我国长期依赖于政府主导型的扶贫模式，由上级政府委任下级政府开展工作，通过指令进行扶贫资源配置。但是，由于各级政府缺乏精准、科学的扶贫项目绩效监管体系，部分官员对扶贫绩效目标的重要性缺乏认识，部分单位将绩效目标等同于工作计划，尚未形成完整的绩效目标管理系统，缺乏参与式扶贫和类型瞄准式扶贫观念，扶贫对象的认定行政化严重，简单、机械地照搬精准扶贫路径，盲目兴办华而不实的扶贫项目，扶贫项目与社会治理和市场规律脱节，有些政府官员甚至将扶贫项目视为捞取政治资本的手段，对上负责、对下敷衍，忽视扶贫对象的个性化脱贫需求，对扶贫过程中不规范和效益差的项目采取报喜不报忧的策略，导致扶贫项目存在趋同化、功利化的发展倾向，贫困户长期沉淀。在精准扶贫项目落实过程中存在委托—代理的问题，扶贫项目的碎片化问题严重，这主要是由于缺乏有效的绩效监管。

反过来讲，一些单位为了能尽早地完成上级的委托任务，匆忙立项、申报，前期调研考察没有对项目的可行性进行深入的研究与论证就仓促上马，项目牵头单位只注重财政项目资金的争取工作和申请贷款工作，轻视后续的项目推进及实施进度的监管。因此，项目绩效不理想，于是，负责单位顺其自然地弱化了绩效监管和评价的环节，以免受到问责。②

而实际进行的项目绩效监管也存在许多问题。首先，扶贫资金绩效管理的透明度有待提升，虽然对资金拨付、分配、使用情况的公开较为充分，但对绩效目标、绩效目标执行情况的公开尚不充分，绩效评价结果及结果应用情况的公开仅在扶贫系统内部开展，未对公众开放，导致社会监督缺位。其次，在扶贫及相关领域的绩效评价结果应用仍停留在反映情况、发现问题的层面，对违规行为的追责机制不健全，③ 问责力度不够大，绩效评价结果缺乏刚性，未真正发挥其在激励方面的作用。

2021 年，财政部和国家乡村振兴局等部门共同发布了《衔接推进乡村振兴补助资金绩效评价及考核办法》，将原财政专项扶贫资金调整为衔接推

---

① 王琰．全面实施绩效管理视角下的扶贫资金监管研究 [J]．公共财政研究，2019（2）：80-85，71．

② 吴映雪．县域扶贫项目制的"耗散"过程及其逻辑 [J]．西北农林科技大学学报（社会科学版），2020，20（4）：31-42．

③ 李凤霞．提高农业项目资金绩效管理的探索 [J]．中外企业文化，2020（7）：67-68．

进乡村振兴补助资金，一方面延续了之前的扶贫政策，保证了在五年过渡期扶贫政策不断档，继续为脱贫人口提供帮助，有效降低了仍处于贫困边缘的人群的返贫风险；另一方面总结了脱贫攻坚期原财政专项扶贫资金绩效评价工作经验。

基于精准扶贫项目实施中的经验教训，在乡村振兴过程中要推进项目全面绩效管理，形成完善的绩效管理体系，一是要构建完整透明的动态项目绩效目标评价体系，加强对绩效目标、绩效目标执行情况、绩效评价结果的公示公告；二是要科学化制定绩效评估指标。

7.3.1　建设动态精准绩效监管评估体系

建立动态绩效监测机制，可以使绩效监管效果更好。在乡村振兴项目中开展全面绩效管理，要强化绩效监管理念，在传统监管思路中融入绩效监管，将项目资金监管与全面绩效管理的各环节紧密结合。依托有效的评估指标和评估方法，对项目的效果和效益进行综合性评估，以发现和改善项目工作中存在的问题。

相关部门要联合发力，建立跨部门的绩效动态管理机制，对项目资金绩效进行动态监控管理，定期收集绩效运行信息，跟踪绩效目标实现情况，在组织资金使用单位开展自评的同时通过抽查复核提高绩效自评质量。通过政策清单、民主评议等方式开展项目绩效评估，将项目资金绩效目标管理与项目资金监管相结合，确保绩效评价结果的客观性、公正性，严格落实信息公开公示制度，省、市、县项目资金绩效预期目标及审核结果一律公开，乡、村两级乡村振兴项目安排和资金使用情况一律公告公示，主动接受群众和社会监督，有助于增强乡村振兴项目目标与成果之间的内在联系，赋予乡村振兴中涉及的各方主体行动的理性预期，以减少项目供给与项目对象需求相脱节的问题。绩效监管中发现问题后，应对偏离绩效目标的项目进行及时调整、纠正，确保绩效目标顺利实现，问题严重的应暂缓或停止项目执行，同时实现绩效运行监控情况公开。选择资金数量大、群众关注度高、日常监管问题多的项目资金开展重点绩效评价，发现问题及时处理。更重要的是，落实项目承担主体责任，建立完善的追责机制，对于滥用、套取产业项目资金的情况严格问责，加强绩效评价结果对于项目执行的实际约束力，确保财政资金在产业项目领域高效运转。

绩效监管中的精准性十分重要。精准性指的是对于乡村振兴项目绩效目标与乡村贫困边缘人口的真实需求的匹配度精准，意味着每一笔钱都能花在刀刃上。精准项目监管强调乡村振兴项目的科学性，利用先进的数字化精准识别技术，建立通过多维度的绩效目标、系统化的绩效考评指标和正负向绩效激励措施，驱动项目融资主体保质保量执行项目计划，同时也能与金融科技加持下的贫困边缘人口识别机制形成合力，进一步提高项目的针对性。乡村振兴项目绩效精准评估有利于推动国家帮扶落后地区的模式从"输血"向"造血"的转换。① 除此以外，精准绩效评估还为基层政府选择具体的提高贫困边缘人口收入的措施提供方向和标准，有助于基层政府参照绩效评估标准来主动反思和调整项目目标和筛选依据，积极掌握先进的信息化思维，主动提升扶贫流程的实操性，因地制宜地淘汰无法满足绩效要求的落后项目，自觉提炼值得推广的抵御返贫风险的方式，从而推进基层政府支农助农方式的技术性变革和发展。②

项目绩效监管机制有助于增进乡村振兴项目的实效性，提升乡村振兴项目的稳定性和持续性，防止因缺少推进动力而停滞不前。一方面，绩效评估通过明晰的权责关系和评估制度突出乡村振兴项目重点和难点，引导乡村振兴主体主动加强对项目和资金的目标管理，助力实现乡村振兴。另一方面，项目绩效监管通过制定责任追究制、量化考核指标、完善社会监督平台建设、引入动态监测管理及第三方评估系统等有效的评估方式，可以及时发现乡村振兴项目全过程中瞄准偏离等负面影响，保障项目的最优化产出。

7.3.2 科学制定绩效评估指标

绩效目标影响着项目的价值取向和工作原则，合理的目标定位有助于以适宜的节奏促进乡村经济发展，践行可持续发展的项目理念，构建因地制宜、内外结合、全面科学的项目绩效评价指标，切实提升项目对经济增长、产业升级和收入提高的带动作用。就项目绩效评估方法而言，过去在项目考评时，存在考核标准过于单一的问题，尚未形成一套科学的评估方法体系。既有的方法偏重于资源投入，以资源投入和项目活动指标为主，重点关注分析考核项目建设状况及资金使用情况，对项目基础、资源整合水平、项目开发条件等指标有所忽视，缺乏对后续效益指标的考核，显得

① 谭江华. 后脱贫时代推动金融扶贫高质量发展研究 [J]. 理论探讨, 2021 (1): 99-104.
② 戴祥玉, 卜凡帅. 基于绩效评估的精准扶贫增效策略 [J]. 长白学刊, 2019 (6): 103-110.

过于片面化、简单化，导致尽管资金拨付率和使用率双高，但不能形成有效投资，项目投资回报率较差，项目贷款不良率上升，对地区经济的推动力不足。在乡村振兴中，需要建立更多元、更立体、更科学、更精准的评估指标，既应该包括项目的数量、质量、成效、成本等直接指标，又应该包括经济效益、政治效益、社会效益、环境效益等方面的间接影响，还需考察项目机制、居民满意度和致富能力建设等方面的微观效益。

乡村振兴是一个长期的过程，许多项目的基础性、公共性较强，往往具有长期、潜在效益，短期反映到账面上的效益可能不明显。因此，在绩效评估指标设计时，应该将评估指标的周期放长，避免过多关注短期资金投放指标，项目完工投产后对当地就业、生产总值、人均收入、社保、边缘贫困群体规模等指标进行多维度、全方位的持续追踪。同时，根据产业发展的自然规律，在项目发展周期中动态调整评估标准，在初创期降低或不设置绩效标准，对低收益的原因作出详细说明，同时不断调整纳入评价体系的指标范围。前期多关注资金投放落实程度，中后期则更多关注除了由项目资金投放所带来的收入增长之外的更广泛、持续性更强的次生效益，这样能避免监督节奏与项目开展节奏不匹配的问题，促使乡村振兴项目在一个自然的环境下成长发展，从产业项目走向产业兴旺，使产出效益越来越高。

乡村振兴项目涉及行业范围众多，而各个行业的项目既有共性，也有各自的特点，制定绩效评价体系时不能一概而论，应针对不同行业的项目构建绩效管理指标体系，在普适性很强的指标基础上定制化添加适应行业特征的指标，并根据项目的具体特征适当调整指标，建立"既有共性，又有共性"的关键绩效指标体系。比如，除了将种植面积、养殖规模、产出规模、翻修道路里程、项目的开工率、项目完成度、项目完成及时率、补助资金发放规模、平均补助规模等基础指标纳入绩效评价体系外，各地可以根据自身乡村振兴建设中的重点和特点，将资助脱贫户与防返贫监测户子女人数、生态管护员选聘贫困人口数、动植物成活率、村级光伏扶贫电站并网发电及时完成率、特色产业带动各人口收入增长大小等与各地发展关键因素息息相关的指标均纳入绩效评价体系目标，提高乡村振兴项目的针对性和效果。

在乡村振兴项目中，不仅有服务于现代化农业的产业项目，也有继续巩固脱贫攻坚成果、向包括已脱贫人群和贫困边缘人群在内的农村广大村民提供易得的贷款的信贷项目，如以村为单位申请的整村授信项目。对于这类项目，金融机构对于合理回报率的要求由政府对金融机构予以贴息来满足，金融机构也通过发放"三农"贷款间接发挥了财政贴息资金政策性的要求，使贷出的资金帮助村民巩固脱贫成果、改善生活条件、走上致富的道路。对于此类项目的绩效评估可以有两种思路：一种思路是通过对获贷人群的返贫率进行监测，只要没发生规模性返贫就说明信贷项目是有成效的，政府或金融机构可以通过精准设定的贫困标准线监测返贫人口来进行监管。另一种相反的思路是通过对获贷人群的致富基础进行监测，只要致富基础提高了，就说明信贷项目是有成效的。致富基础又可以划分为致富能力和致富机会，① 其中致富能力指的是未受到不可抗因素（如疾病、自然灾害、受教育程度）影响的程度，可用大病发病率、自然灾害发生频率、平均受教育年限等指标衡量，通常信贷支持可以通过改善生活质量降低疾病发病率以及通过学费贷款延长受教育年限来提高致富基础；致富机会指的是就业难度和自主创业的难度，可以通过当地贫困边缘人口的就业分布、小微企业和个体工商户注册数来衡量，通常获得了信贷支持的人群更容易自主创业并走上创收之路；倘若通过监测与评估发现项目绩效不佳，则需要考虑信贷支持未能令农民致富的原因，并积极调整项目方案。

7.4　防范项目资金风险

无论是财政还是金融机构，都在乡村振兴中提供了巨额的资金支持。虽然财政资金与开发性金融机构协同可以提供大量资源，但是资金的充裕并不代表可以无视风险随意投放。尽管扶贫和乡村振兴都是不以营利为目的的公益性事业，但其使用同样讲求效率，需要将资金高效地配置在产生更大回报的地方，也要求资金提供方充分衡量并采取相应手段防范资金风险。同时，对于在项目中运用资金所形成的资产也应予以妥善保护和管理，防止项目成果打折扣，导致资金的浪费。

7.4.1　贷款回收风险管理

由于在资金来源、运作方式等方面的差异，金融机构与财政等其他资金来源相比，更加注重在稳增长的基础上防风险。乡村振兴项目受其基础

---

① 王雍君. 预算绩效评价：如何评价扶贫项目的绩效？[J]. 财政监督，2021（3）：50.

性、公共性以及农业性影响，通常风险较高而直接收益较低，很大一部分收益是以正外部性的形式作为间接收益体现的。因此，通常乡村振兴项目面临较大的资金成本回收压力。

因此，应该尊重市场规律，构建金融支持长效机制。各金融机构充分发挥市场在金融资源配置中的决定性作用，把握好乡村地区经济发展的市场规律，以"保本微利"和"可持续"原则，综合考虑项目实际资金需求、项目预期成果和还款能力，因地制宜提供支持，防止片面追求贷款规模造成违规举债、过度负债等现象，形成真正可持续的金融支持长效机制。

第一，严防道德风险。银行要做好乡村振兴项目贷款发放流程中的资料收集、贷前调查、审查审批、贷后检查的工作，避免将贷款用于高风险领域的情况；对于脱贫人口小额信贷而言，金融机构应致力于尽可能多地建设信用系统，各个部门要通力合作，加大金融基础知识宣传力度，使贫困边缘户认识到金融机构的贷款与财政扶贫资金的区别，学会以钱生钱，增强贫困边缘户使用金融工具的意识；严禁顶冒名贷款、违规发放贷款、挪用指定用途的资金；杜绝银行发生扶贫领域的风险事件或案件，维护银行在扶贫领域中形成的良好声誉。要加强项目贷款的档案管理。要确保系统数据与档案实物一一对应，要素齐全，内容完整，签字清晰，手续完整。确保项目资金出现风险时有据可查，保障乡村振兴项目贷款债权凭证的完整和可靠。要加强乡村振兴项目贷款的资产质量管理，严格五级信贷分类制度，及时做好风险分类的调整工作。第二，应该不断完善违约风险的分担机制。近年来，全国农业信贷担保体系和国家融资担保基金的成立通过为银行分担风险大大降低了银行在扶贫、支农过程中所面临的不确定性。2020 年 4 月，《国家融资担保基金银担"总对总"批量担保业务合作方案（试行）》出台，规定在银行依托其数据、风险控制和技术，对担保贷款项目进行风险识别和评估后，政府性融资担保机构可直接予以担保，不再做重复性尽职调查。这开启了银担合作新篇章，大大降低了担保机构的业务成本，使银担合作更加顺利。因此，农村金融机构应该与政府加强沟通协作，充分利用风险分担机制，积极与政策性融资担保机构开展合作业务，加大"总对总"银担合作力度，以政府信用降低乡村振兴项目贷款的回收风险，也有利于金融机构为更多项目主体提供贷款。同时，在开展了乡村振兴金融业务的地域，扩大由财政出资成立的风险补偿基金覆盖面，改良运作模式和原理，积极引导社会资本的进入，增强风险补偿基金的偿付能力，对于确实属于已损失的贷款，根据相关证明资料，按签订的相关协议、规定流程启动风险补偿机制，按约定比例分担损失，① 这样可以进一步分散集中在银行业的风险，降低银行在乡村振兴中的风控压力，为乡村振兴贷款提供"双保险"，解决银行的"后顾之忧"，加大对乡村振兴项目的支持力度，促使乡村振兴项目持续健康发展。第三，加大保险机构的作用，银行与保险机构共享信息，由保险机构主动向项目主体提供结合项目资产和盈利模式的定制性保险产品。

7.4.2 项目资产风险管理

在过去几年中，各地开展了众多扶贫项目，投入了巨额资金，形成了较大规模的资产，具体可分为经营性资产、公益性资产和到户类资产。经营性资产主要为具有经营性质的产业就业类项目资产，主要包括农林牧业产业基地、生产加工设施、电商服务设施、机器设备等；公益性资产主要为公益性基础设施，主要包括使用道路交通、供水饮水、卫生、电力设施、综合服务等；到户类资产主要为生物性资产或固定资产等，主要包括户用光伏、易地搬迁住房、圈舍、农机具等。这些固定资产极大地改善了贫困地区生产生活条件，为贫困户脱贫增收、打赢脱贫攻坚战奠定了重要基础。脱贫攻坚战胜利并不代表扶贫项目的相关工作彻底结束，对于那些扶贫过程中形成的各种资产，需要妥善进行处置、管理，保证脱贫成果不受侵害，以这些资产为依托继续提高农村地区生产力、实现脱贫致富，这也是扶贫项目不可忽略的收尾环节。为加强扶贫项目资产后续管理，确保扶贫项目在巩固拓展脱贫攻坚成果、接续全面推进乡村振兴中持续发挥效益，2021年5月，国家乡村振兴局、中央农村工作领导小组、财政部发布了《关于加强扶贫项目资产后续管理的指导意见》，要求建立健全扶贫项目资产的长效运行管理机制，确保项目资产稳定良性运转、经营性资产不流失或不被侵占、公益性资产持续发挥作用，为巩固拓展脱贫攻坚成果、全面实现乡村振兴提供更好保障。而在由脱贫攻坚向乡村振兴过渡期中，一方面应做好扶贫期间形成的资产的后续管理，另一方面对乡村振兴项目中新形成的资产同样也应该提前做好管理方案，在扶贫项目资产管理方法的基础上针对乡村振兴所提出的新要求进行完善和优化，加强监管指导，让乡村振兴项目资产管理更有效，有利于充分发挥项目资产效益，保护项目成果，激励新项目持续开展。

---

① 陈洪. 银行扶贫贷款风险防控研究 [J]. 时代金融, 2019 (34)：69-70.

　　为了规范和加强乡村振兴项目资产后续管理监督，在分类摸清各类项目形成的资产底数的基础上，需要建立权责明晰、公开透明的乡村振兴项目资产长效管理机制。权责明晰的含义在于明确项目各方主体的权利责任，细化项目资产清理、登记、确权、管护、运营、收益、处置等相关管理制度，在项目结束时及时对资产的所有权、经营权、收益权和监管权进行识别，根据各方主体在项目中的参与度、角色以及项目最终希望达到的目标分配权责，公益性资产要落实管护主体，明确管护责任，确保继续发挥作用；经营性资产要明晰产权关系，防止资产流失和被侵占，资产收益重点用于项目运行管护、项目成果巩固拓展、村级公益事业等。对于确权到农户或其他经营主体的项目资产，依法维护其财产权利，由其自主管理和运营。

　　在确权登记方面，乡村振兴项目资产按经营性资产、公益性资产和到户类资产进行管理，按照产权归属分级分类建立台账，并按照国家有关规定纳入项目库统一管理。巩固农村集体产权制度改革成果，按照"谁主管，谁负责"的原则，稳妥推进符合条件的乡村振兴项目资产确权登记，做好资产移交，并纳入相关管理体系。由县级政府出台具体办法，由乡镇政府全程跟踪，县级相关行业部门重点指导，确保资产用于乡村振兴的生产发展。

　　在厘清项目资产权属关系方面，首先，从乡村振兴项目资产管理来看，要厘清项目资产具有的所有权主体、经营主体、使用主体、养护主体等权责关系，根据项目的不同，以上权责也有合并的情况。其次，要厘清乡村振兴项目资产的流动情况。原则上，项目资产可以以股权、债权、资金、固定资产等形式存在，这些资产的所有权主体都是各级政府；而项目资金则一般会转化为流动资金、固定资产等基本生产资料。所以，在关注项目资产风险时，一定要厘清扶贫资产的状态以及扶贫资金的流向。最后，要厘清各个主体之间的商业关系，即分清入股、投资、租赁等关系。这样能确定各主体在乡村振兴项目中的角色定位，进而确定各主体在项目中的责任和义务。

　　在运营管护方面，根据乡村振兴项目资产特点，明确产权主体管护责任，探索多形式、多层次、多样化的管护模式。对于经营性资产，加强运营管理，完善运营方案，确定运营主体、经营方式和期限，明确运营各方权利义务，做好风险防控。对于产权属于村集体的项目资产，根据资产性质分类管理。乡村振兴项目资产管护经费按照属地管理原则解决，经营性资产管护经费原则上从经营收益中列支；公益性资产要完善管护标准和规范，由相应的产权主体落实管护责任人和管护经费；属于村集体的公益性资产管护经费，可由村集体经营收益、县级财政资金统筹解决；到户类资产由农户自行管理，管护经费由农户自行解决。

在资产处置方面，应严格落实任何单位和个人不得随意处置国有和集体乡村振兴项目资产的规定。确需处置的，应严格按照国有资产、集体资产管理有关规定，履行相应审批手续进行规范处置。乡村振兴项目资产处置应当遵循公开、公正、公平原则，严格履行报批手续后采取拍卖、转让、报废等方式进行处置。

县级政府要对本地乡村振兴项目资产后续管理履行主体责任，结合实际制定本地的乡村振兴项目资产管理制度或细则，做好项目资产登记与农村集体资产清产核资工作的有效衔接，明确相关部门、乡镇政府管理责任清单。乡镇政府要加强项目资产后续运营的日常监管。对确权到村集体的乡村振兴项目资产，村级组织要担负起监管责任。村"两委"严格将乡村振兴项目资产各项管理规定落细落实，全过程参与管护运营，切实解决"重建轻管"问题，确保项目资产产权清晰、管理规范、持续稳定发挥效益。各级乡村振兴、农业农村、财政、发展改革、教育、自然资源等行业主管部门要按照职责分工，履行行业监管职责，加强政策支持，统筹协调推进项目资产管理，组织研究解决项目资产管理中的具体问题。

除了在对乡村振兴项目后续管理的各方面明确权责、规范流程、开展监督之外，管理还要做到公开透明。公开透明的含义在于建立公告公示制度：一方面，在体制内，县级管理部门和乡镇人民政府要定期向领导小组报告项目资产后续管理情况，加强纪律监督。另一方面，在社会层面上，要及时公布乡村振兴项目资产运营、收益分配、处置等情况；乡村振兴项目资产的收益分配及调整、归属变更、处置等情况，要及时在当地公布。项目资产收益调整、归属变更或数额增减发生重大变化，应及时公示。加强审计监督、行业监督，可以由会计师事务所对乡村振兴项目的全程根据公告内容开展核算与审计工作，对于公告不力的行为及时督促提醒；加强群众监督，发挥村级监督作用，充分尊重农民意愿，保证群众对乡村振兴项目资产的知情权、参与权、表达权、监督权。严格落实公告公示制度，提高项目资产后续管理和运营透明度，确保扶贫资产安全运行。

监督需要有惩罚力度。为保证严格落实公告公示制度，应建立"有牙齿"的监督体系，对贪占挪用、违规处置项目资产及收益等行为，依法依纪严肃追究责任，涉嫌构成犯罪的，移交司法机关依法追究刑事责任，切实以制度防范风险，使乡村振兴项目可以长期持续开展。各相关行业部门要对扶贫资产管理全过程监督指导，预防违规行为发生，对扶贫资产管理中的侵占挪用、骗取套取、虚报冒领、截留私分、非法占有、违规处置、挥霍浪费等违规违纪行为，一经发现要及时报送有关部门，依法依规处置。

■ **本章参考文献** ▶▶▶▶

[1] 杜金富，张红地．关于进一步加大我国金融支持精准扶贫力度的研究［J］．上海金融，2019（5）：71-77．

[2] 许珊珊．信贷资金挪用的新变化及监管治理［J］．中国农村金融，2021（11）：36-37．

[3] 提升扶贫信贷管理质效助力脱贫攻坚全面胜利［J］．农业发展与金融，2021（3）：73-74．

[4] 李凤霞．提高农业项目资金绩效管理的探索［J］．中外企业文化，2020（7）：67-68．

[5] 朱建永．完善少数民族地区财政监管路径探讨——以精准扶贫资金监管为例［J］．商业会计，2018（20）：64-65．

[6] 张娇杨．从脱贫攻坚审计谈乡村振兴资金项目管理——以宝鸡市扶贫资金管理使用情况审计为例［J］．现代审计与经济，2021（S1）：23-25．

[7] 王琰．全面实施绩效管理视角下的扶贫资金监管研究［J］．公共财政研究，2019（2）：80-85，71．

[8] 吴映雪．县域扶贫项目制的"耗散"过程及其逻辑［J］．西北农林科技大学学报（社会科学版），2020，20（4）：31-42．

[9] 谭江华．后脱贫时代推动金融扶贫高质量发展研究［J］．理论探讨，2021（1）：99-104．

[10] 戴祥玉，卜凡帅．基于绩效评估的精准扶贫增效策略［J］．长白学刊，2019（6）：103-110．

[11] 王雍君．预算绩效评价：如何评价扶贫项目的绩效？［J］．财政监督，2021（3）：50．

[12] 陈洪．银行扶贫贷款风险防控研究［J］．时代金融，2019（34）：69-70．

后 记

    中国共产党自成立之日起就将中华民族复兴作为自己的目标和任务，带领中国人民从一个胜利走向另一个胜利。2020 年无疑成为我国历史发展中非常重要的一年，在党和政府的领导下，在习近平总书记的指引下，全国人民集中力量攻坚克难，实现我国农村贫困人口全部脱贫、贫困县全部摘帽的目标任务，解决了困扰中国历史几千年的绝对贫困问题，使中国成为全球唯一一个解决数亿人口绝对贫困问题的大国。脱贫攻坚和脱贫摘帽完成后，下一步该怎么办？这是全国人民极为关注的一个大问题。对此，党中央决定，脱贫攻坚目标任务完成后，对摆脱贫困的县，从脱贫之日起设立五年过渡期，过渡期完成后，全面转向乡村振兴。

    五年过渡期任务的核心，就是守住坚决不能出现规模性返贫，这是一个底线目标。过渡期内的主要任务是要保持主要帮扶政策总体稳定，对现有帮扶政策逐项分类优化调整，合理把握调整节奏、力度、时限，逐步实现由集中资源支持脱贫攻坚向全面推进乡村振兴平稳过渡。金融是精准扶贫的主要力量，在后扶贫时代如何充分发挥金融的积极支持作用是每个金融机构必须要思考的问题。从金融的特性看，其能够支持扶贫精准长效开展，通过金融政策和措施帮助脱贫人口巩固脱贫成果，不再次返贫。金融支持脱贫不是终点，要把防止返贫作为金融工作的一个重点工作，保证脱贫摘帽后不发生规模性返贫，不降低金融政策支持力度。

    我国金融机构在过渡期内应继续保持精准扶贫力度不变，同时又要不断创新政策、市场与工具，不断改进服务方式，从金融和信贷资金的角度保证过渡期内不发生规模性返贫出现，并为过渡到乡村振兴做好金融准备。这对金融机构是一项全新的任务。

    在这个大的背景下，中国金融教育基金会以国家大事为己任，开展了"金融巩固脱贫攻坚成果与支持乡村振兴战略研究"课题，并委托北京语言大学经济研究院承担这一课题具体研究任务。北京语言大学经济研究院非常重视这一课题的组织、推进工作，成立了以经济研究院党委书记张政为组长的核心研究团队，并邀请了相关院校专业研究人员组成课题组，经过一年多的努力，克服新冠肺炎疫情带来的种种不利影响，最终完成了课题研究任务。

课题共分为七个部分：第一部分"我国脱贫攻坚进入新阶段"主要介绍了精准脱贫的成果及过渡期保证不发生规模性返贫面临的难点。第二部分"我国脱贫成果巩固五年过渡期的金融支持制度安排"主要研究了过渡期应采取的金融制度和政策措施。第三部分"我国巩固精准脱贫成果向乡村振兴转变的金融支持体系"主要研究了金融机构如何系统性支持过渡期巩固任务。第四部分"向乡村振兴转变的金融支持政策工具与产品创新"主要研究了如何在巩固脱贫成果的基础上向乡村振兴转变。第五部分"创新我国乡村振兴金融生态环境"研究了过渡期内如何创新向乡村振兴转变的金融生态环境。第六部分"加大我国乡村振兴融资模式的创新"研究了向新乡村振兴转变的融资模式的创新。第七部分"以项目为导向加大对乡村振兴的引导支持"研究了如何以项目为导向引导农村产业结构的调整以及农村金融机构管理体制的改革。

本课题的主持人为北京语言大学经济研究院、商学院党委书记张政。该同志主持了课题的设计、协调与研究工作及写作与总纂工作。课题组主要执笔人有：北京语言大学经济研究院张红地，商学院孙宇、袁睿、刘宇轩、陈馨怡；中国农业大学国际学院苗芊慧；中国社会科学院大学应用经济研究院陈阳、张馨怡；对外经济贸易大学金融学院候颖波、林蕾。

中国金融出版社刘钊主任与张熠婧副研究员作为课题组成员，在课题研究内容设计、研究方案制定、部分内容写作到最终审稿各个环节都做了很多工作，同时还组织了本书的审定和编辑工作。

课题组在此对所有参与课题研究和审定的人员表示衷心的感谢。